数据科学方法及应用系列

描述统计与探索性数据分析

张　理　编著

科学出版社

北　京

内 容 简 介

本书是数据科学方法及应用系列教材之一. 本书融合统计学和数据科学的方法, 系统介绍描述统计和探索性数据分析的原理和方法. 主要内容包括: 指标设计、数据预处理、描述统计量计算、数据可视化、相关分析、关联分析、聚类分析、综合指数分析等. 重点介绍数据分析的统计流程和软件实现方法, 培养学生理解数据、分析数据的基本能力.

本书将基本理论与应用相结合, 实用性、操作性较强, 可广泛应用在需要开展数据分析的各个领域. 本书采用四模块结构: 理论与方法 + 案例分析 + R 软件应用(含代码) + 思考与练习, 并提供第 3 ~ 8 章的在线自测习题, 习题内容覆盖主要学习要点, 题型包括选择题、填空题、计算题、软件应用题等, 帮助学习者检验学习效果. 通过扫描二维码获取相关在线资源和习题.

本书不仅可作为统计学专业低年级本科生的基础课教材, 还可作为经济学、社会学、生物医学等学科开设统计学、数据分析课程的教材或教学参考书.

图书在版编目 (CIP) 数据

描述统计与探索性数据分析 / 张理编著. –– 北京 : 科学出版社, 2025.4
（数据科学方法及应用系列）
ISBN 978-7-03-077846-8

Ⅰ. ①描⋯ Ⅱ. ①张⋯ Ⅲ. ①统计学②统计数据–统计分析 Ⅳ. ①C8 ②O212.1

中国国家版本馆 CIP 数据核字(2024)第 021929 号

责任编辑: 姚莉丽 贾晓瑞 / 责任校对: 杨聪敏
责任印制: 师艳茹 / 封面设计: 陈 敬

科学出版社 出版
北京东黄城根北街 16 号
邮政编码: 100717
http://www.sciencep.com
北京华宇信诺印刷有限公司印刷
科学出版社发行 各地新华书店经销
*
2025 年 4 月第 一 版 开本: 720×1000 1/16
2025 年 4 月第一次印刷 印张: 18 1/2
字数: 372 000
定价: **75.00 元**
(如有印装质量问题, 我社负责调换)

丛书序

随着现代科学技术的快速发展, 人们收集数据的能力愈来愈强, 数据分析与处理愈加受到生命科学、经济学、保险学、材料科学、流行病学、天文学等学科和相关行业的关注. 特别是, 随着大数据时代的到来, 传统的统计推断理论和方法, 如非独立同分布数据、结构化和非结构化及半结构化数据以及分布式数据等, 面临前所未有的挑战. 因此, 许多新的统计推断理论、方法和算法应运而生. 同时, 计算机及其数据分析处理软件在这些学科中的应用扮演着越来越重要的角色, 它们提供了更加灵活多样的图示、数据可视化和数据分析方法, 使得传统教科书中有些原本重要的内容变得无足轻重. 本系列教材旨在将最新发展的统计推断方法和算法、数据分析处理技能及其实现软件融入其中, 实现教学相长, 提高学生分析处理数据的能力.

当前高等教育对本科实践教学提出的高要求促使我们思考: 如何让学生从实际问题出发、从数据出发并借助统计工具和数值计算算法揭示、挖掘隐藏在数据内部的规律? 如何通过 "建模" 思想、实验教学等途径有效地帮助学生理解、掌握某一特定领域的知识、理论、算法及其改进? 为满足应用统计学、经济统计学、数据科学与大数据技术、大数据管理与应用等专业教育教学发展的需要, 在科学出版社的大力支持下, 云南大学相关课程教师经过多年的教学实践、探索和创新, 编写出版一套面向高等院校本科生、以实验教学为主的系列教材. 本套丛书涵盖应用统计学、经济统计学、数据科学与大数据技术等专业课程, 以当前多种主流软件 (如 EViews、R、MATLAB、SPSS、C++、Python 等) 为实验平台, 培养学生的动手能力和实验技能以及运用所学知识解决某一特定领域实际问题的能力.

本系列教材的宗旨是: 突显教学内容的先进性、时代性, 适应大数据时代教育教学特点和时代发展的新要求; 注重教材的实用性、科学性、趣味性、思政元素、案例分析, 便于教学和自学. 编写的原则是: (1) 以实验为主, 具有较强的实用价值; (2) 强调从实际问题出发展开理论分析, 例题和案例选取尽可能贴近学生、贴近生活、贴近国情; (3) 重统计建模、统计算法、"数据" 以及某一特定领域知识, 弱数学理论推导; (4) 力求弥合统计理论、数值计算、编程和专业领域之间的空隙. 此外, 各教材在材料组织和行文脉络上又各具特色.

　　本系列教材适用于应用统计学、经济统计学、数据科学与大数据技术、信息与计算科学、大数据管理与应用等专业的本科生, 也适用于经济、金融、保险、管理类等相关专业的本科生以及实际工作部门的相关技术人员.

　　我们相信, 本系列教材的出版, 对推动大数据时代实用型教材建设, 是一件有益的事情. 同时, 也希望它的出版对我国大数据时代相关学科建设和发展起到一种促进作用, 促进大家多关心大数据时代实用型教材建设, 写出更多高水平的、符合时代发展需求和我国国情的大数据分析处理的教材来.

2021 年 4 月 29 日于云南昆明

前　言

　　描述统计是基础性统计分析方法,它主要通过统计指标和图表呈现数据基本特征,如集中趋势、离散程度和发展趋势等,以发现数据规律和异常情况,为后续数据分析和决策提供基础. 描述统计方法以其简单易懂、提供整体概览、快速揭示数据特征和趋势等优势,成为各行业各部门实际应用中的常用数据分析方法. 进入大数据时代后,数据在社会经济各领域的作用举足轻重,实践中不断产生从大量数据中提取深度内在信息、挖掘数据关联和类别信息等诸多需求,使得描述统计分析逐步走向与数据探索性分析相结合的道路.

　　为应对上述社会需求,本书在传统描述统计方法基础上,引入数据挖掘中的探索性分析方法,并融入社会应用极广泛的综合指数分析方法,构建一套实用性强的数据分析流程. 该流程以数据分析应用为主线,通过指标设置、数据预处理、描述统计量计算、数据可视化等模块介绍数据的基本描述统计方法;通过相关分析、关联分析、聚类分析等模块介绍数据探索性分析方法;通过综合指数模块介绍综合性全局分析方法. 全过程体现了数据分析由表及里、逐级深入的特点. 同时,通过案例和实验操作示例,帮助读者深入理解数据分析的逻辑框架,掌握常用数据分析工具的使用技巧.

　　本书具有以下特色:

　　第一,体系完整,逻辑清晰. 与目前单独介绍描述统计学或探索性数据分析的教材不同,本书融合了描述统计、探索性数据分析和综合指数分析模块,体系更加完整.

　　第二,内容丰富,循序渐进. 从数据理解到综合指数计算,涵盖了数据分析的各个环节,并注重知识点之间由浅入深的衔接,有助于读者构建层次化的知识框架.

　　第三,应用性强,案例丰富. 书中包含多个来自不同领域的实际案例,并结合常用数据分析工具进行讲解,帮助读者将理论知识应用于实践.

　　第四,操作性强,便于自学. 本书配有丰富的图表、示例和 R 代码,章后附案例、实验和复习思考题,主要章节还设计了在线自测题并给出答案. 读者可以通过扫描第 3 ~ 8 章章末对应的在线自测题二维码,也可以扫描封底的全书在线自测题二维码, 按照提示激活资源, 进行自测. 即使没有数据分析基础的读者, 也可以通过本书的学习, 掌握数据分析的基本技能.

　　本书适用于如下对象: 高等院校统计学、经济学、管理学、社会学、生态学、计算机科学等专业的学生; 从事数据分析、数据挖掘、商业分析等相关工作的专业人士; 对数据分析感兴趣, 希望学习和掌握数据分析技能的爱好者. 读者可根据自身需求选择阅读章节, 并运用 R 自带数据集进行操作练习.

　　本书的编写和出版得到云南大学统计学学科建设支持和科学出版社的大力帮助, 在此深表感谢! 作者水平有限, 如果您对本书有任何意见和建议, 诚挚欢迎与我们联系.

作　者

2025 年 2 月 11 日于昆明

目　　录

丛书序

前言

第 1 章　总论 ··· 1

1.1　数据的定义 ·· 1

1.2　数据的特点 ·· 2

1.3　数据的类型 ·· 2

1.4　本书框架介绍 ·· 4

1.5　R 软件应用 ·· 7

　　初步认识 R 软件 ··· 7

　　思考与练习 ··· 17

第 2 章　统计指标概述 ··· 18

2.1　统计指标的含义 ·· 18

2.1.1　指标与统计指标 ··· 18

2.1.2　统计指标的特点 ··· 19

2.1.3　统计指标的构成要素 ·· 20

2.2　统计指标类型 ·· 22

2.2.1　根据指标形式和作用分类 ··· 22

2.2.2　根据指标值获取方式分类 ··· 22

2.2.3　根据指标反映的数量关系分类 ··· 22

2.2.4　根据指标数值类型分类 ·· 25

2.3　统计指标设计 ·· 26

2.3.1　统计指标设计原则 ··· 26

2.3.2　统计指标设计步骤 ··· 27

2.4　案例分析 ··· 29

　　可持续发展投入产出效率测度指标设计 ··· 29

2.5　R 软件应用 ·· 31

　　创建数据对象及读入外部数据 ··· 31

　　思考与练习 ··· 43

第 3 章　数据采集 ···45

　　3.1　数据采集渠道 ··45

　　　　3.1.1　调查 ···45

　　　　3.1.2　观测 ···46

　　　　3.1.3　实验 ···46

　　　　3.1.4　网络数据采集 ···46

　　　　3.1.5　手机 APP 数据 ···47

　　3.2　数据采集方法及技术 ···47

　　　　3.2.1　抽样调查方法 ···47

　　　　3.2.2　网络数据采集方法 ···51

　　　　3.2.3　APP 数据采集方法 ···53

　　3.3　案例分析 ···54

　　　　抽样方法的具体应用 ···54

　　3.4　R 软件应用 ···59

　　　　抽样方法和八爪鱼软件应用 ···59

　　思考与练习 ···67

第 4 章　数据预处理 ···69

　　4.1　数据审核 ···69

　　　　4.1.1　直接来源数据审核 ···69

　　　　4.1.2　间接来源数据审核 ···70

　　4.2　数据清洗 ···71

　　　　4.2.1　数据筛选 ···71

　　　　4.2.2　缺失数据处理 ···72

　　　　4.2.3　异常数据处理 ···74

　　　　4.2.4　数据脱敏 ···77

　　4.3　数据变换 ···77

　　　　4.3.1　数据编码 ···77

　　　　4.3.2　数据标准化 ···78

　　4.4　数据集成 ···81

　　4.5　数据归约 ···81

　　4.6　案例分析 ···82

　　　　缺失数据插补 ···82

　　4.7　R 软件应用 ···86

　　　　数据采集与预处理 ···86

　　思考与练习 ···92

第 5 章　数据基本特征测度 ·· 93

　5.1　数据基本特征概述 ··· 93

　5.2　频数统计 ·· 94

　　　5.2.1　频数统计概述 ·· 94

　　　5.2.2　频数统计表及编制 ·· 94

　　　5.2.3　频数统计表的类型 ·· 97

　5.3　集中趋势测度 ·· 99

　　　5.3.1　几种常见平均数 ·· 100

　　　5.3.2　中位数 ·· 102

　　　5.3.3　众数 ·· 102

　5.4　离散程度测度 ·· 104

　5.5　数据分布形态测度 ·· 107

　　　5.5.1　矩 ·· 107

　　　5.5.2　偏度与偏度系数 ·· 108

　　　5.5.3　峰度 ·· 109

　5.6　动态趋势测度 ·· 109

　　　5.6.1　发展速度 ·· 110

　　　5.6.2　增长速度 ·· 110

　5.7　案例分析 ·· 111

　　　R 自带数据集 iris (鸢尾花) 的描述统计指标计算 ··············· 111

　5.8　R 软件应用 ·· 114

　　　计算描述统计量 ·· 114

　　思考与练习 ··· 123

第 6 章　数据可视化 ·· 124

　6.1　统计图形的基本要素 ·· 124

　6.2　数据规模和结构可视化图 ·· 125

　　　6.2.1　条形图 ·· 125

　　　6.2.2　饼图 ·· 127

　　　6.2.3　玫瑰图 ·· 128

　　　6.2.4　矩形树图 ·· 131

　　　6.2.5　马赛克图 ·· 132

　6.3　数据分布可视化图 ·· 133

　　　6.3.1　直方图 ·· 133

　　　6.3.2　箱线图 ·· 135

　　　6.3.3　概率密度图 ·· 136

6.4　数据变化趋势图 ···138

　　6.4.1　点图 ··138

　　6.4.2　线图 ··139

6.5　多维数据可视化 ···141

　　6.5.1　雷达图 ··141

　　6.5.2　星图 ··143

　　6.5.3　脸谱图 ··144

6.6　文本数据可视化 ···146

　　6.6.1　词云图 ··146

　　6.6.2　社会网络图 ··147

6.7　案例分析 ···148

　　R 数据集 HairEyeColor (头发眼睛颜色) 可视化 ·······················148

　　R 数据集 iris (鸢尾花) 植物特征可视化 ·································150

　　R 数据集 ToothGrowth (豚鼠牙齿生长) 特征可视化 ···················153

6.8　R 软件应用 ··155

　　数据可视化 ··155

思考与练习 ···171

第 7 章　相关与关联分析 ··172

7.1　相关关系 ···172

　　7.1.1　一般相关关系 ··172

　　7.1.2　典型相关分析 ··176

7.2　相关关系可视化 ···179

　　7.2.1　二维散点图 ··179

　　7.2.2　三维散点图 ··180

　　7.2.3　气泡图 ··182

　　7.2.4　散点图矩阵 ··183

　　7.2.5　相关系数矩阵 ··185

7.3　关联分析 ···186

　　7.3.1　关联规则的基本概念 ··186

　　7.3.2　关联规则的 Apriori 算法 ··190

7.4　案例分析 ···191

　　鸢尾花的外形特征相关关系 ··191

　　科技创新活动投入和产出的典型相关分析 ···194

　　Apriori 算法示例 ···200

7.5　R 软件应用 ··203

　　　　　相关与关联分析 ·· 203

　　　思考与练习 ··· 209

第 8 章　聚类分析 ·· 211

　　8.1　聚类分析概述 ··· 211

　　8.2　距离的计算方法 ·· 212

　　　　　8.2.1　欧氏距离 ·· 212

　　　　　8.2.2　曼哈顿距离 ··· 213

　　　　　8.2.3　明氏距离 ·· 213

　　　　　8.2.4　兰氏距离 ·· 214

　　　　　8.2.5　马氏距离 ·· 214

　　　　　8.2.6　相关距离 ·· 215

　　　　　8.2.7　余弦相似度 ··· 215

　　　　　8.2.8　汉明距离 ·· 215

　　8.3　聚类算法 ·· 216

　　　　　8.3.1　系统聚类方法 ··· 216

　　　　　8.3.2　K-means 聚类法 ·· 222

　　　　　8.3.3　K-modes 聚类法 ·· 224

　　8.4　最佳 K 值的两种确定方法 ······································ 226

　　　　　8.4.1　肘部法 ·· 226

　　　　　8.4.2　轮廓系数法 ··· 229

　　8.5　案例分析 ·· 230

　　　　　红酒质量数据的聚类分析 ······································ 230

　　8.6　R 软件应用 ·· 234

　　　　　聚类函数的应用 ·· 234

　　　思考与练习 ··· 237

第 9 章　综合指数分析 ·· 238

　　9.1　综合指数分析概述 ·· 238

　　9.2　以专家赋权为主的综合指数分析 ································· 239

　　　　　9.2.1　专家评分法 ··· 239

　　　　　9.2.2　德尔菲法 ·· 241

　　　　　9.2.3　层次分析法 ··· 241

　　9.3　以数据特征赋权为主的综合指数分析 ··························· 245

　　　　　9.3.1　熵权法 ·· 245

　　　　　9.3.2　变异系数法 ··· 247

　　　　　9.3.3　主成分分析法 ··· 247

　　　9.3.4　TOPSIS 方法 ·· 250
　　　9.3.5　灰色关联分析法 ··· 252
　9.4　案例分析 ··· 255
　　　高技术产业创新能力综合评价 ······························· 255
　9.5　R 软件应用 ·· 273
　　　综合指数计算 ·· 273
　思考与练习 ·· 277
参考文献 ·· 279
附录 ··· 280

第1章 总论

学习目标

- 掌握数据的定义
- 掌握数据的特点
- 了解数据的类型
- 了解数据描述性分析的主要内容
- 了解数据探索性分析的主要内容

描述统计与探索性数据分析是基础的数据分析方法, 介绍如何测度数据特征, 展示数据、探索数据之间潜在关系, 并综合分析数据的常用统计方法, 帮助数据使用者看数据、读数据、分析数据, 形成数据思维. 本章主要介绍数据的定义、特点、类型, 以及描述统计与探索性数据分析的框架.

1.1 数据的定义

如同烹饪, 数据是所有数据分析工作的 "食材", 是本书的最基本研究对象.

什么是数据? 现代汉语词典关于 "数据" 的解释是: "进行各种统计、计算、科学研究或技术设计等所依据的数值." 这个定义强调数据是计算的对象, 反映数据的量化性和可测度特征.

从数据科学的角度, 徐宗本等 (2022) 认为, "数据是物理世界、人类社会活动的数字化记录, 是以编码形式存在的信息载体, 常见的数据形式有表格、曲线、图形、图像、视频、文本、音频、网络、地图、生物组学序列等. 数据具有可测量、可传输、可存储、可处理的特征". 这个定义强调数据是信息载体, 具有多种形式, 并且可测量、可传输、可存储、可处理, 详细列出了数据的表现形式, 是对数据较为完整的定义.

1.2　数据的特点

根据数据的以上定义, 可知数据具有如下特点.

(1) 数据包含信息, 是信息载体.

(2) 数据需要被整理. 杂乱的、分散的原始数据通过整理和分析, 才能揭示其所包含的信息, 未经处理的数据没有任何意义.

(3) 数据形式具有多样性. 包括可直接测量的数值形式, 以及不可直接测量、需要进行转换才可以测量的音频、视频、图像等形式, 意味着数据分析具有复杂多样性.

(4) 数据可以被测量. 现代计算机技术能够将音频、视频等各种非直接计量的信息载体通过软件转化为可直接测量计量的数据, 如文本数据可以转化为分类数据或顺序数据, 图像数据可以转化为连续型或离散型数据, 等等.

数据的可测量性使得统计学方法成为数据分析的重要方法.

1.3　数据的类型

从不同角度, 可以对数据进行不同分类. 目前, 被公认的数据分类大致有以下几种.

(1) 从计量尺度看, 数据可被分为: 分类数据、顺序数据、数值型数据.

分类数据是运用定类尺度计量事物的结果. 定类尺度测量事物类别差异, 即按照事物的某种属性对其进行平行分类或分组, 类 (组) 别之间无大小优劣之分. 例如: 民族被分为汉族、回族、维吾尔族等等, 性别被分为男、女, 颜色被分为红、黄、蓝等等. 研究者可以对分类数据进行编码, 但作为代码的数字大小不反映类别优劣、量的大小或顺序, 因而不能对之进行加、减、乘、除等数学运算.

顺序数据是运用定序尺度计量事物的结果. 定序尺度用于测量事物类别、等级 (顺序) 差别, 即根据数据属性对其进行等级顺序分类或分组, 类 (组) 别之间有大小优劣之分. 例如: 奖励的等级分为一等、二等、三等; 学历的等级分为小学、中学、大学等. 也可以对顺序数据进行编码 (与分类数据编码的区别是顺序数据的代码数字可进行比较), 但仍不能对其进行加、减、乘、除运算. 由于顺序数据不仅可以反映类别差异, 而且还可以反映等级或顺序差别, 因此它是比分类数据更高一级的数据形式.

数值型数据是运用定距尺度和定比尺度计量事物的结果, 包含定距数据和定比数据. 定距尺度用于测量事物类别或等级 (顺序) 之间间隔距离, 例如对温度、海拔的测度; 定比尺度用于测量事物之间类别、等级、距离、结构、比例或比率关系, 例如对比重、速度、密度等的测度. 定距数据和定比数据可用数字表示变量取值大小以及数量差别. 定距尺度与定比尺度的区别是, 定距尺度的 "0" 表示一个数值, 比如温度为 "0" 度或海拔为 "0" 点, 而定比尺度的 "0" 表示 "无 (没有)". 因此, 定距数据只能进行加、减运算, 而定比数据则可以进行加、减、乘、除运算, 是数据的最高级形式.

(2) 从数据结构看, 数据可分为结构化数据、半结构化数据和非结构化数据三大类 (朝乐门, 2016).

结构化数据: 是指可以使用关系型数据库表示和存储, 可以用二维表结构逻辑表达实现的数据, 如表格、可查询数据库等. 结构化数据便于查询、修改和计算.

半结构化数据: 是介于完全结构化数据和完全无结构的数据之间的数据, 如可扩展标记语言 (extensible markup language, XML)、超文本标记语言 (hyper text markup language, HTML) 文档和一些非关系型数据库 (not only SQL, NoSQL) 等就属于半结构化数据.

非结构化数据: 是没有固定结构的数据. 例如文本、图片、图像和音频/视频信息等等都属于非结构化数据. 这类数据一般直接整体存储为二进制的数据格式.

结构化数据是传统数据的主体, 而半结构化和非结构化数据是大数据的主体. 在设计数据平台时, 结构化数据可以用传统的关系数据库处理, 而半结构化和非结构化数据必须用 Hadoop 等大数据平台进行处理. 进行数据挖掘和分析时, 需要把非结构化、半结构化数据先转换成结构化数据.

(3) 从数据加工的程度看, 数据可分为明细数据和汇总数据两类.

明细数据又称原始数据, 通常从业务系统获取, 粒度比较小, 包括大量业务细节. 比如, 客户表中包含每个客户的性别、年龄、姓名等数据, 交易表中包含每笔交易的时间、地点、金额等数据. 明细数据所含信息量非常丰富, 但在数据分析和挖掘时, 往往需要对之进行大量计算, 使用效率比较低.

汇总数据又称加工数据. 通常按某种特定维度, 如时间维度、地区维度、产品维度等对明细数据进行汇总整理. 汇总后的数据使用效率比较高.

为提高分析效率, 数据分析人员应在明细数据、汇总数据之间进行选择. 一般优先使用汇总数据, 如果汇总数据满足不了需求再使用明细数据.

(4) 从数据来源渠道看, 数据可分为直接来源数据和间接来源数据.

第 3 章将介绍采集数据的一些来源渠道, 但不论哪种渠道, 数据来源都大致可分为两类: 一类是来源于研究者亲自采集, 一般以原始数据形式出现, 称为直接来源数据或一手数据; 另一类来源于别人收集并整理, 称为间接来源数据或二手数据.

(5) 从社会经济活动领域看, 数据可分为各个领域 (或行业) 数据. 例如, 以国民经济行业分类为标准, 数据可分为: 工业数据、农业数据、商业数据、金融业数据、旅游业数据、医疗数据、生物信息数据、科技数据等多个类别.

1.4   本书框架介绍

描述统计是非常古老的基础统计学方法, 最早可追溯到 17 世纪中叶的古典统计学. 以威廉·配第 (William Petty) 为代表的政治算术学派和赫尔曼·康令 (Hermann Conring) 创立的国势学派服务于国家对统计活动的需要. 20 世纪 70 年代美国统计学家图基 (J.W.Tukey)(1977) 提出探索性数据分析方法, 对已有数据在尽量少的先验假设下通过计算特征量、制表、作图、方程等手段探索数据的结构和规律, 侧重于发现数据中包含的模式或模型, 是对数据进行由表及里、逐层递进分析思想的最初应用. 本书融合描述统计和探索性数据分析方法, 并在此基础上, 突出问题导向, 引入指标设计和综合指数分析, 建立了大数时代数据分析的基础性框架.

遵循数据分析由表及里、逐层递进的基本思想, 本书的逻辑框架主要包括 3 个阶段和 9 个步骤. 3 个阶段是: 数据准备、统计描述、探索性分析; 9 个步骤是: 设置指标、数据收集、预处理、计算描述统计量、数据可视化、相关分析、关联分析、聚类分析和综合指数分析. 具体如图 1.1 所示.

图 1.1   数据分析逐级深入的 3 个阶段

第一阶段, 通过设置指标或指标体系确定数据获取范围;

第二阶段, 通过描述统计揭示数据表层特征;

第三阶段, 通过探索性分析挖掘指标之间的深层关系, 并通过综合指数分析揭示数据内在或综合信息, 获得对数据的深刻理解和认识.

这 3 个阶段包含的分析步骤如下: 解读实际研究背景, 设置指标反映需要解决的核心问题, 根据指标收集数据, 对数据进行整理. 通过计算、图表等工具将数据所含信息进行展示, 初步刻画研究对象的规模、趋势等特征. 进一步, 探究数据之间的相互内在关系, 构造内部关系模型, 揭示数据包含的深层信息. 最终, 通过构建综合指标模型, 对研究对象作出全面评价, 获得决策方案.

1. 解读实际问题

实际问题是指需要解决的或者需要去探索的实际领域问题, 是数据分析研究的出发点, 也是研究的最终目的 (王汉生, 2017).

例如, 若要研究老龄化领域, 需要了解老龄化的定义、对老龄化的测度方法、目前国内外老龄化的现状和关注热点等, 从中发现老龄化领域涉及的重要待解决问题, 如银发经济、养老事业、老龄人口的生活方式等, 在不同定位下都可作为核心问题. 研究核心问题的好处是, 研究结论能够直接有益于决策参考.

解读实际问题要把握几点:

(1) 解读概念, 探究实际领域现状;

(2) 寻找重要待解决问题 (选题);

(3) 设计研究方案, 保证数据可获取、可分析.

2. 数据准备

数据准备包括设置指标、采集数据和预处理数据等主要过程.

(1) 设置指标.

指标是对事物最初步的特征描述. 设置指标是围绕待解决问题运用概念反映研究对象某方面特征的过程, 因此, 指标设计应紧密联系实际问题开展. 例如, 研究积极老龄化的测度问题, "每周户外活动次数" 可以反映研究对象生活方式特征.

(2) 采集数据.

围绕指标开展数据收集, 需要运用传统的统计调查技术和方法, 如问卷设计、调查实施等, 同时还可借助计算机、网络技术收集大量网络数据, 例如爬虫技术. 后者能突破传统统计调查的时空限制, 时间和经济成本都较低, 是大数据时代不可忽视的数据采集技术.

(3) 预处理数据.

维基百科关于数据的定义特别强调数据的原始状态, 意味着几乎所有收集到的原始数据都需要经过整理才有用. 数据的预处理包括对数据进行有效性、一致性检查, 对无效数据、缺失数据和异常数据进行处理, 并根据实际情况对数据进行编码、转换、集成和归约等许多流程和环节.

3. 统计描述

统计描述是通过汇总统计数据、计算统计指标、绘制图表等, 揭示数据的发展规模、平均水平、分布形态 (或特征)、发展趋势及空间分布等特征, 对数据蕴含信息进行初步表述的过程.

总体看, 统计描述方法分为基于计算的描述和基于可视化的描述两大类.

基于计算的描述 通过计算频数、均值、方差、偏度、峰度等各种统计指标展示数据发展规模、集中趋势、离散程度、分布形态和发展趋势等特征, 提供较为精准的数量信息. 其中, 集中趋势、离散程度、分布形态属于静态描述; 发展趋势属于动态描述.

基于可视化的描述 通过各类图形展示数据特征. 如运用条形图、饼图等展示分类型数据分布; 通过直方图、箱线图及多维统计图等展示数值型数据分布; 通过词云图、社会网络图等展示文本数据分布; 通过密度图、热力图等展示数据的空间分布等; 以及运用点图、折线图、流向图等动态图展示数据的发展趋势. 提供较为直观的视角信息.

4. 探索性数据分析

探索性数据分析旨在挖掘数据内在关系, 揭示数据之间隐含的、未知的、有潜在价值的关系、模式和趋势. 常见方法为: 相关关系分析、关联分析、聚类分析等.

相关关系分析 考察两个或两个以上指标之间存在的非严格的依存关系, 表现为现象之间的数量变化呈现的相似趋势. 常见三大统计相关系数: 皮尔逊 (Pearson) 相关系数、斯皮尔曼 (Spearman) 相关系数和肯德尔 (Kendall) 秩相关系数.

关联分析 是一种无监督学习方法, 又称关联规则挖掘, 通过一定的关联规则, 从数据集中挖掘出潜在关联关系, 描述其中某些属性的规律和模式. 关联分析常被用于建立推荐系统模型, 主要算法有 Apriori、FP-growth 等, 这些算法可以高效自动地从数据集中挖掘出潜在的属性关联组合规则. 本书将主要介绍 Apriori 算法.

聚类分析 也是一种无监督学习方法, 对具有簇聚集性的数据, 采用特定算法, 在未知的数据结构下, 发现数据的簇类别与结构. 聚类算法较多, 包括划分法、层次法、密度算法、图论聚类法等大类型. 本书将主要介绍系统聚类、K-means 聚类、K-modes 聚类三个常用聚类方法.

5. 综合指数分析

综合指数分析是运用模型将研究对象的多维度指标进行综合, 形成一个或少数综合性指标, 对事物总体进行测度、比较、评估和考核的计量方法, 又称为综合指数分析方法. 如: 竞争力指数、经济景气指数、创新能力指数等等 (徐国祥, 2009).

社会经济活动和自然科学研究等许多领域都广泛应用综合分析方法, 如: 环境监测综合分析、地质灾害综合分析、气候特征综合分析、产品质量综合分析、生活质量综合分析、社会发展综合分析等等.

综合指数分析的一般流程如下: 建立指标体系, 对各指标的重要性赋予权重, 通过加权综合指数模型, 计算研究对象的综合指数值, 对评价对象进行综合分析. 实践表明, 综合指数的构建关键技术有三项: 构建评价指标体系、确定指标权重和计算综合指数.

6. 反馈实际问题, 形成解决方案

问题的解决方案来自分析结果及其解读, 因实际问题不同而有多种表现形式. 一般通用模式是: 通过解读分析结果, 识别关键性、敏感性问题, 设置预警指标, 建立预警体系, 预防管理. 同时, 出台新政策、引入新技术或改进技术、优化组织、实施新策略等, 形成问题解决方案并实施.

1.5 R 软件应用

初步认识 R 软件

1. 实验目的

了解 R 软件的基本环境, 掌握 R 和 RStudio 软件的下载、安装, 读入数据、创建数据对象、保存数据等基本操作.

2. 实验内容

R 是一种用于统计计算和图形的语言与环境, 是目前最受欢迎的数据分析和可视化语言之一. 通常所说的 R, 既指程序设计语言, 也指实现该语言的软件.

R 提供了各种各样的统计 (线性和非线性建模、经典统计测试、时间序列分析、分类、聚类等) 和图形技术, 并且具有高度的可扩展性. R 的优点之一是可以轻松生成设计良好的出版质量的图, 包括需要时的数学符号和公式. S 语言通常是统计方法研究的首选工具, R 提供了参与该活动的开源途径.

R 语言来自于 S_Plus 的基于函数和对象的程序设计语言, 主要用于统计分析和图形表示. S_Plus 又称 S 语言, 是由 AT&T 贝尔实验室开发用于进行数据探索、统计分析、作图的一种程序设计语言. S_Plus 兼容多种数据类型 (向量、数组、列表、对象等), 数据可以直接来源于 Excel, Lotus, Access, SAS, SPSS 等软件, 为交互式运行方式, 具有强大的图形及交互图形功能, 在进行探索性数据分析上具有特别的优势. 由于 S_Plus 是一个商业软件, 在应用上受到一定的限制. 因而, Auckland(奥克兰) 大学的罗伯特·金特尔曼 (Robert Gentleman) 和罗斯·伊哈卡 (Ross Ihaka) 及其他志愿人员在此基础上开发了 R 系统, 其语法形式与 S 语言基本相同, 但实现不同. R 编程计算速度比 S-Plus 更快, 具有强大的统计功能及适应大数据的探索性分析和可视化功能, 且由于 R 是开源软件, 它可以在多种操作系统下运行, 包括 Windows、Linux、macOS 等, 近年来发展迅速, 成为数据分析的重要工具.

了解更多有关 R 的信息可访问 R 的主页 (官网)[①].

[①] https://www.r-project.org/.

1) 下载及安装 R 软件

R 软件 (简称 R) 是实现 R 语言的工具, 是属于 GNU 系统的自由、免费、源代码开放的软件, 用于实现统计计算和统计制图.

可以在 R 的官网上免费下载并安装 R 软件, 界面如图 1.2 所示.

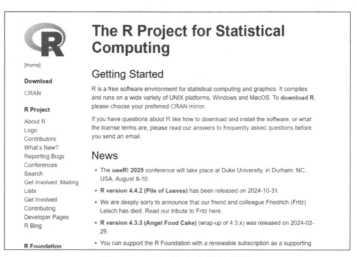

图 1.2   R 软件官方网站界面

图 1.2 中, 单击 Download 条目下的 CRAN(Comprehensive R Archive Network, R 综合典藏网的简称), 或直接单击 download R, 在 CRAN Mirrors 中选择镜像, 如图 1.3 所示. 目前, 指定的国内镜像有 13 个, 它们从上到下依次是: 清

Canada	
https://muug.ca/mirror/cran/	Manitoba Unix User Group
https://mirror.csclub.uwaterloo.ca/CRAN/	University of Waterloo
https://cran.mirror.rafal.ca/	Rafal Rzeczkowski
Chile	
https://cran.dcc.uchile.cl/	Departamento de Ciencias de la Computación, Universidad de Chile
China	
https://mirrors.tuna.tsinghua.edu.cn/CRAN/	TUNA Team, Tsinghua University
https://mirrors.bfsu.edu.cn/CRAN/	Beijing Foreign Studies University
https://mirrors.pku.edu.cn/CRAN/	Peking University
https://mirrors.ustc.edu.cn/CRAN/	University of Science and Technology of China
https://mirrors.zju.edu.cn/CRAN/	Zhejiang University
https://mirror-hk.koddos.net/CRAN/	KoDDoS in Hong Kong
https://mirrors.qlu.edu.cn/CRAN/	Qilu University of Technology
https://mirror.lzu.edu.cn/CRAN/	Lanzhou University Open Source Society
https://mirrors.nju.edu.cn/CRAN/	eScience Center, Nanjing University
https://mirrors.sjtug.sjtu.edu.cn/cran/	Shanghai Jiao Tong University
https://mirrors.sustech.edu.cn/CRAN/	Southern University of Science and Technology (SUSTech)
https://mirrors.hust.edu.cn/CRAN/	Huazhong University of Science and Technology
https://mirrors.nwafu.edu.cn/cran/	Northwest A&F University (NWAFU)
Colombia	
https://www.icesi.edu.co/CRAN/	Icesi University

图 1.3   选择 CRAN 镜像站点

华大学 TUNA 团队、北京外国语大学、北京大学、中国科学技术大学、浙江大学、香港的 KoDDoS、齐鲁工业大学、兰州大学开放资源社区、南京大学电子科学中心、上海交通大学、南方科技大学、华中科技大学、西北农林科技大学.

选择镜像之后可以根据自己的电脑操作系统类型, 分别选择下载链接:

Download R for Linux;

Download R for macOS;

Download R for Windows.

以 Download R for Windows 为例, 单击 install R for the first time, 目前最新的版本为 R-4.4.2, 在图 1.4 界面单击 Download R-4.4.2 for Windows 下载即可. 在 R Sources 里面可以找到 1997 年以来所有版本的 R 软件下载包.

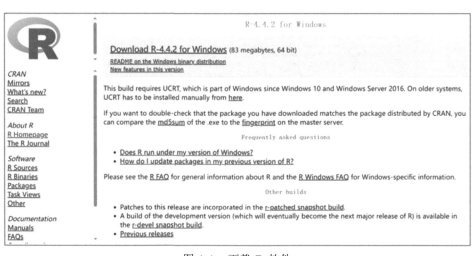

图 1.4 下载 R 软件

单击下载好的 R 文件, 按照提示进行安装. 打开 R 后主界面如图 1.5.

主界面是进入 R 的工作环境的主入口. 工作环境是启动 R 后的当前工作环境, 是对 R 的数据对象进行操作和储存的场所, 包括控制台、程序脚本、工作空间和工作目录.

(1) 控制台 (R Console).

控制台就是每次运行 R 后出现的主界面, 如图 1.5 所示. 一切就绪的标志是在提示符 > 后会有光标闪烁, 在光标处录入命令可开始操作数据对象.

数据对象的操作可以在控制台逐行录入运行, 也可以在程序脚本 (script) 中录入, 再单击运行.

在控制台逐行录入命令时, 单击回车就会出现该行命令的运行结果. 例如, 可以直接键入以下运算符号, 进行各类公式运算: + (加法运算); - (减法运算); * (乘

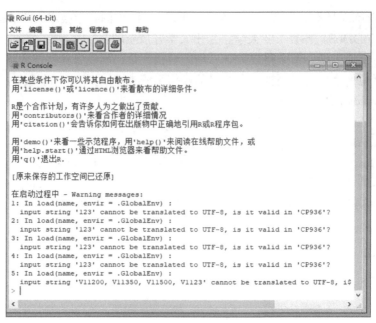

图 1.5 R 的主界面

法); / (除法运算); ^ (幂运算) 等, 可以自定义函数, 编写程序完成运算. 也可以调用 R 的函数包进行各种运算、建立模型、输出可视化图形 ……

(2) 程序脚本 (script).

程序脚本区域主要用于代码的撰写. 使用程序脚本的优点是可以一次性录入某次操作所需要的全部代码, 根据需要选择执行某几段代码或全部执行, 同时可以把代码保存下来 (保存时文件类型为 *.R), 方便以后多次调用或修改. 在控制台下拉文件菜单, 可以创建、调用或查看程序脚本, 该项操作的界面见图 1.6.

(3) 工作空间 (workspace).

工作空间储存着所有用户定义的对象, 包括向量、矩阵、函数、数据框、列表等. 当 R 会话结束时, 我们可以将当前工作空间保存到一个镜像中, 并在下次启动 R 时自动载入它, 这样就可以选择一个之前输入过的命令并适当修改, 重新执行它.

用于管理工作空间的部分标准命令:

ls(): 列出当前工作空间中的对象;

rm(x): 移除 (删除) 一个或多个对象 x;

history(n): 显示最近使用过的 n 个命令 (默认值为 25);

save.image("myfile"): 保存工作空间到文件 myfile 中 (默认值为.RData);

图 1.6 R 的程序脚本界面

save(x, file="myfile"): 保存指定对象 x 到文件 myfile 中;

load("myfile"): 读取一个工作空间到当前会话中 (默认值为.RData);

q(): 退出 R.

(4) 工作目录 (working directory).

工作目录是 R 用来读取文件和保存结果的默认地址. R 软件会自动创建默认的工作目录, 可以使用函数 getwd() 查看当前的工作目录. 操作命令为

```
getwd()
```

输出结果示例:

```
[1]"C:/Users/Documents"
```

表示工作目录在 C 盘的文档下.

如果需要改变工作目录的地址, 可使用函数 setwd() 重新设定当前的工作目录. 例如, 我们希望将工作目录设置在 D 盘, 文件夹 JAVA 下, 则进行如下操作:

```
setwd("D:/JAVA")#设定工作目录为"D:/JAVA"
getwd()#查看工作目录
```

结果显示为

[1] "D:/JAVA"

上述命令中, # 后面的文字是对代码的解释说明, 运行时不会被识别为代码. 在较新的 R 版本中, 可以直接通过 "文件" 下拉列表中的 "改变工作目录" 菜单修改工作目录.

需要注意的是, 重设工作目录后, 若退出 R, 下次重新运行该软件, 又会恢复系统默认工作目录地址.

2) 了解 R 软件基本操作

(1) 赋值.

"<-"、"->"、"=" 都是 R 中的赋值的符号, 较规范且常用的是 "<-".

符号命令中的双引号必须在英文状态下输入; 在 R 中, 字母是区分大小写的.

(2) 基本运算符.

R 语言提供了方便的算术运算的操作, 包括 +、-、*、/等, 这些运算与 MAT-LAB 的运算含义完全一样, 都可以对向量进行 "加、减、乘、除" 运算.

部分常用运算符含义:

%%: 求余;   %/%: 求商;

^: 乘方;   sqrt(): 开方;

log(): 对数;   exp(): e 为底的指数.

除了以上的四则运算和函数运算之外, 各向量之间还可以进行比较运算, 其返回值为真 (TRUE) 或假 (FALSE), 比较运算符包括:

>: 大于;   >=: 大于等于;

<: 小于;   <=: 小于等于;

==: 等于;   !=: 不等于.

逻辑操作的对象是逻辑值, R 语言的逻辑操作包括以下几项:

! : 非;

& 和 &&: 与;

| 或 || : 或;

xor(): 异或;

all(): 判断数据中是否存在 TRUE 值, 是在全部为 TURE 时返回 TURE;

any(): 判断数据中是否存在 TRUE 值, 是在存在任何一个 TRUE 时返回 TRUE.

(3) 运行结果的保存.

保存数据

数据处理结束后, 可以将其保存为 R 文件、Excel 表格, 也可以保存为文本文件.

保存为 Excel 表格

使用 write.table 函数将指定运行结果以 csv 格式保存到 Excel, 示例如下:

```
write.table(FF,"sample.csv", sep=",")#将FF保存为Excel文件, 文件名sample, 位置:
默认工作目录.
```

保存为文本文件

```
write.table(x, file="x.txt" ,sep=",")#将x保存为txt文件, 文件名x, 位置: 默认工
作目录.
```

也可使用 sink 函数将指定程序运行结果保存到文本文档, 代码如下:

```
sink("D.txt",append=TRUE,split=TRUE)#保存运行结果至工作目录, 文档名为D.txt
source("代码1.R")#运行代码1.R
sink()#结束输出
```

append: 表示将运行结果添加在原有文档数据之后, 省略该参数时新文档会覆盖原文档数据.

split: 表示将运行结果同时发送到文档和屏幕. 省略该参数则只将结果发送到屏幕.

保存为 R 格式文件

```
save(x,file="x.RData")#将x保存为R文件, 文件名x, 位置: 默认工作目录.
```

保存图像

若要保存图像, 则可在 sink 中使用 pdf("filename.pdf"), jpeg("filename.jpg"), win.metafile("filename.wmf") 等命令. 代码如下:

```
>jpeg("filename.jpg")#保存运行结果至图像filename.jpg
>source("代码1.R")#运行"代码1.R"
>dev.off()#结束图形输出
```

此时, 运用 R 绘制的图像就以图像格式保存在工作目录下了, 文件名为 filename.jpg.

3) 关于 R 软件的程序包

R 软件主要以程序包 (简称 "包") 的形式提供各种统计计算和图形显示工具. "包" 是指所编写的函数的集合, 具有详细说明和示例. 每个程序包包含 R 函数、数据、帮助文件、描述文件等. R 是关于 "包" 的集合. 总体看, R 的程序包分为基础包和共享包两大类.

(1) 基础包.

R 语言自带了一系列基础包, 又称为 R 自带包, 它们提供了多种默认函数和数据集, 支持基本操作及统计分析和制图功能. 目前, 基础程序包里面含 7 个常用的程序包, 分别为: package:stats (统计函数)、package:graphics (基础图形函数)、package:grDevices (图形设备和支持)、package:utils (工具函数)、package:datasets (数据集)、package:methods (方法和类)、package:base (基础包). 其中, 数据集可供初学者练习 R 函数. 可以使用函数 library(help="包的名称"), 查看某个包的详细信息, 包括里面的具体函数. 安装 R 软件时会自动将基础程序包加载到工作空间, 这些包中的函数可以直接调用.

(2) 共享包.

共享包又称扩展包, 是全球各类研究人员贡献的各种包的集合, 涵盖了各类统计方法, 共享包只需要下载一次, 可以通过下拉 R 主界面控制台的 "程序包" 菜单, 选择 "安装程序包", 通过某个 CRAN 镜像站点, 手动下载并安装. 例如, 下载制图软件包 ggplot2, 通过菜单下载, 界面示例如图 1.7.

图 1.7(a) 为镜像站点列表界面, (b) 为按照提示出现的 ggplot2 函数包的选择界面.

(a)   (b)

图 1.7   ggplot2 函数包下载界面

也可以调用 install.packages() 函数进行下载安装. 括号中包的名称要加英文引号, 在列出的 CRAN 镜像站点列表中选择一个进行下载安装.

例如, 下载制图软件包 ggplot2, 下载函数为

```
install.packages("ggplot2")
```

共享包下载之后, 每次运行 R 时都要使用 library() 命令加载已安装的共享包到库里面, 才可以调用里面的函数. 如

```
library("ggplot2")
```

全球范围几乎每天都有研究者向 R 中贡献自己开发的包, 因此 R 的学习永无止境. 本节为初学者简单介绍 R 软件的入门知识, 为进一步学习建立基础. 一些相关的书籍和网址将有助于进一步学习 R 的更多知识, 如: R 语言学习网址 http://www.r-china.net/.

4) 下载及安装 RStudio

RStudio 是 R 的一个集成开发环境 (IDE), 其界面设置使得编程过程更加轻松和方便. 可通过 RStudio 的主页: https://posit.co/products/open-source/rstudio/ 下载免费和收费两种版本的 RStudio 软件. 若下载免费版本, 则可单击有 Free 标记的模块, 单击"DOWNLOAD RSTUDIO DESKTOP"按钮进行下载. 参见图 1.8.

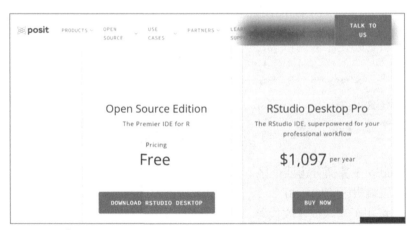

图 1.8　RStudio 下载页面 1

下载 RStudio 之前需要先下载安装 R 软件, 因此 R 软件也可以在继上述操作后单击"DOWNLOAD RSTUDIO DESKTOP FOR WINDOWS"按钮后的界面下载安装, 如图 1.9 所示.

单击下载好的 RStudio 文件, 按照提示完成安装后, RStudio 的主界面如图 1.10 所示.

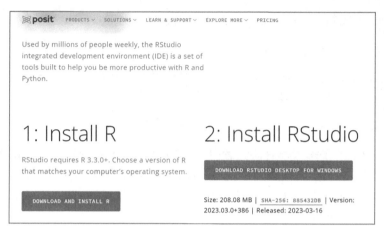

图 1.9　RStudio 下载页面 2

图 1.10　RStudio 主界面

RStudio 主界面分为四个区:

● 代码编辑区 (Source)

此区域用于输入或修改代码.

● 控制台区 (Console)

此区域执行代码并显示执行结果. 也可以在此直接输入代码并执行.

● 环境区 (Environment, History, Connections)

用于记录当前变量的数值及其类型 (Environment); 查看所有在控制台区内代码执行的历史记录 (History); 连接外部数据库 (Connections).

● 文件管理区 (Files, Plots, Packages, Help, Viewer)

显示当前工作目录下的文件 (Files)、已绘制好的图 (Plots)、已安装好的包 (Packages), 以及帮助文档 (Help) 和本地网页文件 (Viewer).

其他更多有关 R 和 RStudio 的使用可参考其官网[①].

思考与练习

1. 阐释数据的定义及主要类型.

2. 基于实际问题的数据分析模式有哪些主要环节?

3. 如何理解逐级深入的数据分析过程?

4. 尝试提出 1 ~ 2 个需要进行数据分析的实际问题.

5. R 软件应用练习.

(1) 下载、安装 R 和 RStudio.

(2) 认识 R 和 RStudio 的界面, 记住各区的名称和作用.

(3) 调取 R 的 dataset 内置数据集 AirPassengers, 练习 R 的基本符号及计算操作.

(4) 了解 R 的包: 用函数 library(help="") 查看各基础包及其详细信息.

(5) 保存工作空间和运行结果数据.

---

① https://posit.co/download/rstudio-desktop/.

第 2 章　统计指标概述

统计指标是对事物属性或数量特征进行描述的最基本方式. 我们需要根据研究目的, 依托统计指标进行数据采集和分析. 本章介绍如何根据研究目的设计统计指标和指标体系.

2.1　统计指标的含义

2.1.1　指标与统计指标

我们常说的指标一般具有两种含义, 一种是目标意义的指标, 指要达到的目标或要完成的任务. 例如, 在汉典中, "指标" 指预期中打算达到的指数、规格、标准[①]. 人们常说的 "指标完成情况" 就是指这个含义, 用英文表示是 Target; 另一种是统计意义的指标, 是对研究对象属性或数量特征的衡量, 表现为一系列名词或短语及其取值. 如: 性别、民族、人口数、产值、研发经费投入等等, 用英文表示是 Index. 统计意义的指标是本书的研究对象, 即统计指标.

　　统计指标首先表现为名称, 但不是所有的名称都是统计指标, 只有可以进行分类或取值的名称才是统计指标. 如, "性别" 反映人类属性特征, 可以分为男

[①] http://www.zdic.net/hans/指标.

性和女性, 并可分类别进行统计; "人口数"反映人类规模数量特征, 可以取一个具体数值; 对于不能进一步分类或取值的名称, 就不能称为统计指标, 例如 "文化" 就很难被量化测度. 没有特别指明的情况下, 本书所述的 "指标" 均指 "统计指标".

统计指标与具体问题紧密结合, 是根据特定知识背景构建的反映具体问题、便于量化分析的概念及体系.

2.1.2 统计指标的特点

统计指标具备下列特点.

1. 明确性

指标名称应有清晰、明确、无歧义的定义, 便于使用者通过指标名称及其定义正确理解和应用指标. 例如, 国家统计局对国内生产总值 (GDP) 的定义是: 国内生产总值是指一个国家或地区所有常住单位在一定时期内生产活动的最终成果 [1]. 该指标包含清楚的核算对象、核算范围和计算原理, 含义十分明确. 有的统计指标只要确定概念的内涵和外延之后, 计算方法也就随之确定, 汇总性的总量指标即是如此, 如国内生产总值 (GDP)、科学研究与试验发展 (R&D) 经费投入总额、土地增值税总额等.

2. 具体性

统计指标应能够将模糊的抽象概念转化为具体的明确表述. 例如: 满意度、效用度、认同度等指标均可对抽象的主观感受进行具体化表述, 并可以用非常不满意、不满意、无所谓、满意、非常满意等不同级别反映主观感受的程度, 同时用编码数序将这些级别加以量化.

3. 简洁性

指标名称应简洁、凝练, 高度概括研究对象的属性特征. 例如, "农业用水", 若表述为 "农业生产用水" 就不够简洁, 因为 "农业" 本身就指生产性行业, 加入 "生产" 就重复累赘. 此外, "期望产出" 和 "非期望产出" 分别指主观上希望得到的产出和不希望出现的产出, 用 "期望" 和 "非期望" 作为限定词既简洁又中肯.

4. 可测性

统计指标应是可测量的, 即指标取值可进行计算或比较. 统计指标的取值, 可以是数值形式 (数值型数据), 也可以是文本形式 (分类型数据). 数值型指标值可被直接测量, 分类型指标值不可以被直接测量, 但可以统计类别频数, 如不同种类的植物数量、不同职业的人数等等; 或可通过设计量表进行等级测量.

---

[1] 参见国家统计局网站: http://www.stats.gov.cn/zs/tjws/tjzb/202301/t20230101_1903699.html.

2.1.3 统计指标的构成要素

如前所述, 一个统计指标至少应由指标名称和指标值 2 个基本要素组成, 这两个要素称为统计指标的基本要素. 若指标取值为数值型数据, 则指标的构成要素更为复杂一些, 还应包括 4 个要素: 指标的计量单位、计算方法、时间范畴和空间范畴. 例如, 2023 年全年国内生产总值 (GDP) 为 1260582 亿元人民币, 就是一个包含了上述 6 个要素的完整指标.

1. 指标名称

指标名称是根据研究对象特性提炼出的含义清楚的名词或语句, 是用于揭示研究对象本质属性的概念化表述. 对指标名称应有详细解释, 指明其内涵和外延. 例如, 国家统计局关于 "单位就业人员" 指标定义为: 报告期末最后一日在本单位工作, 并取得工资或其他形式劳动报酬的人员数. 该指标为时点指标, 不包括最后一日当天及以前已经与单位解除劳动合同关系的人员, 是在岗职工、劳务派遣人员及其他就业人员之和.

2. 指标值

统计指标须得有取值, 主要表现为数值或文字等格式化数据形式, 是统计指标的核心要素. 数值形式的指标值是对指标的数量测度, 如长度 10 米、总产出 10000 万元、密度 35 人/平方米、速度 250 千米/小时等; 文字形式的指标值是对指标的属性分类, 如心理学中 "人格" 分为: 完美型、助人型、成就型、自我型、理智型、疑惑型、活跃型、领袖型、和平型; "满意度" 的取值可以分为: 非常不满意、不满意、无所谓、满意、非常满意等. 随着信息技术发展, 指标值也可以图像、音频、视频等非格式化数据形式出现, 例如医学影像、交通违规图像等, 需要通过相应的软件将它们转换为格式化数据, 才可以进行统计分析.

3. 计量单位

根据计量学的有关规定, 计量单位指: 根据约定定义和采用的标量. 具有根据约定赋予的名称和符号[①], 如: 公斤、公顷、元、万元、个、条、项等.

一般来说, 取值为数值的指标, 都必须包含计量单位, 否则无法进行测量. 指标的计量单位可以是单个计量单位 (如万元、项、个), 也可以是复合计量单位, 例如 "人口密度" 的计量单位是: 万人/平方千米 (密度指标); 或比率计量单位: %(比重或比率指标); 等等.

4. 计算方法

计算方法主要指形成指标值的过程和方法. 有的指标在其定义中就表述了其取值的计算方法, 比如根据国家统计局的定义, "人口自然增长率" 指在一定时期

内 (通常为一年) 人口自然增加数 (出生人数减死亡人数) 与该时期内平均人数 (或期中人数) 之比, 用千分率表示. "总储蓄" 指可支配总收入用于最终消费后的余额. 各部门的总储蓄之和称为国民总储蓄.[①] 有的指标则不能直接从定义中看到计算方法, 需要对其计算方法进行专门说明, 如 "居民消费价格指数" 是反映一定时期内城乡居民所购买的生活消费品和服务项目价格变动趋势和程度的相对数. 从定义中不能直接看到计算方法, 需要进一步给出计算公式. "行业景气指数" 是对企业景气调查中的定性指标通过定量方法加工汇总, 综合反映某一特定调查群体或某一社会经济现象所处的状态或发展趋势的一种指标. 定义中仅提到定量方法, 也需要进一步给出计算公式.

5. 时间范围和空间范围

时间范围指采集数据的某个特定时间或时段, 如年、月、周、日、时. 依据统计惯例, 主要以年度数据、季度数据或月度数据为一般社会经济活动数据的时间范畴. 对于时点指标, 也可按照周、日、时甚至分、秒来确定指标取值的时间范围. 可指明是来自某个时点的数据或汇总数据, 如人口普查数据统计在某年 12 月 31 日零时零分零秒的某地区人口总数, 或某些高频数据在某个时点的交易价格, 如股票交易开盘价、收盘价、外汇牌价等.

空间范围是采集数据的地理空间或群体. 地理空间范畴可以是行政空间范围, 如某国、某省、某市/区, 也可以是自然空间范畴, 如某个山区、草原、湖海等; 群体空间限制主要表现为社会机构/组织、某种职业或身份群体等等.

表 2.1 分别以两个统计指标: "产品满意度" "国内生产总值 (GDP)" 为例, 展示分类型和数值型统计指标的构成要素.

表 2.1   统计指标构成要素示例

指标名称	指标数值	计量单位	计算 (测量) 方法	时间范畴	空间范畴
产品满意度	非常满意; 满意; 一般; 不满意; 非常不满意	无	调查收集	使用产品期间或之后某段时期内	该产品的使用群体
国内生产总值 (GDP)	具体数值, 如 1000	货币单位	一段时期内全社会所有生产和服务部门的新增价值加总. 因此可以用收入法、支出法和增加值法三种方法进行计算	指定某段时期内 (通常为年度)	某国或某地区范围所有生产和服务部门

2.2　统计指标类型

在前述内容中, 我们已经发现统计指标因其性质和取值不同而呈现不同类型. 例如, 考察事物的发展规模一般使用绝对数指标, 考察事物的发展速度一般选用比率相对数指标, 而对事物进行结构分析则可选择比例相对数指标等. 可以据此对指标进行分类, 有助于在不同分析场景中选用合适的指标.

对指标进行分类需要按照相应的标准进行. 不同标准下, 指标可被分为不同类型. 常见如下类别.

2.2.1　根据指标形式和作用分类

根据指标表现形式和作用不同, 可将指标分为**单一指标**和**体系指标**.

单一指标表现为单个指标, 其作用是反映研究对象某方面的特征, 但不能反映研究对象整体情况, 是 "只见树木, 不见森林" 式指标. 如表 2.1 中所有的指标均为单一指标.

体系指标表现为具有相互联系的一组指标, 其作用是反映研究对象多方面甚至全方位特征, 是 "既见树木, 又见森林" 式指标. 如 "投入""产出""非期望产出""行业景气指数" 等均为体系指标. 体系指标是进行综合分析的主要指标形式.

2.2.2　根据指标值获取方式分类

根据指标值的获取方式, 可将指标分为**通行指标**和**自设指标**.

通行指标是已在相关领域被公认或使用的指标. 这类型指标一般来自于政府部门公开数据库或某机构开发的受公认数据库. 通行指标的数据一般不需研究者亲自收集, 也基本上无须再进行数据整理, 使用方便. 如 "2.4 案例分析" 的指标是通行指标, 指标名称及其取值均来自政府公开数据库.

自设指标是研究者根据研究需求, 凝练研究对象本质特征创设的指标. 这类指标取值一般得通过研究者实地调查、观测, 或实验、计算获得, 通常需要对数据进行整理. 例如, 调查满意度、支持率, 或个体的健康状况等指标即是如此.

一般地, 自设指标因其取值的原创性、及时性而具有较大研究价值, 而通行指标的优势则是使用方便. 但需要注意的是, 当通行指标取值来自二手数据时, 需要确保通行指标与研究目标相符合.

2.2.3　根据指标反映的数量关系分类

根据指标取值反映的数量关系类型, 可将统计指标分为**绝对数指标**、**相对数指标**、**平均数指标**和**指数**.

1. 绝对数指标

绝对数指标反映一定时间、地点和条件下研究对象的总规模或总水平, 又称总量指标, 用绝对数表示.

2. 相对数指标

相对数指标反映研究对象两个关联指标之间的对比关系, 用比例或比率相对数表示. 根据对比关系的不同, 相对数指标具体又可分为结构相对数指标、强度相对数指标、比例相对数指标、计划相对数指标、动态相对数指标五类. 相对数指标大多通过对绝对数指标的加工计算而来.

结构相对数指标, 表示研究对象部分元素与总体水平的比较, 用于指标内部结构分析. 设总体有 n 个元素, Ic 表示结构相对数指标值, x_i 表示总体中第 i 个元素, 则结构相对数指标计算公式为

$$\mathrm{Ic} = \frac{x_i}{\sum_{i=1}^{n} x_i} \tag{2.1}$$

强度相对数指标, 表示研究对象两个不同指标之间量的比较, 用于指标的对比分析. 若设 Is 表示强度相对数指标值, x, y 为研究对象两个不同指标的值, 则强度相对数指标计算公式为

$$\mathrm{Is} = \frac{x}{y} \tag{2.2}$$

比例相对数指标, 表示研究对象各组成部分之间的比较, 用于进行指标内部各元素之间对比分析. 若设 Ir 表示比例相对数指标值, x_i 和 x_j 分别为研究对象第 i 部分和第 j 部分的指标值, 则比例相对数指标计算公式为

$$\mathrm{Ir} = \frac{x_i}{x_j} \tag{2.3}$$

计划相对数指标, 表示研究对象的实际完成数和计划数之间的比较, 用于计划进度管理分析. 若设 Ip 表示计划相对数指标值, x' 和 x 分别为研究对象的计划实际完成数和计划数, 则计划相对数指标计算公式为

$$\mathrm{Ip} = \frac{x'}{x} \tag{2.4}$$

动态相对数指标, 是同一指标的取值在不同时间的动态对比, 用于对研究对象发展状态进行分析. 包括环比增长率、同比增长率、定基比增长率、平均增长速度等情况.

环比增长率, 是对研究对象相邻两个时期的发展对比分析, 实践中常用于月份的比较. 若设 Im 表示环比增长率指标值, x_t 和 x_{t-1} 分别表示研究对象的当期发展水平和上一期发展水平, 则环比增长率指标计算公式为

$$\mathrm{Im} = \frac{x_t}{x_{t-1}} \tag{2.5}$$

同比增长率, 是对研究对象当年和上一年相同时期的发展情况对比分析. 常见于社会经济各种发展报告中对相邻年份中相同季度或月份的比较. 若设 Iy 表示同比增长率指标值, x_t 和 $x_{t'}$ 分别表示研究对象的当年某期发展水平和上一年同期发展水平, 则同比增长率指标计算公式为

$$Iy = \frac{x_t}{x_{t'}} \tag{2.6}$$

定基比增长率, 是表示研究对象当期发展水平与某一固定时期发展水平的对比分析. 若设 If 为定基比增长率指标值, x_t 和 x_0 分别表示研究对象的当期发展水平和基期发展水平, 则定基比增长率指标计算公式为

$$If = \frac{x_t}{x_0} \tag{2.7}$$

平均增长速度, 是对一段时期内研究对象平均发展状况的分析. 若设 Ia 为平均增长速度指标值, x_t 和 x_0 分别表示研究对象的当期发展水平和基期发展水平, t 表示该指标发展时长 (期数), 则平均增长速度指标计算公式为

$$Ia = \sqrt[t]{\frac{x_t}{x_0}} - 1 \tag{2.8}$$

公式推导:

设 Ia 表示平均增长速度, x_0 表示基期水平, x_1 表示第 1 期水平, $\cdots$, x_t 表示第 t 期水平, 则有

$$\begin{aligned}
x_1 &= x_0 + x_0 Ia \\
&= x_0(1 + Ia) \\
x_2 &= x_1 + x_1 Ia \\
&= x_0(1 + Ia)^2 \\
&\cdots\cdots \\
x_t &= x_0(1 + Ia)^t
\end{aligned} \tag{2.9}$$

变换公式 (2.9), 有

$$Ia = \sqrt[t]{\frac{x_t}{x_0}} - 1 \tag{2.10}$$

3. 平均数指标

平均数指标反映研究对象的一般发展水平. 它的实质是假设研究对象中各个体无差异时, 所有个体应该达到的一般水平, 是抽象了个体差异之后的群体共性.

一般采用简单算术平均数、加权算术平均数、调和平均数和几何平均数等公式进行计算.

一些相对数指标, 也可看作特殊的平均数指标, 比如, 表示人均水平的强度相对指标, 或表示平均增长速度的动态相对指标等, 实际上都是反映研究对象平均水平的指标.

4. 指数

指数分为两类: 时序指数和综合指数.

时序指数是从时间序列的比较角度, 运用单一或综合动态相对数指标的计算原理进行计算形成的发展性指数, 描述每一阶段与上一阶段相比较的增长情况.

如居民消费价格指数是反映一定时期内城乡居民所购买的生活消费品和服务项目价格变动趋势和程度的相对数. 计算公式为

$$\text{CPI} = \frac{\text{一组固定商品按今年全年价格计算的价值}}{\text{这组商品按去年全年价格计算的价值}} \times 100\% \qquad (2.11)$$

通过该指数可以观察和分析消费品的零售价格和服务项目价格变动对居民实际生活费支出的影响程度.

综合指数是依据一定的计量模型, 把反映同一对象各方面特征的多个指标进行技术合成而形成的综合性指标, 用以反映研究对象的综合发展状况, 便于进行比较或评价, 在社会经济活动中有广泛应用. 常见如: 竞争力指数、创新指数、经济景气指数等等.

综合指数的构建模型比较多, 从而形成了多个综合指数分析方法, 构成一套独特的量化评价方法体系, 对其详细介绍参见本书第 9 章.

2.2.4 根据指标数值类型分类

从计量尺度看, 数据通常被分为定类数据、定序数据、定距数据和定比数据, 其中定距数据和定比数据属于数值型数据. 相应地, 从指标取值角度, 可将指标分为分类型指标、顺序型指标和数值型指标.

分类型指标是取值为定类数据的指标. 对分类型指标, 主要采用频数统计、聚类、分类、关联分析等方法进行分析.

顺序型指标是取值为顺序数据的指标. 对顺序型指标, 一般采用频数统计或等级比较、等级相关等分析方法进行分析.

数值型指标是取值为数值型数据的指标. 数值型数据是数据的最普遍最高级形式, 适用于当前的各种数据分析方法.

2.3　统计指标设计

设计统计指标的关键要点是应考虑指标的有效性. 有效指标是能够抓住问题的关键和核心, 刻画问题本质特征的统计指标.

2.3.1　统计指标设计原则

设计有效指标应遵循以下 4 项基本原则.

原则一: 目标导向性原则.

应紧紧围绕研究目标选择有效指标, 要注意将反映研究目标的指标和其他意义的指标区别开. 因为有一些指标看起来似乎反映了主要问题, 但实际上不能反映根本目标. 例如, 我们都知道盈利是企业的生命线, 如果拟分析某 APP 的付费订阅需求情况, "点击量" 与 "新用户的增加量" 都是可以反映用户关注情况的指标. 但 "新用户的增加量" 指标比 "点击量" 指标更能反映 APP 真实订阅需求, 是真正能够带来盈利变化的指标, 是有效指标; 而 "点击量" 只反映了用户关注度, 不能衡量实际实现的市场需求, 反映不了企业最关心的盈利情况. 因此在需求分析的背景下, "新用户增加量" 指标是反映企业盈利的有效指标. 同样, 与 "销售量" 指标相比, "利润率" 指标是反映企业生产经营关键而核心问题的指标, 是有效指标. 这是因为, 如果价格水平降得很低, 尽管销售量会增长, 但不一定能带来利润增加, 所以 "销售量" 指标在分析盈利水平时不是有效指标.

原则二: 重要特征原则.

研究对象常常呈现多种特征, 如刻画经济发展状况, 可以选择总投入、总产出、人均收入、进出口交易量等, 其中, 国内生产总值是可用于进行国际比较的核心经济指标, 它是反映经济增长的关键指标. 所以, 有效指标只需覆盖对象的重要特征, 不必面面俱到, 而应该抓重点问题, 这需要从解读实际问题中获得. 再如, 反映人力投入的可选指标有 "劳动力、就业人员、在岗职工、单位就业人员" 等, 但是从定义看[①]:

劳动力指年满 16 周岁, 有劳动能力, 参加或要求参加社会经济活动的人口. 包括就业人员和失业人员.

就业人员指年满 16 周岁, 为取得报酬或经营利润, 在调查周内从事了 1 小时 (含 1 小时) 以上劳动的人员; 或由于在职学习、休假等原因在调查周内暂时未工作的人员; 或由于停工、单位不景气等原因临时未工作的人员.

在岗职工指在本单位工作且与本单位签订劳动合同, 并由单位支付各项工资和社会保险、住房公积金的人员, 以及上述人员中由于学习、病伤、产假等原因暂未工作仍由单位支付工资的人员.

---

① 劳动力、就业人员、在岗职工、单位就业人员定义来自: 国家统计局. 中国统计年鉴 2023: 134.

单位就业人员指报告期末最后一日在本单位工作, 并取得工资或其他形式劳动报酬的人员数. 不包括最后一日当天及以前已经与单位解除劳动合同关系的人员, 是在岗职工、劳务派遣人员及其他就业人员之和.

失业人员不能构成人力投入, 因此, 劳动力指标不合适作为人力投入指标. 就业人员和在岗职工指标中均包含了未投入工作的人员, 也都不合适作为人力投入. 因此可知, "单位就业人员" 是最能够反映真正投入生产活动人力情况的投入指标.

原则三: 简洁性原则.

统计指标不是越多越好, 更不是越复杂越好. 复杂、繁多的研究指标, 会增加数据收集与分析的工作量, 也会因指标过多导致指标之间产生的较强相关性, 从而影响统计模型质量. 比如, 指标维度过高带来维数灾难. 因此, 在设计统计指标时, 应尽量删去不必要的指标, 简化指标体系.

原则四: 可行性原则.

可行性是指统计指标能够被观察、测量和重复操作. 包含如下含义: 一是有数据来源, 二是数据来源真实可靠, 三是数据能够被验证或重复计算. 如果收集不到数据, 研究对象不能被量化分析, 统计指标就没有实际用处; 如果数据来源的可信度不高, 也会降低指标的可行性; 如果数据不能复测, 则会降低分析结果的可靠性.

2.3.2 统计指标设计步骤

为了保证实现统计指标设计的目标导向性原则、重要特征原则、简洁性原则和可行性原则, 建议按照以下步骤创设统计指标.

步骤一: 深度了解研究对象专业领域背景, 发现需求.

通过调研、实践、查阅资料、观察等方式了解研究对象所涉及的专业领域状况, 知晓该领域的实际需求和待解决问题. 例如, 数字经济领域, 早期的待解决问题是: 如何测度数字经济产出及数字产业化? 随着研究的推进, 当前的难题是: 如何测度数字技术对产业发展的影响和渗透程度? 即产业数字化测度方法研究是该领域的待解决问题.

步骤二: 为核心关键问题画像, 创设有效指标.

结合研究目的, 研究核心关键问题的特征和性质, 找到描述它们的指标. 例如, 对于高技术产业而言, 技术创新的本质特征是科技创造与其市场价值实现的统一, 因而研究高技术产业创新能力时, 通过专利授权数、新产品销售收入和利润、技术转让合同额等指标, 可较为准确地衡量技术创新及市场价值实现, 因而它们是有效指标.

步骤三: 考察数据来源, 确保数据可获取及可靠.

设定指标后应进一步了解是否有数据来源, 以及数据来源是否可信, 要确保收集到可靠的数据. 对于没有可靠数据来源的指标, 如果有可替换指标, 应替换为有可靠数据来源的指标.

步骤四: 探寻指标间逻辑关系, 建立指标体系.

任意一个单一指标都只能从某一个角度去描述事物某方面特征, 比如属性特征、规模特征、结构特征、发展特征等, 而对事物的全面了解则需要从多角度、多方面展开, 这些角度或方面之间往往存在一定的内在联系, 整体上具有逻辑关系. 因此, 既要注重每个单一指标的设计, 更要精心构建指标体系. 指标体系由一组存在逻辑关系的多个单一指标构成, 是多维度指标体系, 承担着对事物整体进行描述的职能.

通常, 指标之间的关系分为下述几种.

● 从属关系

从属关系是指标之间存在依存或附属之类的不平等关系, 表现为上下层级关系. 其中, 下层指标一般是上层指标的组成部分.

● 平行关系

平行关系是指标之间没有交叉和隶属以及因果关系, 是平等、并列的关系.

● 因果关系

因果关系是指标之间存在着前因后果的影响关系.

图 2.1 以科技统计指标体系为例, 展示了指标之间从属关系、平行关系和因果关系.

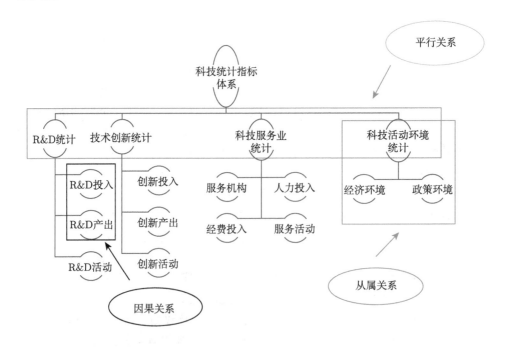

图 2.1   指标之间关系示例

2.4 案例分析

可持续发展投入产出效率测度指标设计

1. 案例学习要点提示

①解读实际问题背景;

②发现实际需求;

③抽取关键问题;

④设计有效指标.

2. 案例内容

通过分析实际问题背景, 构建一套测度我国可持续发展投入产出效率的指标体系.

3. 案例过程及分析

研究背景解读 有关可持续发展的定义目前有很多种, 但被广泛接受、影响最大的仍是世界环境与发展委员会在《我们共同的未来》中的定义. 该报告中, 可持续发展被定义为: "既能满足当代人的需要, 又不对后代人满足其需要的能力构成危害的发展."

发现需求 我国政府非常重视经济与环境协调发展, 1984 年 5 月, 国务院作出《关于环境保护工作的决定》, 环境保护开始纳入国民经济和社会发展计划. 之后, 我国政府相继出台环境保护政策, 加快生态文明建设, 把可持续发展战略作为我国重大战略之一. 但是由于历史原因, 以经济发展为主的高污染、高能耗模式未完全转变, 再加之区域管理、技术水平的差异, 在未来预期的经济目标下, 我国环境与资源压力可能进一步加大. 在生态文明建设的背景下, 我国如何能够以低污染、低能耗获得更大的经济效益? 如何在预期的经济目标下, 实现最少的污染和资源消耗? 这都是我国乃至全球亟须解决的问题. 因此科学测算可持续发展框架下的投入产出效率, 是推动生态文明建设的研究课题.

创设有效指标 投入方面, 根据经济学基本原理, 从地区或行业生产过程看, 投入包括人力投入和物质投入两大类. 其中, 人力投入可以设置 "单位就业人员" 指标; 物质投入由于包括原材料、固定资产和土地、水和能源等, 因此可以设置 "原材料、固定资产投资、建设用地面积、用水总量、能源消耗总量" 等指标, 原材料是微观指标, 一般用于企业等微观主体分析. 产出方面, 考虑生产对环境负面影响, 将产出分为期望产出和非期望产出, 期望产出是经济学中的 "好品", 即希望越多越好的物品, 可以设置 "国内生产总值 (地区生产总值/行业增加值)" 反映财富增长; 非期望产出是经济学中的 "坏品", 即希望越少越好的物品, 通常包括废水、废气、废物, 因此可设置 "废水排放量、烟 (粉) 尘排放量、二氧化硫排放量、一般工业固体废弃物倾倒丢弃量" 等指标反映对环境的污染情况.

数据源 上述指标可以从政府公开数据库 (如 "中国统计年鉴") 中获取.

建立指标体系 根据上述指标关系, 可知:

(1) ①"投入" 和 "人力投入、物质投入", ②"物质投入" 和 "固定资产投资、生产性用地面积、农业用水、工业用水、生产性能源消费", ③"产出" 和 "期望产出、非期望产出", ④"非期望产出" 和 "工业废水排放量、工业废气排放量、一般工业固体废弃物倾倒丢弃量", ⑤"期望产出" 和 "国内生产总值 (GDP)" 5 组指标分别具有从属关系;

(2) ①"投入和产出", ②"人力投入、物质投入、期望产出、非期望产出", ③"单位就业人员、固定资产投资、生产性用地面积、农业用水、工业用水、生产性能源消费、国内生产总值 (GDP)、工业废水排放量、工业废气排放量、一般工业固体废弃物倾倒丢弃量"3 组指标分别具有平行关系;

(3) "投入和产出"1 组指标具有因果关系.

根据上述关系, 构建指标体系如表 2.2 所示.

表 2.2　可持续发展投入产出效率测度指标体系

一级指标	二级指标	三级指标	指标说明	计量单位
投入	人力投入	单位就业人员	指报告期末最后一日在本单位工作, 并取得工资或其他形式劳动报酬的人员数	人/万人等
	物质投入	固定资产投资	城镇和农村各种登记注册类型的企业、事业、行政单位及城镇个体户进行的计划总投资 500 万元及以上的建设项目投资和房地产开发投资, 包括原口径的城镇固定资产投资加上农村企事业组织项目投资数量	元/万元/亿元等
		生产性用地面积	包括耕地、园地、林地、草地、湿地、城镇村及工矿用地、交通运输用地、水域及水利设施用地的面积之和	公顷
		农业用水	包括耕地和林地、园地、牧草地灌溉, 鱼塘补水及牲畜用水数量	立方米
		工业用水	工矿企业在生产过程中用于制造、加工、冷却、空调、净化、洗涤等方面的用水, 按新水取用量计, 不包括企业内部的重复利用水量	立方米
		生产性能源消费	国民经济各行业在一定时期内消费的各种能源的总和. 不含居民家庭能源消费量	万吨标准煤
产出	期望产出	国内生产总值 (GDP)	国内生产总值 (GDP) 指一个国家或地区所有常住单位在一定时期内生产活动的最终成果	元/万元/亿元等
	非期望产出	工业废水排放量	包括工业废水、城镇生活污水、集中式污染治理设施排水量	吨
		工业废气排放量	包括工业烟 (粉) 尘排放量、工业二氧化硫排放量、工业氮氧化物排放量	吨
		一般工业固体废弃物倾倒丢弃量	工业企业将所产生的固体废物倾倒或者丢弃到固体废物污染防治设施、场所以外的量	吨

2.5 R 软件应用

⸎ 创建数据对象及读入外部数据 ⸎

1. 目的

掌握在 R 中创建向量、矩阵、数组、数据框、列表等 5 种数据对象的方法; 掌握读入外部数据的基本方法.

2. 内容

1) 创建 R 的数据对象

运用 R 进行数据分析的第一步是创建 R 的数据对象. 数据对象在 R 中以下列 5 种数据类型存在:

- 数值型 (numeric), 实数向量;
- 整数型 (integer), 整数向量;
- 字符型 (character), 分类向量;
- 逻辑型 (logical), 逻辑向量 (TRUE=T, FALSE=F), 又称布尔型;
- 复数型 (complex), 复数向量.

还有一类数据被称为因子 (factor), 因子在 R 中非常重要, 它会被自动按照字母或数值顺序进行排序, 对数据统计方法的选择有影响.

根据不同分析目的, 各种数据被编入不同的数据结构. 数据结构是指存储数据的方式, 它表示数据按照何种方式被创建. 数据结构类型包括: 向量、矩阵、数据框、列表、数组等. 数据与数据结构的关系如同学生与班级的关系. 数据结构中可能容纳某种类型数据, 也可能容纳多种类型数据.

因此, 创建数据对象的过程包含两步:

第一步, 选择一种数据结构存储数据;

第二步, 将数据输入或导入这个数据结构中.

R 的数据导入方式有两种: 直接录入和外部导入.

(1) 创建向量.

向量是用于存储数值型、字符型、逻辑型数据的一维数组. 一个向量对象只能存储一种数据类型. 在 R 中最常用的方法是使用连接函数 c() 创建向量.

示例 1: 创建向量

```
>x<-c(10,71,32,43,52,61,78,93)#创建数值型数据向量
>y<-c("south","west","east","north")#创建字符型数据向量
>z<-c("TRUE","TRUE","FALSE")#创建逻辑型数据向量
```

可以使用函数 str() 查看数据对象所包含数据的类型. 例如, 查看示例 1 中向量 y 的数据类型, 代码及运行结果如下:

```
>str(y)
 chr[1:4]"south""west""east""north"
```

结果解释: y 的数据类型为字符型 (character, 符号: chr), 共有 4 个元素: "south""west""east""north".

创建等差数列向量, 默认步长为 1, 例如

```
b<-1.2:15
b
[1] 1.2   2.2   3.2   4.2   5.2   6.2   7.2   8.2   9.2   10.2   11.2   12.2
     13.2   14.2
```

如果要生成任意步长的等差数列, 可以用函数 seq(), 其基本语法如下:

seq(from=1,to=1,by=((to-from)/(length-1)),length.out=NULL,
along.with=NULL,...)

by 缺省默认为步长为 1.

例如: 在 $1 \sim 100$ 之间产生等差数列, 具有 5 个维度 (元素), 函数为

```
>seq(1,100,length.out=5)
[1]1.00   25.75   50.50   75.25   100.00
seq(10)#默认起始值为1, 步长为1
seq(1,10,length.out=5)#向量的维数指定为5
```

在 R 中还可以用函数 vector() 来生成一个空向量, 其调用格式为

vector(mode="logical",length=0)

mode: 表示该向量储存数据的类型, 可取值: "logical", "integer", "numeric", "complex", "character"及"raw", 默认值是"logical";

length: 表示该向量的长度, 默认值为 0.

与向量相关的函数还有:

as.vector(): 将其他类型的对象强制转换成向量;

is.vector(): 判断对象是否为向量.

若要提取向量中第 n 个元素, 命令为: 向量名称 [n]. 如

```
>y<-c("south","west","east","north")#创建向量y
>y[3]#访问向量y中的第3个元素
[1]"east"
```

删除或修改元素:

如果要删除向量中的某些元素, 可以输入 x[-i], 其中的 i 可以是数字, 也可以是向量, 如

```
x[-3]#删除x中第3个元素
x[-(2,3,4)]#删除x中第2、3、4个元素
```

如果要修改向量中的某些元素, 可以直接给分量赋值. 如

```
x[3]<-18#将x中的第3个元素值修改为18
```

(2) 创建矩阵.

矩阵是一个二维数组. 如同向量一样, 一个矩阵对象也只能存储一种数据类型, 可以是数值型、字符型、逻辑型数据中任意一种. 创建矩阵的函数通常是 matrix(), 其基本调用格式为

```
matrix(data=x,nrow=m,ncol=n,byrow=FALSE,dimnames=NULL)
```

data: 表示该矩阵要储存的数据, 一般是向量名称;

nrow 和 ncol: 表示矩阵的行数和列数, data 的个数等于 nrow 乘以 ncol;

byrow: TRUE 表示数据以行优先的方式进行排列, FALSE 表示数据以列优先的方式进行排列;

dimnames: 指定矩阵各维度的名称, 例如 dimnames=listlc("row$_1$" "row$_2$"), c("col$_1$", "col$_2$") 默认为整数.

示例 2: 创建矩阵一

```
>x<-c(0,1,3,4,5,6,7,8)#创建向量x
>A<-matrix(x,nrow=2,ncol=4)#创建一个2行4列的矩阵A
>A
     [,1]   [,2]   [,3]   [,4]
[1,]    0    -3    -5    -7
[2,]   -1    -4    -6    -8
```

如果数据的总数已知, 那么可以在参数中只设定列数或行数, 则相应行数或列数随之确定. 因此也可使用如下命令创建矩阵:

```
matrix(x,ncol=n)
```

或

```
matrix(x,nrow=n)
```

示例 3: 创建矩阵二

```
>a<-c(0,1,2,3,4,5,6,7,8,9,10,11,12) #创建向量a
>m<-matrix(a,nrow=3)#创建一个3行的矩阵
>m
      [,1]   [,2]   [,3]   [,4]   [,5]
[1,]    0      3      6      9     12
[2,]    1      4      7     10     13
[3,]    2      5      8     11     14
>str(m)#查看矩阵结构
 num[1:3,1:4]1 2 3 4 5 6 7 8 9 10 ...
```

结果解释: 矩阵 m 的数据类型为数值型 (numeric, 符号: num), 共 3 行, 5 列.

同样可以用符号 [ ] 提取矩阵中的某个元素, 基本形式为: 矩阵名称 [m,n], 表示访问某矩阵位于第 m 行, 第 n 列的某个元数. 如要访问示例 3 中的第 2 行第 3 列元素, 则代码和结果如下:

```
>m[2,3]
[1]7
```

矩阵的常见运算符及函数如下:

$+, -, *, /$: 矩阵的四则运算;

t(): 矩阵的转置;

solve(): 矩阵的逆矩阵;

eigen(): 矩阵的特征值和特征向量.

当数据的维度超过二维时, 可创建数组存储数据.

(3) 创建数组.

数组是带有多个下标且类型相同的元素构成的集合, 可以看成是向量和矩阵的推广, 一般用于存储具有行、列、组三个维度的数值型、逻辑型和字符型数据. 可以使用 array() 函数创建数组, 其基本调用形式为

```
array(data=NA,dimensions=length(data),dimnames=NULL)
```

data: 保存到数组的数据, 数据类型为向量, 也可以是空值;

dimensions: 表示维数, 一般以列表形式按照行维数、列维数、组维数顺序排列;

dimnames: 表示各维度的名称, 与行、列、组的顺序对应.

示例 4: 创建数组

```
>dim1<-c("低技术","中技术","高技术")#行变量名称
>dim2<-c("X1","X2","X3","X4","X5")#列变量名称
```

```
>dim3<-c("south","north")#组变量名称
>a<-array(1:30,c(3,5,2),dimnames=list(dim1,dim2,dim3))#创建数组a:
    3行、5列、2组
>a
,,south
        X1  X2  X3  X4  X5
低技术   1   4   7   10  13
中技术   2   5   8   11  14
高技术   3   6   9   12  15
,,north
        X1  X2  X3  X4  X5
低技术  16  19  22  25  28
中技术  17  20  23  26  29
高技术  18  21  24  27  30
>str(a)# 查看a中的数据类型
int[1:3,1:5,1:2]1 2 3 4 5 6 7 8 9 10 ...
 -attr(*,"dimnames")=list of 3
  ..$:chr[1:3]"低技术""中技术""高技术"
  ..$:chr[1:5]"X1""X2""X3""X4"...
  ..$:chr[1:2]"south""north"
```

结果解释: 数组 a 的数据类型为整数型 (integer, 符号: int). 共 2 组, 3 行, 5 列. 其中 dimnames 的属性是列表 (list), 由字符型数据 (chr) 构成.

可以对数组各维度的名称进行修改. 若要修改示例 4 中数组 a 的维度名称, 其代码和运行结果如下:

```
a<-array(1:30,c(3,5,2),dimnames=list(c("一年级","二年级","三年级")
    ,c("语文","数学","物理","化学"),c("男生","女生")))
>a
,,男生
        语文 数学 物理 化学 英语
一年级   1    4    7    10   13
二年级   2    5    8    11   14
三年级   3    6    9    12   15
,,女生
        语文 数学 物理 化学 英语
一年级  16   19   22   25   28
二年级  17   20   23   26   29
三年级  18   21   24   27   30
```

可使用命令 "数组名称 [行数, 列数, 组数]" 提取数组中任意指定位置元素. 例如, 要提取示例 4 中数组 a 第 2 组第 1 行第 2 列的元素, 代码及运行结果为

```
>a[1,2,2]#访问位于数组a第1行, 第2列, 第2组的元素
 [1]19
结果解释: 位于数组a第1行, 第2列, 第2组的元素为"19".
>a[,2,2]#访问位于数组a第2列, 第2组的元素
低技术 中技术 高技术
   19      20      21
结果解释: 位于数组a第2列, 第2组的元素为: 低技术19, 中技术20, 高技
    术21.
```

(4) 创建数据框.

数据框 (data frame) 是 R 中特有的也是应用最多的数据结构, 与向量、矩阵、数组不同的是, 它以矩阵形式同时存储多种类型数据, 每列为一个变量, 每行为一个观测样本.

可使用函数 data.frame() 创建数据框. data.frame() 的基本形式为

```
data.frame(name1=col1,name2=col2,...)
```

其中参数比较多, 此处只取常用的几个.

name1, name2, · · · 是各列向量的名称, 表明数据框是列主导.

示例 5: 创建数据框

```
>X1<-c(10,22,53,64,45)#创建整数型向量X1
>X2<-c(24.2,2.5,2.6,23.5,2.9)#创建数值型向量X2
>X3<-c("红色","黄色","褐色","紫色","白色")#创建字符型向量X3
>X4<-c("T","F","F","T","F")#创建逻辑型向量X4
>D<-data.frame(X1,X2,X3,X4)#创建数据框D
>D
   X1    X2    X3    X4
1  10   24.2   红色   T
2  22    2.5   黄色   F
3  53    2.6   褐色   F
4  64   23.5   紫色   T
5  45    2.9   白色   F
>str(D)# 查看D的数据类型
>str(D)
'data.frame':  5obs. of  4variables:
 $ X1:num   10 22 53 64 45
 $ X2:num   24.2 2.5 2.6 23.5 2.9
```

```
$ X3:chr "红色""黄色""褐色""紫色"...
$ X4:chr "T""F""F""T"...
```

对示例 5 的结果解释如下: 数据对象 D 是数据框类型 (data.frame), 包含 5 个对象, 4 个变量. 其中, X3 和 X4 是字符型向量, X1 和 X2 是数值型向量.

需要注意的是, 数据框的各向量可以是不同类型的数据, 但它们必须具有相同的长度.

如果要提取数据框 data 中的某个元素, 则调用 data[nrow,ncol] 进行访问, nrow 和 ncol 分别表示数据框 data 的行数和列数. 例如要提取示例 5 中 D 的某个元素, 则代码和运行结果为

```
>D[3,3]#提取位于D中第3行和第3列的元素
[1]褐色
Levels: 白色 褐色 红色 黄色 紫色
>data[3,"X4"]#也可以用行标签"3"和列变量名"X4"提取访问对象
[1]F
Levels:F T
```

如果要提取数据框中的列变量, 可以使用 $ 符号进行提取. 其调用形式为

Data$x

x: 表示变量名称.

例如要提取示例 5 中 D 的变量 X2, 则代码和运行结果为

```
>D$X2#提取D中的变量X2
 [1]24.2  2.5  2.6  23.5  2.9
```

如果要提取 2 个以上变量, 则用 [] 符号进行选择. 例如要提取示例 5 中 D 的变量 X1 和 X2, 则代码和运行结果为

```
>D[,c("X1","X2")]#提取D中的变量X1和X2
    X1    X2
1   10    24.2
2   22    2.5
3   53    2.6
4   64    23.5
5   45    2.9
```

(5) 创建列表.

　　向量、矩阵和数组所存储的数据必须属于同一类型, 数据框可以存储不同类型数据但长度须相同. 而当数据对象包含有不同长度, 不同数据类型时, 则可以采用列表 (list).

　　列表是数个对象的有序集合, 是 R 的数据结构类型中最复杂的一种, 它不仅可以将各种数据结构和数据类型整合到某个对象名下, 允许包含不同类型的元素, 甚至可以把对象 (例如矩阵或数据框) 作为元素.

　　构成列表的对象又可称为它的分量, 分量可以是不同的模式或类型, 长度可以不相同, 如一个列表可以包括数值向量、逻辑向量、矩阵、字符和数组, 甚至可以是列表. 列表可以用 list() 函数进行创建, 其调用格式如下:

```
list(var1=componet1,var2=component2,...)
```

　　var1, var2, · · · 分别为各种数据类型和各种数据结构类型的分量.

　　示例 6: 创建列表

```
>mylist=list(title="季节",number=20,scores=c(85,76,90,78), data=
    data,m=m,list=a)
>mylist
$title
[1]"季节"
$number
[1]20
$scores
[1]85 76 90 78
$data
   X1    X2    X3   X4
1 10  24.2   红色   T
2 22   2.5   黄色   F
3 53   2.6   褐色   F
4 64  23.5   紫色   T
5 45   2.9   白色   F
$m
     [,1] [,2] [,3] [,4]
[1,]    1    4    7   10
[2,]    2    5    8   11
[3,]    3    6    9   12
$list
,,south
     X1   X2   X3   X4   X5
```

```
低技术    1    4    7    10    13
中技术    2    5    8    11    14
高技术    3    6    9    12    15
,,north
          X1  X2  X3  X4  X5
低技术    16  19  22  25  28
中技术    17  20  23  26  29
高技术    18  21  24  27  30
```

同样可以使用符号 $、[] 提取列表中的某个元素. 例如要提取示例 6 中 mylist 的某个元素和变量, 其代码和运行结果分列如下:

```
>mylist$scores[2]#访问列表中向量scores的第2个元素
[1]76
>mylist$data[4,2]#访问列表中数据框data的第4行第2列的元素
[1]23.5
>mylist$list[3,4,1]访问列表中变量数组list第1组, 第3行, 第4列的元素
[1]12
>mylist$scores#访问列表中的变量scores
[1]85    76    90    78
```

2) 读入外部数据

(1) 从外部文件导入数据.

R 支持从多种外部文件导入外部数据. 常用外部文件包括 txt 文档、Excel 电子表格和 sav 格式文件 (由 SPSS 软件创建的数据文件).

①从 txt 文档导入数据.

主要使用 scan() 和 read.table() 函数从 txt 文档中导入数据. 如果文本文件中的数据是同一种类型的, 例如都是数值型数据或字符型数据, 可以使用 scan() 函数读入数据; 如果是多种类型混合的, 例如数值型和字符型混合, 则使用 read.table() 读入数据.

scan() 函数

scan() 函数的优点是: 对于很大的数据文件, 使用 scan() 函数时读取速度会更快. 因为它处理的是同类型数据, 并且可以事先设定数据类型, 而不是在读取完毕后再检查数据类型的一致性.

scan() 函数的参数比较多, 以下只列举几个常用的参数:

```
scan(file,what,sep,skip,encoding,na.strings)
```

file: 表示文件所在路径目录和文件名称. R 使用默认工作目录来完成数据读入. 如果文件存储在 R 的工作目录中, 可以直接输入文件名称; 如果文件不在工作目录里, 则通过 file 链接到目标数据文件的路径.

what: 用于说明各列数据的类型. 可使用 logical, integer, numeric, complex, character 等函数.

sep: 分隔符, 默认以空格作为分割, 若要将分隔符设置为文件中的符号, 如"," "."""/"等, 可以用 sep 设置, 如 sep=",". 一般使用单字符作为分隔符.

skip=n: n 表示读取数据时略过的行数, 例如 skip=1, 表示略过第 1 行不读, 从第 2 行开始读取. 与此相反的是用 nlines 表示要读取的前面行数, 例如: nlines=2, 表示只读取前 2 行数据, 即只读取第 1, 2 行数据.

encoding: 指定的编码格式, 如果读入中文可能会出现乱码, 可以通过这个参数来指定: encoding ="Latin-1 或 UTF-8".

na.strings: 用于指定在读取文件时哪些字符串应被视为缺失值 (NA), 如: na.strings = c("NA").

示例如下:

```
>a<-scan(file="book.txt",what="numeric",nlines=2)#读取名为book的文
    本, 数值型, 读取前两行
>a<-scan(file="book.txt",what="character",skip=2,encoding="UTF-8",
    sep=",")#读取名为book的文本, 字符型, 从第3行开始读取, 逗号分隔
>k<-scan(file="F:\\data.txt",what="numeric",nlines=4)#读取位于F盘,
    名为data的文本, 数值型, 读取前4行
```

scan() 函数将数据读入后创建向量对象. 如果数据的类型多样, 比如既有字符串, 又有数值型, 则可使用函数 read.table() 将数据读入创建数据框.

read.table() 函数

read.table() 函数用来创建数据框, 它是读取表格形式数据的主要方法. 数据框中每个变量也都将被命名, 默认变量名为 V1,V2,···.

read.table() 函数的参数也比较多, 主要参数如下:

```
read.table(file, header, sep, quote, dec,row.names, col.names, as.is, na.
strings,colClasses,nrows,skip,check.names,fill,strip.white,blank.lines.skip)
```

file: 文件名, 一般默认在工作目录, 否则需要指明文件所在路径.

除了文件名 file 之外, 以下参数若在函数中缺省, 则表示下列含义.

header: 逻辑值 (FALSE 或 TRUE), 缺省为 FALSE, 表示欲读取的文件没有列变量名称, 自动标记为 V1, V2, V3, ···, 若要显示文件自带的列变量名称, 设置为 header=TRUE.

sep: 文件中的字段分隔符, 用法与 scan() 函数相同.

quote: 引用符号, 指定用于包围字符型数据. 缺省则默认符号为"\".

dec: 用来表示小数点的字符, 缺省则默认符号为".".

row.names: 表示行名的向量, 或文件中一个变量的序号或名字, 缺省则默认值为 1, 2, 3, $\cdots$, n.

col.names: 表示列名的字符型向量, 缺省则默认是 V1, V2, V3, $\cdots$.

as.is: 判断是否将字符型变量转化为因子型变量. FALSE 表示将变量保留为字符型, TRUE 表示将变量由字符转化为因子, 缺省则默认为 FALSE.

na.strings=NA: 将缺失值用 NA 表示.

colClasses: 用字符表示列变量的数据类型, 缺省时自动识别各列变量类型.

nrows: 可以读取的最大行数 (忽略负值), 缺省则默认为文件所有行数.

skip: 读取数据时略过的行数, 缺省则默认为 0 行. 用法同 scan() 函数.

check.names=TRUE: 检查变量名是否在 R 中有效.

fill =TRUE: 表示当所有行变量数目不相同时, 用空白填补.

strip.white= TRUE: 用于在 sep 已指定的情况下, 删除字符型变量前后多余的空格.

blank.lines.skip =TRUE: 忽略空白行.

数据框创建好之后, 可以单独访问每个变量, 命令为 data\$V1,data\$V2, $\cdots$, 或 data["V1"], data["V2"],$\cdots$, 或 data[,1], data[,2], $\cdots$.

read.table 函数应用示例:

```
>Ap<-read.table(file="G:\\A.txt")#读入G盘文本文档A中的数据，不显示
    列变量名称，默认列名为V1, V2, V3, V4
>Ap<-read.table(file="G:\\A.txt",header=TRUE)#读入G盘文本文档A中的
    数据，显示列变量名称
>dataA=read.table(file="D.txt",header=TRUE,nrows=6)#读入工作目录下
    文本文档D的数据，显示列变量名称，读取前6行
```

read.csv() 函数

函数 read.csv() 是 read.table() 函数的变形, 它是 read.table() 函数应用在电子表格 (Excel) 导出的 csv 格式文件时的具体形式. 其用法与 read.table() 基本一致.

②从 Excel 中读入数据.

R 支持从 Excel 中导入数据. 方法有两种: 读入复制数据; 转换文件格式并读入.

方法一: 复制数据.

打开 Excel 文件, 框选所需导入数据后复制, 在 R 中输入代码如下:

```
read.table("clipboard",header=TRUE)
```

header=TRUE 表示第一行是原数据的列变量名, 也可使用 T 代替 TRUE.

复制数据的方法简便易行, 但是当数据量较大时, 这种方法容易出错, 此时可先将 Excel 文件另存为文本数据 (制表符分隔, ASCII), 再使用读入文本数据的函数 read.table 将数据导入 R.

方法二: 转化文件格式导入数据.

另一种较为常用的方法是将 Excel 数据另存为 csv(逗号分隔) 格式. 过程为: 文件 → 另存为 → CSV(逗号分隔). 再用 read.csv() 函数读入 R. read.csv() 函数的用法同 read.table() 一致, 如

```
data<-read.csv(file="D.csv",header=TRUE,nrow=10)#读取工作目录中的
   文件D.csv, 读取前10行, 创建为数据框对象data
```

还可以运用 readxl 包的相关函数读取 Excel 数据, 优点是可以指定需读取的工作表, 但需要先下载并加载 readxl 包. 函数基本形式为

```
read_xlsx("data.xlsx",sheet=1,na="NA")
read_xls("data.xls",sheet=1,na="NA")
```

③从 SPSS 软件中获取数据.

一般使用 foreign 共享中包的 read.spss 函数导入 SPSS 的 sav 格式数据, 代码示例如下:

```
>library(foreign)# 加载程序包foreign
>dataR<-read.spss("D:\\data.sav")#读入SPSS文件data.sav
```

还可以用 Hmisc 扩展包的 spss.get 函数读入 sav 文件, 导入的内容更全面, 可导入 sav 文件中的附加信息.

下载安装并加载 Hmisc:

```
>library(Hmisc)# 加载程序包Hmisc
>dataR<-spss.get("data.sav",use.value.labels=TRUE)# 读入sav文件
   data.sav, 创建对象dataR
```

(2) 从网页中获取表格数据.

可使用 XML 共享包中的 readHTMLTable() 函数从网页中获取表格.

以国家统计局网站中《中华人民共和国 2023 年国民经济和社会发展统计公报》某表格数据为例, 先复制网址: http://www.stats.gov.cn/sj/zxfb/202402/t20240228_1947915.html.

网页表格获取示例如下:

```
>library(XML)#加载程序包XML
>url<-"http://www.stats.gov.cn/sj/zxfb/202402/t20240228_1947915.
  html"
>b<-readHTMLTable(url,which=2)#读取url中的第2个表格
>write.csv(b,file="bb.csv")#将抓取的数据以Excel格式保存到工作目
  录, 文件名bb.csv
```

如果同一网页中同时有 n 个表格, 可用 which=n 指定要提取第几个表格.

上述是在 R 软件中常用的读取外部文件数据的函数. 不过, 当使用 RStudio 时, 读取外部数据就变得很方便: 可以从 RStudio 的文件菜单上直接读取来自 Excel、SPSS 等文件的数据, 流程为 File → Import Dataset → From(Text, Excel, SPSS, SAS, Stata). 如图 2.2 所示.

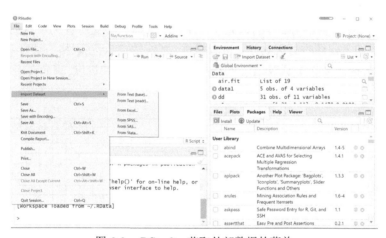

图 2.2 RStudio 获取外部数据的菜单

思考与练习

1. 解释下列概念:

统计指标、单一指标、体系指标、自设指标、通行指标、有效指标.

2. 简述指标的基本构成要素.

3. 简述指标设计的基本原则.

4. 简述指标设计的基本步骤.

5. 在一项关于心理健康认知度的调查中, 围绕了解从事科技工作的职员对心理健康的认知情况, 调查者计划了解如下问题:

调查计划
(1) 受访者的个人基本情况, 包括年龄、性别、职业、国籍和提交调查的时间.
(2) 受访者的家族心理病史.
(3) 受访者寻求心理健康方面治疗的情况.
(4) 受访者对心理健康问题与职场工作之间关系的看法.
(5) 受访者公司的基本情况 (是否科技公司、员工数量).
(6) 受访者在办公室外远程工作的时间.
(7) 受访者雇主是否提供心理健康服务 (把心理健康作为员工健康计划的一部分; 提供资源, 让员工了解更多有关心理健康的问题, 指导如何寻求帮助).
(8) 受访者是否知情其雇主提供的心理健康服务?
(9) 如果受访者寻求心理健康服务或药物治疗, 该隐私受到保护的情况.
(10) 受访者因为心理健康问题被雇主允许休息的容易程度.
(11) 受访者是否认为与雇主讨论心理健康问题会有负面影响?
(12) 受访者是否认为与雇主讨论身体健康问题会有负面影响?
(13) 受访者是否愿意和同事讨论心理健康问题?

围绕这些问题, 请设置合理的指标, 构建指标体系, 并分析指标之间的关系.

6. 在一项关于个性心理的调查中, 研究者希望了解受访者关于自己的个性看法, 设计了如下问题进行采访. 受访者根据对自己的判断在表格右边 1 ~ 10 个数字中进行选择. 其中 1 代表最弱的程度, 10 代表最强的程度, 其间数字表示由弱至强.

指标	问题描述	1	2	3	4	5	6	7	8	9	10
完美程度	我喜欢每件事都井井有条, 顺序编排去做, 如果不是这样, 就会感到焦躁										
助人程度	朋友遇到问题, 我有种难耐的冲动给出一堆建议和安慰										
成就程度	我因学习和工作占用了太多时间而与朋友疏远										
自我程度	当我遭到拒绝、挫折时, 便会退缩, 变得沉默、害羞, 不再愿意轻易地向他人表达感受										
理智程度	我认为解决问题最好的方法是冷静思考, 理智分析										
疑惑程度	我内心常生活在矛盾中, 一方面渴望别人喜欢我, 另一方面又怀疑别人, 害怕他们不喜欢我										
活跃程度	我讨厌无聊, 喜欢尽可能忙碌, 每天的活动都排得满满的										
领导程度	我很有决断力, 我喜欢做最后决定, 并让别人依照我的决定执行										
平和程度	朋友很喜欢找我倾诉, 因为他们觉得我是一个好听众										

请根据上述问题描述, 设置研究指标或指标体系.

7. R 软件应用练习

(1) 自设数据, 分别创建向量、矩阵、数组、数据框、列表等数据对象.

(2) 查看所建立数据对象的数据类型.

(3) 分别从 txt、Excel 文件和网站读入数据.

第 3 章　数据采集

学习目标

- 了解数据的主要来源渠道
- 了解数据采集的主要方法及技术
- 掌握抽样方法的基本原理和实施步骤
- 掌握问卷设计的基本原理和方法
- 掌握网络数据获取的基本途径和方法

数据采集, 是指从不同来源获取数据的过程. 一般来说, 数据可来源于调查、观测、实验、互联网资讯、APP 运行, 以及结构化数据库等, 数据采集方法也因之而不同, 大体可分为: 调查数据采集、监测数据采集、网络数据采集、APP 采集、数据库采集等.

3.1　数据采集渠道

随着计算机和信息化技术迅速发展, 数据来源日益多元化: 从传统的调查、观测、实验, 到现代网络数据采集等, 为数据采集提供了丰富的渠道. 具体介绍如下.

3.1.1　调查

调查分为普查和抽样调查两种常用方式.

普查是针对每一个研究对象开展的全面调查. 大范围的普查工作, 例如全国范围普查, 一般依靠政府相关部门组织开展, 如人口普查、经济普查等. 普查获得的数据直接就是研究对象总体, 信息全面详细, 不需要再实施抽样调查, 因此普查数据的可信度高, 分析价值也很高. 由于完成一项普查工作需要投入大量人力、物力和时间, 如人口普查每隔 10 年进行一次, 经济普查每隔 5 年进行一次, 因而数据的收集成本较高, 时效性较低. 并且, 受调查员的专业能力, 以及受访者理解程度或配合度影响, 也可能出现数据缺失、重复、错误、异常等质量问题.

抽样调查是非全面调查. 当难以获取研究对象总体信息时, 可从总体中抽取部分样本进行调查, 通过对样本信息进行推断和估计, 得到总体信息. 或者, 面对超过普通计算机处理能力的大规模数据, 或不平衡数据时, 也需要使用抽样技术采集部分数据进行分析.

抽样调查的优点是耗费较少人力物力和时间, 调查成本较低, 容易实施, 可获得时效性较强的数据, 是当前研究人员常用的数据收集方法.

3.1.2　观测

观测是指通过特定方法或仪器对自然现象进行测量获得数据的过程. 包括空气污染物测量、风速测量、水质测量、交通流量测量、自然资源调查等, 是在没有对事物施加任何人为控制因素条件下得到的测量数据.

信息化时代, 观测数据往往来自于传感器监测, 即通过检测仪器或传感器, 如交通流量检测器、医疗检测仪器、温湿度传感器、气体传感器、视频传感器等外部硬件设备与系统进行通信, 将仪器监测到的数据传至系统中进行采集使用.

观测数据是直接来源数据, 客观性、时效性都很强, 分析价值较高. 但存在的问题是, 数据质量可能会受到操作人员专业水平或测量仪器质量的影响. 比如, 仪器出故障或操作失误, 会出现缺失数据或错误数据.

3.1.3　实验

实验是通过实验流程收集数据的过程. 在实验中, 研究人员要控制某一情形的所有相关方面, 操纵目标变量, 然后观察实验的结果获得数据, 比如, 新药疗效的实验数据、新的农作物品种的实验数据等. 自然科学领域的大多数数据为实验数据, 社会科学领域也存在实验数据, 如心理学实验、行为学实验、实验经济学等领域也能收集到大量行为实验数据.

实验数据也是样本数据, 并且包含定量数据和定性数据, 基本上都可测度、可计算, 时效性也比较强. 实验数据由实验人员收集, 其质量同样受到实验仪器、设备、实验方案以及实验人员专业素质的影响, 操作失误情况下会出现数据缺失和错误等情况. 此外, 若调查、测量或实验人员的科研诚信度不高, 会制造虚假数据, 严重影响科学研究.

3.1.4　网络数据采集

网络数据, 是指通过网络收集、存储、传输、处理和产生的各种电子数据[①]. 网络数据包括开放数据集 (数据库数据) 和网页数据.

---

① 来自《中华人民共和国网络安全法》第七十六条第四项规定.

(1) 开放数据集.

开放数据集一般以数据库数据形式存在. 数据库是存储在计算机内的数据集合, 是一个按数据结构来存储和管理数据的计算机软件系统. 数据库是基于数据间的自然联系, 按一定的数据模型 (存放规则) 对数据进行组织、描述和存储的系统, 能供多个用户查询数据, 具有结构化、可共享、统一管理等特点, 是规范化程度最高的数据来源.

(2) 网页数据.

网页数据指互联网网站上的所有网页信息, 包括文字、数值和图像、音频、视频等形式.

3.1.5 手机 APP 数据

随着手机 APP 业务的发展, 手机 APP 数据成为网络数据来源之一.

APP 数据大致分为 4 类: APP 安装列表、APP 使用记录、APP 安装行为以及 APP 基本信息. APP 安装列表是指装在一部手机上的所有 APP 列表; APP 使用记录反映了手机用户使用 APP 的情况, 包括使用 APP 的时间、时长以及使用频率; APP 安装行为包括 APP 的安装、更新、卸载以及对应的时间戳; APP 安装行为记录包括匿名后的用户 ID、时间戳、对应的 APP 安装包名称以及行为类型; APP 基本信息包括图标、功能介绍的文本描述、类别、评论以及下载量.

计算机硬件和软件的快速发展使得用户可以在短时间内收集到大量多种类型数据, 因此网络数据往往具有以下特征: 数据规模巨大, 有的数据计量单位是 PB (约 1000TB)、EB (100 万 TB) 甚至 ZB (10 亿 TB)、YB (万亿 TB) 以至于计算机单机不能处理, 要采用分布式算法; 数据来源多、类型多, 数据之间关联性强; 数据的增长速度和处理速度都很快, 实时处理, 数据输入、处理与丢弃无延迟; 数据潜藏价值巨大, 但有价值的数据分布稀疏, 需要从大量数据中挖掘出有价值的数据; 等等. 但是这些数据的收集过程往往 "泥沙俱下", 需要先进行数据预处理才能使用.

3.2　数据采集方法及技术

不同来源渠道的数据有着各自的采集方法和技术, 总体看, 技术性较强的有如下几类.

3.2.1 抽样调查方法

1. 抽样调查的几个基本概念

由于抽样调查获得的数据是样本数据, 数量往往不多, 一般在几百份到几千份左右, 其对总体的代表性是否强, 依赖于抽样技术是否被正确应用. 若没有掌握好样本框选择、抽样误差控制、问卷的合理设计、调查技术等诸多方法, 将会抽到不具备代表性或代表性不够强的样本数据, 导致分析结果无效. 也容易出现个别数据缺失、重复、错误、异常等问题.

(1) 抽样框.

抽样框又称 "抽样框架" 或 "抽样结构", 是对可从中抽样的总体单位列出名册或进行排序编号, 从而形成的抽样范围或结构, 便于按照一定的规则进行抽样.

例如: 要从 10000 名学生中抽出 2000 名组成一个样本, 则这 10000 名学生的名册, 就是抽样框.

抽样框可能以各种形式出现: 名单、手册、地图、数据包等. 主要分为以下几种类型.

①具体的抽样框: 如学生名册、某地区电话号簿;

②抽象的抽样框: 如某个时段光临某卖场的所有顾客;

③复合抽样框: 不同抽样阶段和对象抽样框的组合.

优良的抽样框具有完整、不重复的特点.

(2) 抽样单元.

构成抽样框的单元称为抽样单元, 是抽样框的目录项. 应合理设置抽样单元.

抽样单元具有以下特点.

①有序性. 为了使得调查者能够根据抽样框找到抽样单元, 抽样框必须是有序的, 即抽样单元应编号.

②不重不漏. 为了不影响样本对总体的代表性, 抽样单元不能重复, 也不能遗漏.

③非总体的最小单元. 抽样单元不一定是组成总体的最小单位——基本单元. 抽样单元可能包含一个或多个基本单元.

(3) 抽样框误差.

抽样框误差是由于抽样框的不准确或不完整引起的误差. 表现为: 从包含抽样误差的抽样框中抽取的样本代表性不够.

在抽选样本之前, 要对抽样框加以检查, 避免以下情况:

①丢失抽样单元 (不完整);

②包含非抽样单元 (不准确);

③丢失抽样单元和包含非抽样单元共存 (不完整、不准确);

④抽样单元分布不平衡 (被抽概率不均等);

⑤抽样框老化, 过时 (不能反映真实现象).

2. 抽样方法

抽样方法是实施抽样的具体方法, 包括随机抽样 (概率抽样) 和非随机抽样 (非概率抽样) 两大类.

(1) 随机抽样.

随机抽样是按照一定的概率进行抽样的方法, 包括简单随机抽样、系统抽样、分层抽样、整群抽样和多阶段抽样等.

①简单随机抽样, 是按照一定概率 (非零), 从总体 (抽样框) 中随机抽取调查单位 (抽样单元) 的方法. 特点是: 等概率, 每个个体被抽中机会相同.

主要步骤:

第一步, 确定抽样框;

第二步, 对抽样单元排序并编号;

第三步, 采用抽签、随机数表或计算机产生随机数等方法进行随机抽取, 抽到的单元就是调查单位.

②系统抽样, 是对抽样框进行间隔等距抽样的方法, 根据样本容量确定抽样间隔, 每隔一定抽样间隔抽取一个调查单位, 又称顺序抽样或等距抽样.

例如, 需要从 1000 名职员中抽 200 名, 则样本容量为 200, 抽样间隔为 1000/200=5.

主要步骤:

第一步, 先将抽样框 (1000 名职员) 排序;

第二步, 随机确定起点, 每隔 5 人顺序抽取 1 人, 抽出的 200 人便是样本调查单位.

系统抽样适用于研究对象之间个体特征差异小、数据分布比较均匀的情况.

③分层抽样, 是根据某种属性对研究对象先进行分层 (类), 再从各层类别中随机抽取调查单位的抽样方法.

主要步骤:

第一步, 选择研究对象的某些属性特征作为分类标准, 例如职业、受教育程度等, 将其分为若干层 (类);

第二步, 从各层 (类) 中按照一定概率 (非零) 随机抽取样本作为调查单位.

分层抽样法的抽出样本代表性较强, 适用于调查范围广、不易编号排序、数据分布不均匀、类属性明显或排序有循环规律的研究对象. 其中, PPS 抽样 (probability proportionate to size sampling, 按规模大小比例的概率抽样), 是针对分层规模不同, 将各层个体的不等概率抽样转换为等概率抽样的一种方法. 其过程是, 先将抽样对象进行分层或分阶段, 形成初级样本, 以每个初级样本在总体中所占比例为抽样概率, 从中抽取调查样本, 以保证每个抽样对象均能获得比较接近的抽样概率.

④整群抽样, 是根据某种属性特征将抽样框的基本单元进行归集, 形成抽样单元, 然后随机抽取其中某抽样单元作为初级样本, 再对初级样本中所有基本单元进行全面调查的方法.

整群抽样方法可以降低调查成本, 是比较有效率的抽样方法. 这种方法要求抽样单元内部各基本单元之间特征差异小, 而抽样单元之间特征差异大, 否则抽出的初级样本群将不具有代表性, 会出现较大的抽样误差.

⑤多阶段抽样, 是一种将抽样过程分阶段进行的抽样方法. 先将一个很大的总体划分为若干个子总体, 即一阶单位, 再把一阶单位划分为若干个更小的单位, 称为二阶单位, 照此继续下去划分出更小的单位, 依次称为三阶单位、四阶单位等. 每个阶段使用的抽样方法一般不相同. 该抽样方法常用在大型调查中, 可提高抽样效率.

(2) 非随机抽样.

非随机抽样是不按照概率, 而是按照既定目的进行抽样的方法, 包括目的或判断抽样 (重点抽样、典型抽样)、配额抽样等.

目的或判断抽样包括重点抽样和典型抽样. 重点抽样: 抽取少数规模大、占总体比例高的个体代表总体; 典型抽样: 抽取具有引领性或导向性的个体代表总体.

配额抽样对抽样框分层后, 由调查者凭主观判断在层内选定样本, 也是一种目的或判断抽样.

3. 设计有效调查问卷

调查问卷有两种形式: 调查表和量表. 根据调查目的, 考虑选择量表还是调查表作为问卷. 对于答案具有等级顺序的情形, 应设计量表. 编制调查问卷表述语句时, 应紧扣研究主题, 问题宜少而精, 同时应该易于受访者理解和回答 (用词通俗易懂、含义界定清晰、选项易于回答、无偏向性语句).

若是设计量表, 应注意设置评定等级分数, 并进行量表检验 (信度检验和效度检验).

信度又称可靠性, 是指问卷实测结果与问卷希望得到结果之间的一致性, 表示问卷的可信程度. 信度分析的方法主要有以下四种.

重测信度法, 用同样的问卷对同一组被调查者间隔一定时间重复测量, 计算两次测量结果的相关系数. 相关系数高则表示问卷信度高.

复本信度法, 让同一组被调查者一次填答两份表述不同, 但内容、格式、难度等相同的问卷复本, 然后计算两个复本测量结果的相关系数. 相关系数高则表示问卷信度高.

折半信度法, 将问卷的全部题项划分为尽可能相等的两个可比较部分, 计算二者测量结果的相关系数, 从而估计整个量表的信度系数.

α 信度系数法, 考察问卷不同题项间的一致程度. Cronbach α 信度系数是最常用的信度系数, 其计算公式为

$$\alpha = \frac{k}{k-1} \times \left(1 - \sum_{i=1}^{k} \frac{S_i^2}{S_k^2} \right)$$

其中, k 为量表题项的总数, S_i^2 为所有调查对象第 i 题得分的题内方差, S_k^2 为所

有调查对象全部题项总得分的方差. 一般认为, Cronbach α 大于 0.8 表示量表有较高信度, 在 0.6 以下表示信度不足, 应考虑重新编制问卷.

效度分析的作用是检验问卷有效性, 即检验量表设计的题项是否合理, 是否能有效反映研究目标. 主要分为三类: 内容效度分析、效标效度分析、结构效度分析.

内容效度分析, 通过文字说明量表的有效性, 例如, 说明量表各题项与研究目标的相合程度, 有权威指导和参考依据, 等等.

效标效度分析, 通过与经典或标准量表相比较说明量表的有效性, 一般通过计算量表测量数据与标杆量表数据的相关系数 (例如皮尔逊相关系数) 表示, 相关系数越高, 量表效度也越高.

结构效度分析, 检验量表测量结果是否正确验证量表各题项与理论构想的一致程度. 统计上采用的主要方法是检验题项 (变量) 测量数据之间的相关性, 一般采用 KMO 检验 (由 Kaiser, Meyer 和 Olkin 提出) 和巴特利特 (Bartlett) 球体检验对问卷数据进行检验. KMO 值越接近于 1, 说明变量间相关性越大, 当 KMO 检验系数 >0.5, 巴特利特球体检验的卡方统计值显著性概率 p 值 <0.05 时, 采用探索性因子分析, 分析题项与因子的对应关系; 如果对应关系与理论构想预期基本一致, 则说明效度良好.

3.2.2 网络数据采集方法

获取网络数据的主要途径有数据库查询、爬虫和使用 API 三种.

1. 结构化查询语言 SQL

数据库数据是批量的结构化数据, 一般是借助导入工具将目标数据导入系统中. 可运用结构化查询语言 (structured query language, SQL) 完成数据库数据采集任务 (Grus, 2016).

SQL 是一种数据库查询和程序设计语言, 用于存取数据以及查询、更新和管理关系数据库系统. 它的功能比较多, 包括: 面向数据库执行查询、从数据库取回数据、在数据库中插入新的记录、更新数据库中的数据、从数据库删除记录、创建新数据库、在数据库中创建新表、在数据库中创建存储过程、在数据库中创建视图、设置表、存储过程和视图的权限等. 其中, 与数据采集有关的两个语言及用法是:

(1) 数据控制语言 (data control language, DCL).

DCL 通过使用两个关键词 GRANT (授予用户权限) 或 REVOKE(撤销用户权限) 定义用户许可, 确定单个用户和用户组对数据库对象的访问权限.

(2) 数据查询语言 (data query language, DQL).

DQL 也称为 "数据检索语句", 用以从表中获得数据, 确定数据怎样在应用程序给出. 常用关键词为: ①SELECT (是 DQL, 也是所有 SQL 用得最多的

查询词); ②WHERE; ③ORDER BY; ④GROUP BY; ⑤HAVING; 等等. 这些
DQL 关键字常与其他类型的 SQL 语句一起使用. 例如, 采用关键词组合: se-
lect······from······where······ 查询数据.

2. 网络爬虫

对于网页数据, 网络爬虫是主要的数据采集方法. 网络爬虫是一种按照一定
规则, 自动抓取 Web 信息的程序或者脚本. 可以通过软件或自己编写网络爬虫,
设置好数据源后进行有目标的抓取数据. 商业软件, 如八爪鱼等可以直接使用; 专
业软件, 如 R, Python 等, 可帮助使用者自己编写爬虫程序, 从目标网站中提取信
息并将它们以有组织的格式放入数据库.

通过爬虫进行网页数据采集的基本流程是:

(1) 先进入目标网站, 分析要爬取网页上的全部内容和网站的结构, 找到目标
数据所在的位置, 设计爬取方法.

(2) 从网页的内容中抽取出备选链接 (extract URL). 从网页中抽取目标内容
(extract content), 建立 URL 队列, 提供需要爬取的网页链接.

(3) 通过选定的爬取工具, 从 URL 队列中读取链接, 并访问该网站, 从网站中
爬取内容, 从网页内容中抽取出目标数据和所有 URL 链接.

(4) 将抽取的网页内容写入数据库, 将抓取到的新链接加入到 URL 队列, 并
访问该网站.

通过爬虫程序获取数据时, 需要注意的是, 很多网站为了防止信息泄露, 采取
了防爬取技术, 因此, 一定要遵循法律规定, 合法采集数据, 更不可将获取的数据
用于非法途径.

3. API 数据采集

应用程序接口 (application programming interface, API), 是封装有特定功能
的函数, 是网站提供方便用户直接调用其数据的具体实现过程. 如果某网站提供
有 API, 表示它会向用户提供可获取数据的公开通道, 用户通过 R 或 Python 编
写软件程序, 就能得到所需数据.

互联网上有很多提供 API 的服务提供商, 比如百度地图 API、阿里短信 API
等. 我们可以在相关的开发者平台上找到 API 文档和使用说明. 在查找 API 时,
需要注意接口的版本、接口调用方式和参数格式等信息.

在找到可供使用的 API 之后, 使用者需要进行注册并获取 API 的访问密钥.
通常需要提供一些基本的信息, 例如公司名称、联系人、企业营业执照等信息, 以
便 API 提供商进行验证. 登记完成后, 使用者会获得一个 API 密钥, 该密钥将用
于访问和调用 API.

调用 API 的方式有很多种, 其中最常用的方式是 HTTP/HTTPS 协议. 要调用 API, 我们需要使用 HTTP 请求发送请求, API 提供商会解析请求中的信息, 并将结果返回给我们. 常见的 HTTP 请求方法包括 GET、POST、PUT、DELETE 等. 在发送请求时, 需要使用 API 密钥进行认证.

调用 API 时, 需要将参数按照 API 文档中定义的格式进行组织. 通常, API 采用 JSON 或 XML 格式进行数据交换. 通过解析返回内容, 我们可以获取到 API 返回的数据结果, 从而完成数据交互过程.

总之, 调用 API 需要我们了解 API 的相关信息、寻找 API、注册和获取 API 密钥, 并正确组织和发送 HTTP 请求.

与编写网页爬虫相比较, API 采集数据具有如下优势 [1].

(1) 数据质量更高: API 是官方或第三方平台提供的数据通道, 数据来源可靠、数据质量高、数据结构统一. 相较于其他网页爬虫或数据抓取工具采集的数据, API 采集的数据更加准确, 可信度更高.

(2) 数据量更大: 通过 API, 可以获取大量的数据, 而不必进行繁琐的页面解析和后台数据抓取. 这样可以快速、精准地采集所需数据, 为后续的分析和研究提供更丰富的数据基础.

(3) 采集效率更高: 由于 API 是前后端之间的通信桥梁, 数据只要通过数据包传输, 可以有效地避免页面加载和数据解析的繁琐步骤, 其数据请求和响应速度比爬虫等数据采集工具要快得多, 可以在短时间内采集更多的数据, 提升采集效率.

(4) 代码实现更方便: API 较为标准化和稳定, 调用时只需要使用简单的 HTTP 请求和响应即可. 相较于其他采集工具, 代码实现更简便, 不需要进行大量的解析和规则配置, 因此也更加适合初学者.

3.2.3 APP 数据采集方法

随着移动设备的普及和 APP 市场的不断发展, 采集 APP 数据成为一个重要数据来源. 常用的 APP 数据采集方法有三种.

第一种, 设计开发专门的软件, 收集需要的 APP 数据, 例如 AppSensor、AppJoy. 由于开发权限的限制, 目前大部分的 APP 数据收集软件是在安卓系统上实现的, 适应 iOS 系统的比较少.

第二种, 开发收集手机感知数据的平台, 例如 Funf、Aware、Caratproject, 其中包括 APP 相关的数据, 例如运行的 APP、安装的 APP 列表等.

第三种, 由与学术机构合作的公司提供. 公司在保护用户隐私的前提下收集数据, 学术机构与该公司签订保密协议, 合法使用数据集.

---

① 原文链接: https://blog.csdn.net/2301_78671173/article/details/131233008.

须注意, 所有的数据采集都应合规合法, 严禁非法采集数据.

3.3 案 例 分 析

❨❧❩ 抽样方法的具体应用 ❨❧❩

1. 案例学习要点

①掌握随机抽样方法的运用;

②掌握分层抽样方法的运用;

③掌握整群抽样方法的运用.

2. 案例内容

选用 R 自带的数据集 rock、CO_2、infert 示例几种随机抽样方法和结果.

3. 案例过程及分析

(1) 对数据集 rock 的不重复随机抽样.

以 R 数据集 rock 为例, 使用 sample() 函数不重复抽取 20 个样本. 数据集共有 48 个样本 4 个指标, 前 10 个样本数据如表 3.1 所示.

表 3.1   rock 数据节选

	area	peri	shape	perm
1	4990	2791.9	0.09033	6.3
2	7002	3892.6	0.148622	6.3
3	7558	3930.66	0.183312	6.3
4	7352	3869.32	0.117063	6.3
5	7943	3948.54	0.122417	17.1
6	7979	4010.15	0.167045	17.1
7	9333	4345.75	0.189651	17.1
8	8209	4344.75	0.164127	17.1
9	8393	3682.04	0.203654	119
10	6425	3098.65	0.162394	119

其中, area: 表示岩石样本所在的地理区域 (面积). peri: 表示岩石样本的周长. shape: 表示岩石样本的形状. perm: 表示岩石样本的渗透性.

抽样结果如下.

```
抽出样本编号为:
16  47  19  28  18  38  22  17  46  14  12  37  27  5  15  20  21  33  35  41
查看前6个抽出的样本:
```

	area	peri	shape	perm
16	8874	3629.070	0.153481	82.4
47	5514	1455.880	0.182453	580.0
19	11878	4864.220	0.200071	58.6
28	5246	1585.420	0.133083	740.0
18	10743	4787.620	0.262727	58.6
38	1468	476.322	0.438712	100.0

(2) 对数据集 CO2、infert 的分层抽样.

以 R 数据集 CO2、infert 为例进行分层抽样. 该数据集共有 84 个样本, 5 个指标, 前 10 个样本数据如表 3.2 所示.

表 3.2   CO2 数据集节选

	Plant	Type	Treatment	conc	uptake
1	Qn1	Quebec	nonchilled	95	16
2	Qn1	Quebec	nonchilled	175	30.4
3	Qn1	Quebec	nonchilled	250	34.8
4	Qn1	Quebec	nonchilled	350	37.2
5	Qn1	Quebec	nonchilled	500	35.3
6	Qn1	Quebec	nonchilled	675	39.2
7	Qn1	Quebec	nonchilled	1000	39.7
8	Qn2	Quebec	nonchilled	95	13.6
9	Qn2	Quebec	nonchilled	175	27.3
10	Qn2	Quebec	nonchilled	250	37.1
...	...	...	...	...	...

其中, Plant: 是植物的标识符或编号, 表示不同的植物个体. Type: 表示植物的类型或种类. Treatment: 是 CO2 浓度处理, 表示植物所处的 CO2 浓度条件, 通常分为"nonchilled"(非低温处理) 和"chilled"(低温处理). conc: 是 CO2 浓度水平, 表示植物生长环境中的 CO2 浓度. uptake: 是植物的 CO2 吸收速率, 表示单位时间内植物吸收的 CO2 量.

先观察数据集 CO2 中各变量的数据类型, 可知 Plant、Type、Treatment 都是因子, 可选为分层标准, 现对 Treatment 进行分层抽样: 按行抽取, 各层拟选取 3/5 个样本 (因 Treatment 共 2 个类别, 故分为 2 层), 各抽 25 个样本. 分层抽样的部分结果如下.

```
数据集各指标类型:
$ Plant: Ord.factor w/ 12 levels "Qn1"<"Qn2"<"Qn3"<..: 1 1 1 1 1
    1 1 2 2 2 ...
```

```
$ Type: Factor w/ 2 levels "Quebec","Mississippi": 1 1 1 1 1 1
    1 1 1 ...
$ Treatment: Factor w/ 2 levels "nonchilled","chilled": 1 1 1 1 1
    1 1 1 1 ...
$ conc: num  95 175 250 350 500 675 1000 95 175 250 ...
$ uptake: num  16 30.4 34.8 37.2 35.3 39.2 39.7 13.6 27.3 37.1
    ...
```

部分抽样结果如下:

	Treatment	ID_unit	Prob	Stratum
4	nonchilled	4	0.4047619	1
7	nonchilled	7	0.4047619	1
11	nonchilled	11	0.4047619	1
12	nonchilled	12	0.4047619	1
		......		
24	chilled	24	0.4047619	2
25	chilled	25	0.4047619	2
26	chilled	26	0.4047619	2
30	chilled	30	0.4047619	2
		......		

结果显示, CO_2 中各个体被抽中的概率相同, 均为 0.4047619. 这是因为该数据集被分为规模相等的两层, 每层含有的个体数相同, 因此各层中各个体的抽中概率都相同. 如果各层规模不同, 各个体抽中的概率就不会相等. 例如用 infert 数据进行分层抽样, 能获得不相同的抽中概率.

对数据集 infert 变量 education (教育状况) 进行分层抽样. 该数据集共有 248 个样本, 8 个指标. 部分样本节选如表 3.3 所示.

表 3.3　infert 数据集节选

	education	age	parity	induced	case	spontaneous	stratum	pooled.stratum
1	0-5yrs	26	6	1	1	2	1	3
2	0-5yrs	42	1	1	1	0	2	1
3	0-5yrs	39	6	2	1	0	3	4
4	0-5yrs	34	4	2	1	0	4	2
5	6-11yrs	35	3	1	1	1	5	32
6	6-11yrs	36	4	2	1	1	6	36
7	6-11yrs	23	1	0	1	0	7	6
8	6-11yrs	32	2	0	1	0	8	22
9	6-11yrs	21	1	0	1	1	9	5
10	6-11yrs	28	2	0	1	0	10	19
11	6-11yrs	29	2	1	1	0	11	20
12	6-11yrs	37	4	2	1	1	12	37
...	...	...	...	...	...	...	...	...

续表

	education	age	parity	induced	case	spontaneous	stratum	pooled.stratum
44	6-11yrs	37	2	1	1	1	44	25
45	12+yrs	30	1	0	1	0	45	44
46	12+yrs	37	1	1	1	0	46	48
47	12+yrs	28	2	0	1	2	47	51
48	12+yrs	27	4	2	1	0	48	61
49	12+yrs	26	2	2	1	0	49	49
50	12+yrs	38	3	0	1	2	50	60

其中, education: 表示患者的教育水平, 单位是年. age: 表示患者的年龄. parity: 表示患者的产次, 即已生育的子女数量. induced: 表示患者使用了人工诱导方法来治疗不孕症的次数 (0 表示未使用, 1 表示使用 1 次, 2 表示使用 2 次). case: 不孕症病例的标识符或编号. spontaneous: 表示患者发生了自然受孕 (0 表示未发生, 1 表示发生 1 次, 2 表示发生 2 次). stratum: 指研究的层次或组. pooled.stratum: 合并的层次或组, 用于统计汇总.

观察数据集 infert 中各变量的描述统计结果, 可知 education 可以分为 3 层, 各层规模不相同, 分别为 0-5yrs: 包含 12 个对象; 6-11yrs: 包含 120 个对象; 12+yrs: 包含 116 个对象. 分别对各层抽取 10 个样本, 从抽样结果中可以看到各层的抽样概率不相同: 0-5yrs 层内各个体的抽中概率为 0.833, 而 6-11yrs 层内各个体的抽中概率为 0.0833、12+yrs 层内各个体的抽中概率为 0.0862, 可见各层各个体的抽样概率差异还是比较大的.

```
    education   ID_unit       Prob    Stratum
1     0-5yrs        1   0.83333333        1
2     0-5yrs        2   0.83333333        1
3     0-5yrs        3   0.83333333        1
4     0-5yrs        4   0.83333333        1
84    0-5yrs       84   0.83333333        1
                ... ...
7    6-11yrs        7   0.08333333        2
9    6-11yrs        9   0.08333333        2
27   6-11yrs       27   0.08333333        2
42   6-11yrs       42   0.08333333        2
                ... ...
45   12+ yrs       45   0.08620690        3
50   12+ yrs       50   0.08620690        3
75   12+ yrs       75   0.08620690        3
77   12+ yrs       77   0.08620690        3
                ... ...
```

对数据集 infert 采用 PPS 抽样, 部分结果表明抽样对象各个体被抽中的概率非常接近, 约为 0.32 ~ 0.33.

	education	ID_unit	Prob	Stratum
85	0-5yrs	85	0.3333333	1
86	0-5yrs	86	0.3333333	1
166	0-5yrs	166	0.3333333	1
		………		
11	6-11yrs	11	0.3250000	2
12	6-11yrs	12	0.3250000	2
16	6-11yrs	16	0.3250000	2
19	6-11yrs	19	0.3250000	2
		………		
46	12+ yrs	46	0.3189655	3
47	12+ yrs	47	0.3189655	3
52	12+ yrs	52	0.3189655	3
53	12+ yrs	53	0.3189655	3
		………		

(3) 对数据集 infert 的整群抽样.

随机的整群抽样以群为单位, 本次抽样结果是抽中了变量 education 取值为 0-5yrs 的一个群, ID_unit 是该群内所有个体的编号, Prob 显示该群的抽样概率为 0.3333333. 多次重复, 抽样结果会发生改变.

	education	ID_unit	Prob
1	0-5yrs	87	0.3333333
2	0-5yrs	4	0.3333333
3	0-5yrs	169	0.3333333
4	0-5yrs	86	0.3333333
5	0-5yrs	1	0.3333333
6	0-5yrs	2	0.3333333
7	0-5yrs	3	0.3333333
8	0-5yrs	84	0.3333333
9	0-5yrs	85	0.3333333
10	0-5yrs	166	0.3333333

结论: 随机抽样体现样本被抽中的公平性, 在没有特殊目下, 是比较合理的抽样方法, 应用较广. 借助软件可快速完成对已编号对象的抽取.

3.4 R 软件应用

抽样方法和八爪鱼软件应用

1. 目的

掌握对数据进行抽样的 R 基本操作函数.

2. 内容

1) 查看和选择数据

(1) 查看对象的行数和列数.

函数工具: nrow() 和 ncol().

如果创建的数据集很大, 可以运用 nrow() 函数查看对象的行数, 运用 ncol() 函数查看数据对象的列数. 对于数据集 data, 函数基本形式为

```
nrow(data);
ncol(data).
```

如

```
nrow(data)#查看数据data的行数
ncol(data)#查看数据data的列数
```

函数: head() 和 tail().

使用 head() 和 tail() 函数可以查看数据集的前 n 行 (或前 n 个) 数据和最末 n 行 (或后 n 个) 数据. 对于数据集 data, 函数基本形式为

```
head(data,n) ;
tail(data,n).
```

如果不指明 n 的具体数值, 则默认 n=6.

如

```
head(data)#查看data的前6行数据
tail(data)#查看data的末尾6行数据
head(data,3)#查看data的前3行数据
tail(data,2)#查看data的末尾2行数据
```

(2) 选择对象的部分数据.

使用函数 subset() 可以按行或列提取矩阵或数据框的部分数据. 对于数据集 data, 函数基本形式为

```
subset(data[n,])#表示按行提取n行数据
subset(data[,n])#表示按列提取n列数据
```

如

```
>subset(data[2:4,])#提取data的第2至4行数据
   X1    X2    X3    X4
2  22   2.5   黄色   F
3  53   2.6   褐色   F
4  64   23.5  紫色   T
>subset(data[,2:4])#提取data的第2至4列数据
    X2    X3    X4
1  24.2  红色   T
2  2.5   黄色   F
3  2.6   褐色   F
4  23.5  紫色   T
5  2.9   白色   F
```

2) 产生随机数

使用 runif() 函数可以产生随机数. runif() 是生成均匀分布随机数的函数, 基本形式是

`runif(n,min,max)`

n 表示拟生成的随机数数量, min 表示均匀分布的下限, max 表示均匀分布的上限.

假定从 20000 人中随机抽取 20 人, 先将 20000 人顺序编号之后, 应用 runif() 函数进行不重复抽样, 命令如下:

`round(runif(20,min=1,max=20000))`

round 表示取整数. 可得到不重复的 20 个随机数号码, 对应个体便是抽中的调查单位.

R 运行示例结果见图 3.1 所示.

生成其他常见分布的随机数的 R 代码为

```
# 生成均值为0, 标准差为1的标准正态分布随机数
random_normal<-rnorm(100,mean=0,sd=1)
# 生成参数为lambda的指数分布随机数
lambda<-2
random_exponential<-rexp(100,rate=lambda)
# 生成参数为lambda的泊松分布随机数
lambda<-3
random_poisson<- rpois(100,lambda)
# 生成n次伯努利试验中成功次数的二项分布随机数
```

```
n<-10
p<-0.5
random_binomial<-rbinom(100,size=n,prob=p)
# 生成k次伯努利试验中首次成功时的失败次数的负二项分布随机数
k<-5
p<-0.3
random_neg_binomial<-rnbinom(100,size=k,prob=p)
# 生成首次成功时的失败次数的几何分布随机数
p<-0.2
random_geometric<-rgeom(100,prob=p)
# 生成在[min, max]范围内的离散均匀分布随机数
min_value<-1
max_value<-6
random_discrete_uniform<-sample(min_value:max_value,100,replace=
    TRUE)
```

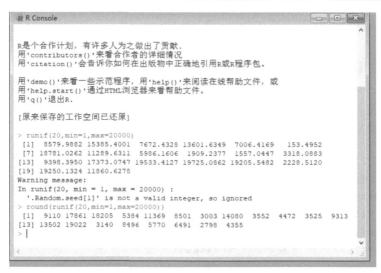

图 3.1   R 软件产生随机数示例

3) 抽样方法的 R 函数

(1) 简单随机抽样.

若需要从总体中抽取部分样本, 可使用简单随机抽样函数 sample(). 该函数基本形式为

sample(data,size,replace,prob)

data: 待抽取对象;

size: 计划抽取的样本数量;

replace: 定义是否重复抽样, 不设置则默认为不重复, 用 FALSE 表示, 重复抽样用 TRUE 表示;

prob: 设置抽样概率, 不设置则默认为无取值, 即等概率抽样.

简单随机抽样代码如下:

```
>s1<-sample(nrow(rock),20)# 从数据集rock中不重复按行抽取20个样本
>head(rock[s1,])#查看前6个抽出的样本
```

(2) 分层抽样.

可采用 R 的 sampling 包中 strata() 函数进行分层抽样操作 (strata() 函数也可以同时进行系统抽样, 此处每一个间隔被看作为一层). 该函数的基本形式为

strata(data,stratanames,size,method)

data: 待抽样数据对象;

stratanames: 用于进行分层的数据集的变量名称, 一般为定性变量, 数据类型为因子, 例如以 R 数据集 CO2 为例, 选 Plant、Type、Treatment 等变量作为分层标准;

size: 指定各层要抽出的调查单位数和层数;

method: 可选择 4 种抽样方法, 分别为无放回 (srswor)、有放回 (srswr)、泊松 (poisson) 和系统抽样 (systematic), 默认为无放回 (srswor).

案例 CO2 分层抽样操作示例如下:

```
> str(CO2)#观察数据集CO2中各变量的数据类型
> n=round(3/5*nrow(CO2)/2)# 按行抽取, 各层拟选取3/5个样本(因
    Treatment共2个类别, 故分为2层)
>library(sampling)#加载sampling函数
> strata(CO2,stratanames=("Treatment"),size=rep(n,2),method="
    srswor")#对数据集CO2的 Treatment变量分2层抽样, 各层不重复抽取3
    /5个样本
使用getdata()函数可以看到抽出数据集的全部变量值
```

案例 infert 分层抽样操作示例如下:

```
strata(infert, stratanames=("education"),size=rep(10,3),method="
    srswor")#对infert的 education 变量分3层抽样, 各层不重复抽取10
    个样本
```

案例 infert 的 PPS 抽样操作示例如下:

```
strata(infert, stratanames=("education"),size=c(round(12/248*80),
    round(120/248*80),round(116/248*80)),method="srswor")
```

(3) 整群抽样.

操作上, 可以使用 R 的 sampling 包中 cluster() 函数进行群的抽样. 其基本形式与 strata() 函数很相似, 为

```
cluster(data,clustername,size,method)
```

data: 待抽样数据对象;

clustername: 用于指定分群的变量名称;

size: 需要抽取的群数, 只抽一个群则取值为 1;

method: 可选择 4 种抽样方法, 分别为无放回抽样 (srswor)、有放回抽样 (srswr)、泊松抽样 (poisson)、系统抽样 (systematic), 默认为无放回抽样 (srswor).

案例 infert 采用 cluster() 函数的操作示例如下:

```
library(sampling)
cluster(infert,clustername=("education"),size=1,method="srswor")
```

4) 应用 R 软件获取微博 API 数据

首先, 安装并加载 httr 库:

```
install.packages("httr")
library(httr)
```

需要用户事先在微博开发者平台上注册一个应用程序, 并按照流程进行身份验证和授权. 获得了授权后可以使用 R 语言中的 HTTP 请求库来发送 GET 请求以获取微博数据.

根据用户需求可修改 api_url 以获取不同类型的微博数据.

注意: 微博的 API 可能会有限制和变化, 因此请查阅微博开发者文档以了解最新的 API 端点和使用方法. 此外, 确保应用程序遵守微博的使用规定和政策.

使用以下 R 代码获取微博 API 数据:

```
# 设置用户获得授权的访问令牌和API地址
access_token<-"YOUR_ACCESS_TOKEN"
# 获取用户时间线的API
api_url<-"https://api.weibo.com/2/statuses/user_timeline.json"
# 设置请求参数
```

```
params<-list(
  access_token=access_token,
  uid="YOUR_UID" # 设置用户的 UID
)
# 发送 GET 请求
response<-GET(api_url,query=params)
# 检查响应状态
if (http_status(response)$status_code==200){
  # 解析 JSON 响应
  weibo_data<-content(response,"parsed")
    # 打印数据或进行处理
  print(weibo_data)
}else{
  cat("Failed to retrieve data.\n")
}
```

5) 应用八爪鱼软件采集新浪微博数据

八爪鱼网页数据采集器, 是一款网络爬虫工具, 其操作简单, 内置常用模板, 无需编写代码, 支持任意网络数据抓取.

安装并打开八爪鱼采集器首页, 界面有搜索框、采集模板以及教程. 采集时可以直接在搜索框输入目标网址, 或者在左侧单击 "新建" 按钮创建采集任务.

以在微博上搜索关键词为例, 采集过程基本操作示例如下. [①]

步骤一: 打开网页.

在首页搜索框输入微博首页网址: https://weibo.com/, 然后单击 "开始采集" 按钮, 八爪鱼采集器自动打开网页 (图 3.2).

步骤二: 登录微博.

要采集博文列表数据, 首先需要登录. 如果没有登录, 只能采集第一页的博文.

在八爪鱼中的登录方式有两种.

①打开浏览器模式.

单击页面上方 "浏览模式" 按钮, 打开浏览器模式. 在浏览器模式中, 单击页面的 "登录" 按钮, 使用手机微博 APP 扫码登录.

②使用 Cookie 登录.

单击右边 "打开网页" 按钮, 在 "高级设置" 中勾选 "使用指定的 Cookie", 单击 "获取当前页面 Cookie" 按钮并保存. 这样就获取到了登录后的 Cookie, 启动

---

① 详细教程参见 https://www.bazhuayu.com/tutorial8/81wbbwlb.

时直接以登录状态打开网页.

图 3.2　八爪鱼界面

步骤三: 选择搜索条件.

在 "高级搜索" 中选择搜索条件.

将页面调整为浏览器模式, 输入关键词 → 单击 "高级搜索" → 在 "高级搜索" 中选择条件 → 单击 "微博搜索", 获得一条带有搜索关键词和筛选条件的网址, 将这条网址直接复制进八爪鱼中去进行采集.

例如, 在浏览器模式下, 输入 "亚运会".

单击左栏 "高级搜索", 选择搜索条件: 热门, 设置时间为 "2023-09-26 0 时至 2023-10-05 0 时", 单击 "搜索".

得到网址:

https://s.weibo.com/weibo?q=%E4%BA%9A%E8%BF%90%E4%BC%9A&xsort=hot&suball=1&timescope=custom%3A2023-09-26-0%3A2023-10-05-0&Refer=g

在 "打开网页" 按钮下面单击 + 号, 增加一个步骤 "打开网页 1", 双击进入 "打开网页 1" 设置页面, 输入上述网址, 然后单击 "应用", 八爪鱼采集器自动打开这个网页.

步骤四: 自动识别列表页和翻页.

网页打开后, 关闭浏览器模式, 单击悬浮窗的 "自动识别网页内容" 按钮, 采集器自动识别了文章列表中的数据和翻页.

单击 "生成采集设置", 将自动识别出的列表数据和翻页, 生成为采集流程, 方便用户使用和修改.

步骤五: 编辑字段.

在 "当前页面数据预览" 面板中, 可进行删除多余字段、修改字段名、移动字段顺序等操作.

步骤六: 启动采集.

单击 "保存并开始采集" 并选择 "本地采集" 或 "云采集". 启动后八爪鱼开始自动采集数据, 见图 3.3.

图 3.3　采集界面

采集完成后, 选择合适的导出方式导出数据. 支持导出为 Excel、csv、HTML、数据库等. 图 3.4 是本例采集结果的 Excel 输出.

如果保持 "高级搜索" 的条件不变, 需要更换其他关键词进行采集, 可以如下操作:

①添加 "循环 → 输入网址" 步骤.

在 "打开网页" 步骤后, 添加一个 "循环".

进入 "循环" 设置页面. 选择循环方式为 "网址列表", 单击修改按钮, 进入网址输入页面.

②根据网址中参数的规律, 批量生成网址.

单击 "设置任务网址", 选择 "批量生成", 输入一个带有关键词和 "高级搜索" 条件的网址:

https://s.weibo.com/weibo?q=%E4%BA%9A%E8%BF%90%E4%BC%9A&xsort=hot&suball=1&timescope=custom%3A2023-09-26-0%3A2023-10-05-0&Refer=g

图 3.4　采集结果

鼠标选中网址中 q= 和第一个 & 中间的部分并将其删掉 (这部分内容是关键词, 前面示例中输入的是 "亚运会", 复制进八爪鱼中时转码了), 然后单击 "添加参数"→ 选择参数类型为 "自定义列表"→ 输入准备好的关键词, 可同时输入多个关键词, 一行一个即可, 然后保存.

③调整流程.

将 "打开网页 1" 拖入到 "循环" 中, 然后 "打开网页 1" 的步骤勾选 "使用当前循环里的 URL 作为导航网址", 将整块 "循环翻页" 拖入到 "循环" 中, 单击 "保存设置" 后, 八爪鱼采集器将自动打开网页.

思考与练习

1. 从常见的数据来源中总结数据类型.

2. 比较随机抽样和非随机抽样方法的各自特点.

3. 比较整群抽样和分层抽样方法的异同.

4. 说明多阶段抽样的应用场景.

5. 阐述获取网络数据的三种常见方式及其应用场景.

6. 阐述常见 API 的目录资源获取地址和使用方法.

7. R 软件应用练习.

(1) 查看和选择数据.

(2) 产生随机数.

(3) 使用 R 自带数据集 trees 和 iris 完成下列任务:

①调用 sample() 函数对 trees 不重复抽取 20 个样本;

②调用 strata() 函数对 iris 进行分层抽样和 PPS 抽样操作;

③调用 cluster() 函数对 iris 进行整群抽样操作, 抽取 2 个群, 分别从各群抽取 4 个和 5 个样本.

(4) 调用 R 函数从某购物网站的 API 读取部分商品评论数据.

(5) 下载八爪鱼软件, 自设定关键词抓取一段商品数据.

第3章在线自测题上　　　　第3章在线自测题下

第 4 章　数据预处理

学习目标

- 掌握数据审核要点
- 掌握数据清洗的几种方法 (筛选、缺失数据处理、异常数据处理、数据脱敏)
- 掌握数据变换的几种方法 (编码、标准化、幂变换)
- 了解数据集成的基本方法
- 了解数据归约的基本方法

如第 3 章所述, 从各种渠道采集到的数据, 可能存在缺失、重复、错误等情况, 不能直接进行数据分析, 需要先进行数据预处理提升数据质量. 数据预处理就是将收集到的数据, 通过审核、清洗和变换等过程, 使数据规范、完整、可用, 便于进行数据分析. 数据预处理过程主要包括数据审核、数据清洗、数据变换等环节.

4.1　数 据 审 核

数据审核是研究人员根据数据属性特征和使用目的规则, 对数据进行检查, 排除或纠正错漏数据, 筛选有用数据, 以保证数据完整、准确、可靠和适用的过程. 不同来源渠道数据的审核内容和流程基本相同, 但是侧重点有所不同.

4.1.1　直接来源数据审核

直接来源数据来自研究者的调查、观察、实验等观测活动, 除了实验数据外, 基本是在没有控制的自然状态下获得, 因此, 主要应检查其完整性和准确性.

1. 完整性检查

完整性检查指核查指标设置和指标取值是否完整, 是否没有遗漏重要指标, 也没有丢失重要数据, 样本不重不漏. 具体可以依据预定义或自定义规则进行检查, 例如抽样调查中的抽样框规则、指标设计规则等等, 或借助专业领域知识评判指标体系是否完整. 若有遗漏, 需要及时进行补充. 比如调查人们对 AI 机器人的看法, 尽管可能年轻人更为关注, 但如果调查对象没有包括 60 岁以上老年人, 仍是不完整样本; 而如果没有了解调查对象是否使用过 AI, 则遗漏了重要指标, 这都是完整性审核需要重点关注的问题. 因此, 审核数据的完整性需要审核者具备相关领域的一定专业知识.

2. 准确性检查

准确性检查指核查调查表、调查问卷以及汇总资料中的数据填写和计算是否准确无误. 通常从以下三方面进行准确性检查.

登录检查, 可以依据变量规则 (如异常值或有效值的检查), 设置值域或核对原始调查数据与计算机录入数据是否吻合.

计算检查, 可以依据函数规则进行准确性检查, 例如有加总、平均等计算关系的数值型数据, 可复核有无计算错误.

逻辑检查, 可以根据数据之间的关联信息进行逻辑检查. 例如, 某机构填报有较多的科技经费投入数额, 但科技成果的产出数额却很少, 就应该进一步核实, 以排除数据错误的可能性.

4.1.2　间接来源数据审核

间接来源数据是根据一定规则和模型整理好的数据, 其结构形式较为规范, 数据质量也比较高, 但因来自于他人的收集整理, 故应充分了解数据来源的可靠性、所使用的计算和整理方法等. 因此, 除了必要的完整性和准确性检查外, 还应重点检查其数据源的可信度、数据的适用性和时效性.

数据来源可信度, 指数据来源于具有一定公信力的机构或部门. 比如来自政府部门的官方数据、来自上市公司经财务审计的财务年报数据等, 属于可信度较高的数据源.

数据适用性, 指数据的计量规则、计算规则或值域规则符合特定研究需求. 比如, 选择与研究目的相适应的物价水平计算可比产值或利润; 选择统计范围一致 (如相同地域、相同群体等) 的数据; 等等.

数据时效性, 指数据发生的时间应为近期, 如近 3 ~ 5 年. 数据发生的时间越近, 越能反映事物的当前状况. 除非需要研究历史情况, 否则不宜使用过于陈旧的数据, 如 10 年前的数据一般只适合用于做时序趋势分析.

此外, 无论哪种数据, 均应审核数据是否包含涉及个人或商业敏感信息, 若有, 应进行标记, 以备分析前进行特殊处理, 比如身份证号、手机号、银行账号、客户地址等等. 某项指标是否属于敏感性属性, 取决于特定研究的敏感性审计规则, 此处既有预定义规则, 也有自定义规则. 例如, 身份证号码、银行账号是敏感属性, 可以看作是预定义规则; 而客户地址, 一般情况下是敏感数据, 但若需要进行空间分析, 就不能作为敏感数据加以隐没, 需自定义规则进行敏感性检查.

4.2 数据清洗

数据清洗是对数据审核中发现的疏漏、错误、重复值等问题进行处理的过程, 包含数据筛选、缺失数据处理、重复数据处理、异常数据处理及不一致数据整理等工作, 以及对数据进行分组、集成、归约、脱敏等整理工作.

4.2.1 数据筛选

数据筛选是指对数据审核中不符合分析要求的数据进行删除和挑选的过程, 包括删除无效值、重复值和无法插补的缺失值, 选择部分数据等.

1. 删除无效数据

无效数据是指无法纠正的错误数据、重复数据、与当前研究目的无关的数据、无法填补的缺失数据等等. 对无效数据主要进行删除处理.

如果数据集总量不大, 可直接观察到需删除数据所在的行或列, 可以在 Excel 表格中直接删除有关行、列或数据元素; 如果数据集总量较大, 不易观察到需删除数据所在位置, 可借助统计软件进行删除.

删除法简便易行, 是较方便的处理方法, 但删除法存在一定的局限性: 由于删除数据表中的行或列将导致某个样本的所有指标值, 或某个指标的所有样本值都被删除, 若是重要样本或重要指标信息被删除, 将会失去重要信息, 影响分析结果, 因此需要慎重使用.

2. 数据挑选

对于大规模数据, 会存在如下情形: 有价值的数据稀疏、分布不均衡, 或研究工作只用到其中部分数据, 等等, 需要对数据进行挑选, 即在所收集数据中挑选出部分样本或变量.

数据挑选实际上是进行抽样, 同样包括随机抽样和非随机抽样两类. 对于总体规模可控, 能够明确挑选对象的情况, 可直接抽取目标数据, 这是非随机抽样; 如果总体容量很大, 可从整体中随机抽出部分数据进行分析, 从而实现对总体信息的推断, 这是随机抽样. 这种做法可以降低样本容量, 降低数据分析的计算成本, 提高数据分析的时效性和计算的有效性.

4.2.2　缺失数据处理

由于某些原因, 收集数据时会遗漏部分样本值, 被遗漏的这部分数据, 称为缺失数据. 数据有缺失意味着信息不完整, 会影响数据分析的过程和结果. 因此, 在分析数据之前需要对含缺失值的数据集进行处理.

1. 缺失数据的类型

导致缺失数据产生的原因比较多, 有的是由随机因素造成, 如意外事故、调查员或受访者的疏忽、设备故障等等, 有的是由非随机因素造成, 受到相关因素的影响, 如由于市场营销策略失误导致新产品的市场销售量为零. 这种缺失反映了缺失变量和完全变量之间的因果关系. 因此, 根据数据缺失原因, 将数据缺失情形分为三种类型: 完全随机缺失、随机缺失和非随机缺失.

完全随机缺失 (missing completely at random, MCAR), 指某个指标值的缺失完全由随机因素决定, 与其自身和其他相关因素之间没有任何因果关系. 比如, 由于记录设备故障, 导致调查记录的数据丢失; 或由于突发自然灾害, 无法获得对某个对象的观测数据; 等等, 此类缺失数据称为完全随机缺失数据.

随机缺失 (missing at random, MAR), 指某个指标数据的缺失与该指标自身没有关系, 但与其他相关指标之间存在因果关系. 比如, 初试成绩不合格的考生不能参加面试, 因此而产生的考生缺失数据就是随机缺失数据.

非随机缺失 (missing not at random, MNAR), 指某个指标值的缺失是由该指标本身因素决定. 比如问卷调查中, 如果因某个问题具有敏感性 (收入、年龄等), 导致受访者不愿回答, 从而造成该项指标数据缺失等情况, 均属于非随机缺失. 由于非随机缺失数据来自于指标自身因素, 反映出指标自身存在的问题, 又称为不可忽略缺失数据.

2. 缺失数据的处理方法

发生缺失数据, 应尽可能采取补充调查等手段补齐数据, 不能补齐的情况应采取相应处理办法: 如果后续数据分析要求数据集完整, 则需删除含缺失值样本, 或估计并填补缺失值.

1) 删除缺失样本

删除存在缺失值的样本 (行删除) 或指标 (列删除), 从而得到信息完整的样本数据, 是最为简单易行的方法, 适用于缺失数据比例较小的情况 (一般以小于数据总数的 5% 以下为宜), 并且, 缺失数据应是完全随机缺失类型 (MCAR). 由于直接删除缺失值会减少统计检验效能, 产生偏差, 所以当样本数量较少或者样本很重要时, 不宜简单删除含有缺失值的样本, 可采用统计技术生成新的数据来填补缺失值.

2) 填补缺失数据

填补缺失数据就是运用特定方法计算新数值去填补缺失值, 从而得到完整数据集的过程. 包括简单填补法和复杂填补法.

(1) 简单填补法.

对含有缺失数据的指标, 根据数据类型, 采用其他无缺失值的样本的均值、中位数或众数替代缺失值. 对于定性数据, 可采用众数或中位数代替缺失值.

简单填补法操作简单易行, 能保留样本信息. 但是使用该方法要求样本数据的分布较为均匀集中, 这样计算的平均数才具有代表性; 如果样本数据分布不均匀, 或存在极端值, 所计算的平均值将缺乏代表性, 失去填补意义.

此外, 根据研究者对数据背景的了解, 直接填写估计数据也是一种简单填补方法. 但要求填补者至少是行业专家, 很熟悉数据背景, 用该方法估计数据填补缺失值一般会得到较好效果. 如果数据缺失量比较大, 或研究者对数据背景不够了解时, 就不宜采用直接填写法填补缺失值.

(2) 复杂填补法.

根据指标之间的关系, 采用较为复杂的统计技术计算估计值填补缺失数据. 复杂填补法包括 K 最近邻插补法、多重插补法、期望值最大化、回归插补法等多种方法. 这些方法的共同思想是试图寻找缺失数据与现有数据之间的关联, 通过此关联来推断缺失值. 这类方法比简单填补法能得到更为有效的填补数据, 是目前应用比较多的方法. 其中常使用 K 最近邻插补法和多重插补法.

K 最近邻插补法, 是均值估计插补法的改进, 与均值插补法不同, K 最近邻插补法是采取邻近的 n 个相似样本的均值对缺失值进行插补. 具体方法是: 计算样本间两两距离, 以距离的长短定义样本间的相似程度, 距离越短两个样本越相似, 确定离缺失数据样本最近的 n 个样本, 再将这 n 个样本的值取平均数来估计缺失值.

多重插补法, 是基于数据集中其他完全变量的分布, 运用特定方法 (如分类回归树方法、随机森林方法、线性回归预测方法和贝叶斯线性回归方法等), 通过连续迭代给每个缺失值都构造 m 个插补值 ($m>1$), 从而产生 m 个完全数据集. 之后, 对每个完全数据集分别建立相同的统计模型进行检验, 得到 m 个模型结果, 综合这 m 个模型结果, 得到对目标变量的估计判断. 多重插补法综合多个随机抽样及模型计算结果, 比单一填补法具有更好的缺失值估计效果.

具体方法可分为两个步骤.

第一步, 通过 Gibbs 抽样, 选定插补值的计算方法 (可采用多种方法, 如分箱、均值、回归等), 使用蒙特卡罗方法重复模拟, 从一个包含缺失值的数据集中, 为每个缺失值随机产生一组 (例如 $3 \sim 10$ 个) 可能的估计值, 并依次用每个可能值估计缺失值, 得到一组完整的数据集.

第二步, 对这一组完整数据集分别建立统计模型进行分析, 获得合并的模型及参数. 分析模型结果, 得到对目标变量的估计判断, 若模型效果不显著, 可以更换估计方法. 若模型效果显著, 可以选用其中的一个完整数据集, 或者计算这一组估计值的平均值作为对缺失数据的插补值.

关于缺失值插补方法的进一步学习可参阅相关资料 [①]. 对于缺失数据的复杂填补法示例参见案例分析部分.

3) 不处理缺失值

不处理缺失值是指忽略缺失数据, 直接在含缺失值的数据集上进行分析. 下列情况下, 可以不处理缺失值: 含缺失值的样本很重要不能删除; 插补估计值效果不好; 缺失数据量很小不影响数据分析等.

总之, 不同缺失问题有不同的处理方法, 需要根据实际情况进行选择.

4.2.3 异常数据处理

异常数据又称极端值、离群值, 是指远离数据集平均值, 明显异于群体一般水平的数据. 异常数据可能是错误的数据, 例如记录为负数的年龄, 错误的记录; 也可能是需要引起注意的异常值, 比如过高频率的交易数据, 可能蕴含一些特殊风险的事件, 如金融欺诈; 或者不正常的健康指标; 等等, 需要特别加以关注.

异常数据的存在会影响数据平均值的代表性, 使数据分布出现偏斜, 成为非均衡分布数据, 干扰统计模型的建立和后续分析.

异常数据处理的程序是, 先检测异常值, 然后视情况处理. 对于确认为异常值的数据, 可对其成因进行判别: 如果是由于数据错误导致, 可按照缺失值的处理方法进行填补或删除; 如果不是错误数据, 则需要引起重视, 它们往往是比较特殊的样本, 需要对异常值指标进行单独分析, 通常能够从中获得比较有价值的信息.

1. 异常数据检测

检测异常值需要从数量上确定正常与异常的界限. 此处仅讨论一维空间中的非参数异常值检测. 主要可以采取如下两类方法.

方法一: 采用正态分布平均值 3 倍标准差为衡量标准, 将距离平均值 3 倍标准差之外的数据界定为异常数据. 这是因为正态分布数据落在平均值 3 倍标准差范围内的概率为 99.7%, 落在此范围之外的可能性很小, 为小概率事件, 因此可将距离平均值 3 倍标准差之外的数据视为异常值.

方法二: 采用非正态分布箱线图四分位距的衡量标准, 将位于四分位距上下界之外的数据界定为异常数据. 这是不考虑数据概率分布的一种常用异常值检测方法. 具体做法如下:

---

① 金勇进, 邵军. 2009. 缺失数据的统计处理 [M]. 北京: 中国统计出版社.

将数据按照升序进行排列, 则位于前 1/4 位置的数据称为下四分位数 (又称第 1 四分位数, 一般用 Q_L 表示), 表示数据集中只有 1/4 的数据小于它; 位于前 3/4 位置的数据称为上四分位数 (又称第 3 四分位数, 一般用 Q_U 表示), 表示数据集中只有 1/4 的数据大于它; 中位数则是位于居中位置的数据, 表示所有数据中有 1/2 的数据大于它, 1/2 的数据小于它.

设上四分位数与下四分位数之间的距离为 IQR, 称为四分位距, 其间包含了全部数据的一半, 即

$$\text{IQR} = Q_U - Q_L \tag{4.1}$$

则数据集的上界和下界由下列公式确定:

$$\text{上界} = Q_U + k\text{IQR} \tag{4.2}$$

$$\text{下界} = Q_L - k\text{IQR} \tag{4.3}$$

位于上下界之外的数据就被认为是异常值. 公式 (4.2), (4.3) 中 k 是参数, 决定上下界的实际位置. k 的取值至今一直被认为是经反复试验的经验数据, 其中, 当 k 取 1.5 时, 上下界是中度异常值的界限; k 取 3 时, 上下界是重度异常值的界限. 可以根据实际需要调整 k 的取值.

图 4.1 中, 位于箱线图下界以下, 箭头所指的点就是异常数据.

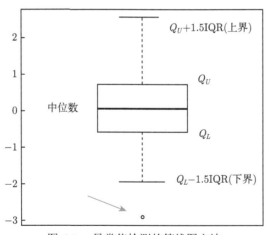

图 4.1　异常值检测的箱线图方法

2. 异常数据处理

对于不可删除的异常值, 为满足后续统计分析需要, 可以考虑对异常值进行光滑化处理. 光滑化处理的方法一般有两类: 一是分箱法, 将数据分类之后按类别范围进行分析; 二是回归法, 利用数据的函数关系绘制图像, 然后对图像进行光滑处理. 以下主要介绍分箱法.

分箱技术的思想是将连续变量离散化. 离散化可以消除异常数据的影响, 保持模型稳定性. 例如考察某企业群体的员工规模, 其中多数企业员工数量在 30 ∼ 200 人左右, 但有一个企业员工人数为 2000 人, 被界定为异常数据. 若以此数据建立模型, 会形成较大的干扰. 采用分箱方法, 比如员工人数 >100 为 1, 否则为 0, 形成新数据组, 消除了异常值; 再者, 将年龄离散化后, 比如分别将 21 ∼ 30 岁, 30 ∼ 40 岁等年龄区间放入各个箱子, 使得各箱子内的样本 (相邻样本处除外) 不会因为年龄长了一岁就变成另一个样本, 这样有利于保持模型稳定性.

因此, 分箱法就是将需要处理的数据根据一定规则进行分类排序, 然后指定分箱原则, 将数据分别装入相应的箱子, 并采取相应方法处理各个箱子数据的具体方法.

分箱法分为等频分箱、等长分箱和自定义分箱三种类型.

等频分箱: 是箱容量相同的分箱方法, 又称等深分箱. 按照样本数量 (行数) 进行分箱, 使得每箱有相同的样本数.

等长分箱: 是箱区间长度相同的分箱方法, 又称等宽分箱. 把每个箱的区间范围设置一个常数, 使得每箱区间相同, 落在同一区间的样本进入同一个箱子. 等长分箱不保证每个箱子有相同的样本数.

此外, 也可以自定义区间进行分箱.

分箱之后, 可以采用每一个箱的平均值、中位数, 或者分界值来绘制折线图, 达到消除噪声 (异常值), 使数据光滑的作用.

模拟一组数据演示异常值的光滑化效果. 图 4.2 显示了分箱前后的频数分布图, 其中图 (a) 为原始数据的密度分布直方图, 图 (b) 为分箱后频数分布柱形图. 通过各组频数展示了一个平滑化的新数据集. 图 4.3(b) 图显示该组数据已消除了异常值.

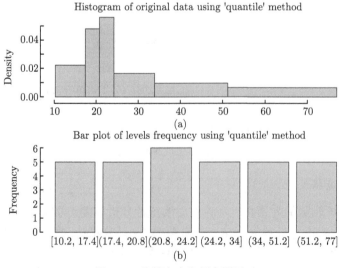

图 4.2   分箱密度和频率图示

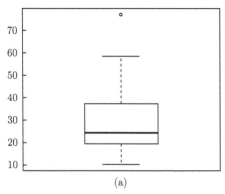 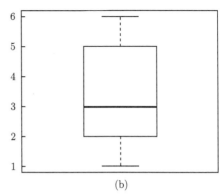

图 4.3 分箱法对数据的平滑效果

4.2.4 数据脱敏

数据脱敏是指, 对某些涉及个人或商业敏感信息的数据, 按照一定规则进行数据变形, 把敏感性信息隐去, 对敏感数据进行隐私保护的过程. 使用真实数据时, 一般都需要进行数据脱敏处理, 这是数据安全技术之一.

数据脱敏的方式常见如下几种 ①.

替换 用设置的固定虚构值替换真值, 如身份证号、手机号、卡号、客户号等.

无效化 通过对数据值加密、隐藏等方式使敏感数据不再具有利用价值, 例如以 ****** 代替手机号码. 数据无效化与数据替换所达成的效果基本类似.

当需要保留一定的真值信息时, 可采用随机数据或编码方式进行数据脱敏.

随机化 采用随机数据代替真值, 保持替换值的随机性以模拟样本的真实性. 例如用随机生成的姓和名代替真值.

自定义编码 采用一定的固定编码格式, 例如: x 位固定码 + 部分源数据 +x 位数值, 其中可保留部分原数据, 便于保持数据的真实性.

4.3 数 据 变 换

4.3.1 数据编码

在计算机处理中, 数据编码是对计算机的处理对象, 用编码符号代表信息或数据的过程; 在统计分析中, 数据编码是为了分析需要, 把逻辑型、字符型数据转换成数值型数据, 或把连续型数据转换为离散型数据的方法.

1. 文本数据数值化编码

文本数据数值化编码是用数字符号代替文字, 以便于测量和运算的过程, 是分析分类数据和顺序数据常用的数据变换方法.

---

① 具体操作方式参见: https://blog.csdn.net/ertyee42/article/details/84133707.

文本数据数值化编码分为平行编码和顺序编码两种.

平行编码用于对分类型文本数据进行编码. 编码数字仅用于分类, 没有大小之分. 为了避免在机器学习中数字序号产生的自动排序结果, 可采用独热编码 (one-hot encoder) 方法, 形成虚变量或哑变量特征. 对于 n 种取值的变量, 用 n 维来表示, 当编码对象取值为其中第 i 种情况的时候, 在第 i 维上面编码为 1, 其余维均编码为 0. 例如, 若有 3 种颜色变量, 可以取值: 100-红色, 010-黄色, 001-蓝色; 性别变量可取值: 10-男, 01-女; 等等.

顺序编码用于对顺序型文本数据进行编码. 编码数字不仅表示分类, 还可以进行排序比较. 例如, 对满意度编码: 1-很不满意, 2-不满意, 3-一般, 4-满意, 5-非常满意, 5 的满意度级别就高于 1, 2, 3, 4. 顺序编码的数字有大小顺序之分, 可用于排序, 但不能加以计算, 例如, 满意度编码 "1"+"2" 没有任何意义.

通常在设计问卷时就应制定编码方案, 将编码标在问卷的选项之前. 若以调查报表形式收集数据, 可在汇总时进行编码.

2. 连续型数据离散化编码

对连续型数据进行离散化编码, 是先通过对连续型数据进行分组或分类, 再对相应组别或类别进行编码的方法.

例如, 营业收入是连续型数据, 先以营业收入划分企业类型, 按照工业和信息化部、国家统计局、国家发展和改革委员会、财政部的有关规定 [《关于印发中小企业划型标准规定的通知》(工信部联企业〔2011〕300 号)], 设营业收入为 Y, 则: $Y < 300$ 万元的工业企业为微型企业; $300 \leqslant Y < 2000$ 万元的工业企业为小型企业; $2000 \leqslant Y < 40000$ 万元的工业企业为中型企业; $Y \geqslant 40000$ 万元的工业企业为大型企业. 再对企业类型进行编码: 1-微型企业; 2-小型企业; 3-中型企业; 4-大型企业. 如果后续分析不需要进行排序, 则可采用独热编码: 0001-微型企业; 0010-小型企业; 0100-中型企业; 1000-大型企业.

另一种连续数据离散化编码方式是特征二元化, 即将数值型属性转换为布尔值属性. 一般做法是设定一个阈值, 作为划分属性值为 0 和 1 的分隔点. 例如上例中, 设定 2000 万元为阈值, 大于等于 2000 万元的工业企业为大中型企业, 小于 2000 万元的企业为小微型企业. 编码分别为 0-小微型企业, 1-大中型企业.

4.3.2 数据标准化

如果收集的数据出现计量单位不一致、数据规模不相同、数据分布不均衡等情况, 则需要采取适当的方法对数据进行变换, 使数据符合分析要求, 这个过程称为数据标准化.

比如, 下面几种情况需要进行数据标准化.

第一, 数据集的极差较大. 极差大说明数据取值范围较大, 数据集的离散程度过大, 平均数的代表性会很差.

例如, 一组数据的取值如下: 1,10,100,1000,10000,100000.

该组数据极差为 99999, 如此大的离差导致该组数据平均数的代表性很差. 如果要提取有代表性的平均水平, 则应将数据集压缩到一个较小极差范围内.

第二, 数据集之间不可比. 由于数据集之间规模大小或度量单位不同, 因而不具可比性.

例如, A, B 两组数据分别是某小型企业与某大型企业 8 个月的月产值, 计量单位相同, 都是万元. 但 B 组数据规模大于 A 组, 两者之间不仅不可以直接比较均值, 标准差也不具有可比性, B 组数据的标准差 (sd) 远大于 A 组:

A: 12, 34, 10, 5, 57, 28, 60, 49; $\mathrm{sd}(A) = 21.81374$

B: 2345, 7892, 4890, 6789, 3682, 9043, 8721, 6432; $\mathrm{sd}(B) = 2408.747$

但是离散系数 (V = 标准差/均值) 却显示了 A 组实际上比 B 组的离散程度更大:

$$V_A = \frac{21.81374}{31.875} = 0.68$$

$$V_B = \frac{2408.747}{6224.25} = 0.39$$

因此, 如果要对 A, B 两组数据的集中或离散程度进行比较的话, 需要对它们进行数据规模变换.

度量单位不同的数据不可以直接比较, 需要统一数据度量单位.

第三, 需要转化数据分布. 需要转化数据分布的情形大致为: 非线性数据不易看出其变化规律或变量间相关关系, 将其线性化之后容易看出数据的规律; 非正态分布的数据需要转化为正态分布数据以便于构建统计模型等.

数据变换是通过某种函数变换去改变数据的表现形式, 使得数据的规模、分布等特征发生改变的方法. 这些函数变换的方法包括线性变换和非线性变换两大类.

1. 线性变换

线性变换指通过线性函数将原始数据转换为另一种形式, 比如改变数据的离散程度、原点、量纲, 但不改变数据分布的形状. 这类变换主要有三种: 极值标准化、中心化和均值标准化.

(1) 极值标准化.

极值标准化又称最大值-最小值标准化, 通过函数变换将其原始数据映射到某个更小数值区间, 将数据集压缩到一个较小范围内 (通常是 $(0, 1)$ 或者 (a, b)), 此方法适用于极值范围过大的数据集.

若 x_i 表示数据集中第 i 个元素, x' 表示标准化后的数据元素, 则极值标准化变换公式为

$$x' = \frac{x_i - \min(x)}{\max(x) - \min(x)} \qquad (4.4)$$

如果要改变极值范围, 比如将所有数据范围改为 $[a, b]$, 计算公式为

$$x' = \frac{x_i - \min(x)}{\max(x) - \min(x)} \times (b - a) + a \qquad (4.5)$$

(2) 中心化.

数据的中心化变换是指改变数据集的原点, 比如以平均数为新数据集的原点, 数据集离散程度不变. 若 $\overline{x}$ 表示数据集均值, 计算公式为

$$x' = x_i - \overline{x} \qquad (4.6)$$

变换之后数据集均值为 0, 方差不变. 数据不再具有量纲, 可以进行比较.

中心化变换适用于量纲不同的多组数据集. 但是中心化之后数据存在正负数值, 并且由于离散程度不变, 当数据规模较大时, 变换后的数据集仍然可能具有较大极差, 因此, 可以考虑均值标准化.

(3) 均值标准化.

均值标准化是先对数据集进行中心化变换, 然后除以该数据集的标准差, 改变离散程度, 又称为 z-score 标准化. 计算公式为

$$Z_i = \frac{x_i - \overline{x}}{\sigma} \qquad (4.7)$$

如果数据集是总体数据, σ 为总体标准差; 如果是样本数据, σ 为样本标准差.

2. 非线性变换

非线性变换的常见方法是幂变换. 幂变换是改变数据分布状态的变换, 通常采用开方、取对数、取倒数、平方根、立方根变换等方法 (贾俊平, 2003). 由于服从任意概率分布的随机变量经幂变换后都更接近于正态分布, 因此, 幂变换适用于数据呈偏态分布的各种情况.

具体选取的变换函数取决于 λ 的不同取值, 取值规律如下:

$$f(x, \lambda) = \begin{cases} x^{\lambda}, & \lambda > 0 \\ \lg x, & \lambda = 0 \\ -x^{\lambda}, & \lambda < 0 \end{cases} \qquad (4.8)$$

通过 Box-Cox 变换可找到最佳的 λ 值, 再根据 λ 值对因变量进行变换.

4.4 数据集成

不同来源的数据常因具有不同的数据内容和格式, 会导致在不同部门和不同软件系统中出现数据格式不能转换, 或数据转换格式后信息丢失等问题, 阻碍了信息的流动与共享. 因此, 需要采用数据集成技术, 对不同来源数据进行集成和整合.

数据集成, 是把具有不同来源、格式和特点的数据进行逻辑上或物理上的有机集中, 从而整合信息, 方便数据共享的一种数据预处理技术.

数据集成主要包括数据的内容集成和数据的结构集成两类. 数据的内容集成主要指, 把在相同结构下包含不同内容的数据进行合并, 整合在一个数据集中, 例如同一产品, 两个部门的销售信息集成是数据内容集成. 数据的结构集成是将具有不同结构的数据集进行合并调整, 整合成为一个数据集, 例如, 不同产品、不同部门的销售信息集成是数据内容和结构集成.

数据集成的具体操作可以通过软件完成. 目前市面上已开发了不少数据集成软件, 可以实现对数据的实时集成和非实时集成, 常见的例如: Talend Open Studio、DataPipeline、HaoheDI、织语、大数据集成软件 ADI 等.

4.5 数据归约

数据归约是采用特定方法削减数据集变量维度或样本数量的一种大数据预处理方法.

对于小型或中型数据集, 一般不需要进行数据归约处理, 而对于大型数据, 其过高的变量维度将引起数据超负荷, 形成维度灾难, 导致某些数据挖掘算法不能使用, 并且普通计算机单机也无法承载过大规模数据的运算. 因此, 对于大型数据集, 在应用数据挖掘技术以前, 需要进行数据归约处理.

1. 数据归约基本方法

进入预处理的数据集一般由 3 个部分组成: 列 (变量、特征或指标)、行 (样本)、变量值, 因而数据归约主要包括维度归约、样本归约和数据压缩三种情况.

简单的数据归约是删除变量或样本, 但是这有可能将重要信息删除. 因此, 一般采用数学统计方法进行数据归约处理, 常见如下方法 (本桥智光, 2021).

(1) 维度规约.

维度归约是对特征或指标进行压缩的方法. 常用主成分和聚类两种方法.

主成分归约, 通过主成分的选取降低变量维度进行数据归约 (主成分分析方法详细介绍参见本书第 9 章 "综合指数分析" 部分).

聚类归约, 把数据元组看作对象. 通过将对象划分为群或簇进行数据归约 (聚类方法详细介绍参见本书第 8 章 "聚类分析" 部分). 也可用于样本归约.

(2) 样本规约.

除样本聚类归约方法外, 还可以采用分箱、抽样等方法进行样本归约.

分箱, 用于样本归约. 使用分箱技术对样本进行分组分布, 采用箱的中值或极端值作为组代表, 减少样本数量.

抽样, 用于样本归约. 通过随机或非随机无放回抽样, 减少样本数量.

2. 数据归约效果评估

考虑数据归约的基本原则是: 应保证在没有降低数据分析结果质量的前提下, 放弃部分特征或样本, 以挖掘出可靠的模型. 因此, 可以通过如下几个参数作为数据归约效果的评估.

(1) 计算时间: 数据归约后获得的规模较小数据集, 应减少数据分析消耗的时间, 因此可通过考察计算时间是否缩短判断数据归约效果.

(2) 模型精度: 有效的数据归约后建立的模型精度应保持不变或有所提升, 因此可通过考察模型精度是否下降判断数据归约效果.

(3) 模型描述: 经过有效的数据归约后建立的模型含义和解释应更加明确, 因此可通过考察模型描述是否明确清晰判断数据归约效果.

4.6　案例分析

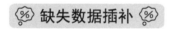

1. 案例学习要点

(1) 熟悉缺失数据插补函数.
(2) 缺失数据插补结果的验证方法.

2. 案例内容

以一组包含 30 个地区的数据为例, 介绍缺失数据的基本插补方法.

3. 案例过程及分析

该组数据共设 12 个指标, x1 ~ x12, 在每个指标下随机设置一个缺失值, 用 NA 表示缺失数据. 分别采用均值法、中位数法、K 最近邻插补法、多重插补法等方法对缺失值进行估计并插补, 将结果与原数据对比, 比较上述各种插补方法的效果.

1) 数据准备

由于 12 个指标值的量纲不同, 为保证可比性, 先对其进行极值标准化, 结果如表 4.1 所示.

表 4.1 数据标准化及缺失值结果

地区	x1	x2	x3	x4	x5	x6	x7	x8	x9	x10	x11	x12
北京	1.00	1.00	NA	0.732	0.556	0.879	0.513	0.014	0.073	0.152	1	0.435
天津	NA	0.239	0.18	0.783	0.645	0.858	0.279	0.004	0.016	0.087	0.26	0.097
河北	0.219	0.037	0.015	0.119	0.242	0.177	0.701	0.508	0.99	0.651	0.037	0.351
山西	0.178	0.053	0.029	0	0.228	0.03	0.442	0.265	0.504	0.093	0.054	0.16
内蒙古	0.402	0.054	0.061	0.071	0.184	0.168	0.266	0.054	0.262	0.083	0.013	NA
辽宁	0.502	0.112	0.109	0.095	0.13	0.155	0.675	0.172	0.424	0.219	0.486	0.53
江苏	0.633	0.179	0.372	0.506	0.498	0.177	1	0.203	0.37	NA	0.481	1
浙江	0.718	0.215	0.75	0.579	0.616	0.209	0.617	0.16	0.363	0.482	0.574	0.776
山东	0.507	0.057	0.037	0.167	0.279	0.114	0.857	0.456	0.967	0.903	0.019	0.451
海南	0.135	0.08	0.215	0.541	1	0.141	0.039	0.028	0.012	0.019	0.412	0.063
安徽	0.142	0.023	0.013	0.215	0.291	0.152	0.695	0.39	0.267	0.143	0.319	0.589
上海	0.865	0.691	0.788	1	NA	1	0.338	0.011	0.01	0.162	0	0.066
吉林	0.406	0.042	0.021	0.039	0.072	0.107	0.312	0.165	0.22	0.119	0.305	0.227
黑龙江	0.291	0.01	0.03	0.006	0	0.043	0.455	0.094	0.214	0.141	0.197	0.262
福建	0.49	0.089	0.051	0.358	0.49	0.644	NA	0.212	0.311	0.111	0.33	0.358
江西	0.1	0.018	0.027	0.122	0.137	0.045	0.558	0.36	0.452	0.162	0.346	0.446
河南	0.2	0.007	0.031	0.125	0.284	0.023	0.76	1	NA	0.217	0.299	0.898
湖北	0.402	0.047	0.065	0.229	0.325	0.118	0.753	0.248	0.427	0.179	0.516	0.76
湖南	0.23	0.015	0	0.109	0.143	0.053	0.721	0.405	0.755	0.246	0.532	0.907
广东	0.526	0.19	0.688	0.48	0.346	0.636	0.877	NA	0.596	1	0.264	0.975
广西	0.102	0	0.015	0.071	0.194	0.166	0.396	0.415	0.399	0.09	0.184	0.335
重庆	0.334	0.106	0.15	0.34	0.46	NA	0.344	0.105	0.208	0.308	0.633	0.433
四川	0.21	0.046	0.046	0.149	0.225	0.07	0.63	0.345	1	0.488	0.404	0.923
贵州	0	0.024	0.062	0.09	0.172	0.024	0.338	0.338	0.316	0.078	NA	0.654
云南	0.039	0.009	0.116	0.049	0.292	0.241	0.39	0.467	0.265	0.097	0.170	0.318
陕西	0.221	0.081	0.083	NA	0.357	0.229	0.526	0.239	0.43	0.106	0.553	0.500
甘肃	0.044	0.025	0.027	0.022	0.081	0	0.24	0.28	0.318	0.045	0.447	0.280
青海	0.062	0.071	0.103	0.048	0.323	0.025	0	0	0.027	0	0.181	0
宁夏	0.054	NA	0.286	0.132	0.415	0.02	0.039	0.022	0	0.04	0.314	0.022
新疆	0.034	0.044	0.061	0.03	0.173	0.079	0.221	0.136	0.194	0.073	0.333	0.205

将数据集命名为 a1, 采用 R 软件计算指标 x1~x12 的均值和中位数进行简单估计, 并采用 K 最近邻插补法和多重插补法进行复杂估计, 分别将上述估计值为缺失值进行插补.

2) 插补函数

采用的插补函数分别为: summary(), knnImputation(), mice(). 基本形式分别如下.

(1) summary(a1)# 对数据集 a1 计算描述统计量, 含均值 (mean) 和中位数 (median) 的计算结果.

(2) knnImputation(a1, k=10, scale=F, meth="weighAvg",distData=NULL) # 对数据集 a1 计算 K 最近邻估计值.

使用 knnImputation () 函数需要下载包 DMwR. al 是数据集名称, k 表示取 k 个最近邻值, 由于数据已进行了极值标准化, 此处不再选择标准化, 因此 scale=F, 方法 meth 选择平均加权法 weighAvg, 距离计算方法选择默认值.

(3) mice() 函数用于计算多重插补值, 式中可以选择 29 种具体方法, 常用如下: pmm(预测均值匹配法)、cart(分类回归树法)、rf(随机森林法)、norm.predict(线性回归预测法)、norm(贝叶斯线性回归法) 等, 若缺省则默认为 pmm(预测均值匹配法), 如:

- mice(a1, m=5)# 表示对数据集 a1 计算预测均值匹配值. m=5 表示插补次数为 5, 即为每个缺失值计算 5 个插补值.
- mice(a1, method="cart", m=5)# 对数据集 a1 计算分类回归树插补值.
- mice(a1, method="rf", m=5)# 对数据集 a1 计算随机森林插补值. 此步骤前, 需要先下载并运行函数 randomForest().
- mice(a1, method="norm.predict", m=5)# 对数据集 a1 计算线性回归预测值.
- mice(a1, method="norm", m=5)# 对数据集 a1 计算贝叶斯线性回归值.

通过函数式 complete(data,action=5) 分别输出第 1~5 个完整数据集, 选取 5 个插补值的平均数作为插补估计值, 其实验效果好于单独取某个插补值. 最终得到每个指标下缺失数据的估计值.

计算每个估计值的相对误差

$$相对误差 = \frac{|估计值 - 实际值|}{实际值} \tag{4.9}$$

将插补后得到的结果与原始完整数据集进行比较, 相对误差值越小, 表明插补效果越好, 按照此原则选择最佳插补值.

3) 插补结果

结果如表 4.2 所示.

表 4.2　几种插补方法与实际值的相对误差比较

指标	均值插补值	中位数插补值	多重插补值: 分类回归树	多重插补值: 随机森林	多重插补值: 贝叶斯回归	多重插补值: 线性回归预测	K 最近邻插补值	多重插补值: 预测均值匹配	平均误差
x1	0.511	0.654	0.052	0.346	0.050	0.085	0.639	0.306	0.330
x2	1.560	0.104	1.146	1.458	1.479	1.625	0.205	0.221	0.975
x3	0.847	0.939	0.238	0.501	0.085	0.087	0.820	0.578	0.512
x4	2.270	0.645	3.711	1.816	2.579	2.039	0.234	1.803	1.887
x5	0.289	0.360	0.180	0.284	1.212	1.248	0.232	0.427	0.529
x6	0.102	0.316	0.718	0.228	0.563	0.447	0.464	0.041	0.360

续表

指标	均值插补值	中位数插补值	多重插补值: 分类回归树	多重插补值: 随机森林	多重插补值: 贝叶斯回归	多重插补值: 线性回归预测	K 最近邻插补值	多重插补值: 预测均值匹配	平均误差
x7	0.024	0.079	0.213	0.188	0.314	0.160	0.005	0.035	0.127
x8	0.510	0.575	0.056	0.321	0.132	0.054	0.319	0.329	0.287
x9	0.597	0.645	0.490	0.183	0.269	0.300	0.332	0.171	0.373
x10	0.412	0.630	0.436	0.155	0.029	0.005	0.198	0.506	0.296
x11	0.613	0.629	0.576	0.495	0.148	0.221	0.666	0.378	0.466
x12	4.831	4.623	4.078	3.468	0.909	0.805	2.492	0.060	2.658
平均误差	1.050	0.850	0.991	0.787	0.647	0.590	0.551	0.405	
列方差	1.818	1.474	1.940	0.996	0.604	0.474	0.429	0.226	

4) 插补结果比较

分别考察上述 8 种插补方法在 12 个指标上的相对误差: 预测均值匹配方法的插补效果最好, 它对 12 个指标缺失值插补的平均相对误差最低, 为 0.405, 并且采用该方法进行插补后, 12 个指标相对误差的波动幅度也最小, 列方差为 0.226; 均值估计法的插补效果最差, 它对 12 个指标缺失值插补的平均相对误差最高, 为 1.050, 采用该方法进行插补后, 12 个指标插补误差的波动幅度为最大, 列方差为 1.818.

从各指标的具体情况看, 上述 8 种插补方法对 12 个指标的插补效果各不相同, 根据表 4.1 的数据总结本例中各指标的最佳插补方法, 可知: 多重插补方法出现的频次最高, 其中以贝叶斯线性回归、分类回归树和预测均值匹配的应用效果较好. 其中, 指标 x2, x4 和 x12 在应用多数插补方法时, 插补相对误差都比较大, 说明上述方法对这 3 个指标都较难获得理想的插补效果. 不过还是能分别找到相对较为适合这 3 个指标的插补方法. 例如, 指标 x12 适合多重插补的预测均值匹配方法, 其插补相对误差较为理想, 为 0.060; 指标 x2 可采用中位数插补, 其相对误差为 0.104; 而指标 x4 的插补难度较大, 相对较优的插补方法是 K 最近邻插补法, 其相对误差为 0.234. 具体适合各指标的最佳插补方法整理如表 4.3 所示.

在表 4.3 中, 均值插补方法和多重插补随机森林方法没有出现在各指标的最佳插补方法中, 表明这两种方法不是最合适本例数据的. 本例数据是一组分布明显不均衡的截面数据, 指标值极差大, 均值缺乏代表性; 而由于样本数量较少, 随机森林插补的效果也并不理想.

结论 总体看, 对于具有不同分布特征的数据, 应该采用不同的缺失数据插补方法; 对于均匀分布数据, 可以采用平均数估计缺失值; 对于 0~1 类型数据, 可以采用逻辑回归方法估计缺失值; 对于顺序型数据, 可以考虑中位数估计缺失值; 对于连续型数据, 则较为适用多重插补法和 K 最近邻插补法, 对于其中方差波动较大者, 可采用预测均值匹配, 其次可采用贝叶斯线性回归和线性回归预测等方法; 对于大规模数据, 采用随机森林或等方法的估计效果较好.

表 4.3　各指标最佳插补方法比较

指标	缺失数据的最佳插补方法	插补相对误差
x1	多重插补: 贝叶斯线性回归	0.050
	多重插补: 分类回归树	0.052
x2	中位数插补	0.104
x3	多重插补: 贝叶斯线性回归	0.085
x4	K 最近邻插补	0.234
x5	多重插补: 分类回归树	0.180
x6	多重插补: 预测均值匹配	0.041
x7	K 最近邻插补	0.005
x8	多重插补: 线性回归预测	0.054
	多重插补: 分类回归树	0.056
x9	多重插补: 预测均值匹配	0.171
x10	多重插补: 线性回归预测	0.005
x11	多重插补: 贝叶斯回归	0.148
x12	多重插补: 预测均值匹配	0.060

4.7　R 软件应用

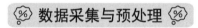
数据采集与预处理

1. 目的

了解对数据进行预处理的基本操作函数.

2. 内容

1) 查看缺失数据

可以使用 R 软件 mice 包的 md.pattern() 函数查看数据缺失情况 (注意, 该函数只识别 NA 为缺失值), 其基本形式为

md.pattern (data): 查看数据对象 data 的缺失值模式.

设有数据集 a, 查看其缺失值模式的代码示例如下:

```
> md.pattern(a)
部分结果如下:
     x1 x2 x3 x4 x5 x6 x7 x8 x9 x10 x11 x12 x13 x14
14    1  1  1  1  1  1  1  1  1   1   1   1   1    0
1     1  1  1  1  1  1  1  1  1   1   1   1   0    1
2     1  1  1  1  1  1  1  1  1   1   1   0   1    1
1     1  1  1  1  1  0  1  1  1   1   1   1   0    2
                  ......
```

```
1      1  1  1  1  0  1  1    1    1    1    1    1    1    1      1
1      1  1  1  0  1  1  1    1    1    1    1    1    1    1      1
1      1  1  0  1  1  1  1    1    1    1    1    1    1    1      1
1      1  0  1  1  1  1  1    1    1    1    1    1    1    1      1
       0  1  1  1  1  1  1    1    1    1    2    2    2    2     17
#结果解释: 关于行, 第一行缺失值的数量是0的数据行在数据集中共有14
        个, 第二行缺失值的数量是1的数据行在数据集中共有1个, 依次类推;
        关于列, "地区"指标没有缺失值, "x1"指标有1个缺失值, ...,
        "x11"有2个缺失值, 该数据集总共有17个缺失数据.
```

结果以矩阵或数据框形式展示数据对象 data 的缺失值模式, 0 表示数据集中存在缺失值, 1 则表示没有缺失值. 第一列表示缺失值的行数量, 最后一列表示各行中缺失值的数量, 最末一行表示各列中缺失值的数量.

2) 删除缺失数据

R 软件提供用于删除缺失数据的函数, 因此, 在数据集中可以将需要删除的特定数据, 转换为缺失值进行操作. R 中默认用 NA 表示缺失值, 如果要把某些特定数据 (无效值、错误值等) 删除, 可以先将其设置为 NA, 操作如下:

```
假设数据集名为A1, 设置A1中所有为"AU"的值为缺失值的代码为:
A1[A1=="AU"]<-NA
```

再运用 na.omit() 或 complete.cases() 函数删除 NA 值.

na.omit() 或 complete.cases() 这两个函数均表示选取完整的记录, 基本形式为:

na.omit(data): 保留数据集 data 中完整的行, 即删除 data 中含缺失值的行.

或 complete.cases(data): 含义同 na.omit(data).

```
A1[complete.cases(A1),]# 删除A1中含有缺失值的行
A1[complete.cases(A1),4:6]# 删除A1中第4、5、6列含有缺失值的行
```

需要注意的是, na.omit() 和 complete.cases() 函数都用于删除含有 NA 的行, 即它们执行的是行删除命令. 由于行数据表示样本, 因此删除行即代表删除数据集的样本或个案.

如果要删除数据集中含缺失值的列, 以 R 数据集 CO2 为例, 可以采用下列代码实现:

```
B1<-CO2#创建一个新数据对象B1:
B1[B1=="chilled"]<-NA#将所有名称为"chilled"的数据设置为NA
na_B1<-apply(is.na(B1),2,sum)# 对各列判断并加总计算缺失值数量
B1<-B1[,which(na_B1==0)]# 选取不含缺失值的列, 即删除含缺失值的列
```

is.na() 是一个逻辑判断函数, 用于判断数据对象中的每个元素是不是缺失值 NA, 如果是, 返回 TRUE; 若不是, 则返回 FALSE.

3) 删除重复数据

在 R 语言中, 采用 duplicated() 函数删除重复数据. 如同 is.na() 函数一样, duplicated() 函数也是逻辑判断函数, 用于判断数据集各行是否是重复值. 若是重复值, 返回 TRUE; 若不是, 则返回 FALSE. 利用这一特性, 可以使用如下代码删除在指标值上重复的样本.

其基本形式为

data[!duplicated(data)]: 删除在所有列都有重复数据的样本.

data[!duplicated(data[,c(m:n)])]: 删除在从 m 到 n 列有重复数据的样本.

4) 挑选数据

对于大规模数据的情形, 可应用 R 软件的 subset() 函数对数据对象 (矩阵或数据框) 的行或列进行选择.

subset() 的基本形式为

subset(data[m:n,]): 挑选数据对象 data 的第 m 至 n 行.

subset(data[,m:n]): 挑选数据对象 data 的第 m 至 n 列.

如

```
subset(data[2:4,])#提取数据对象data的第2至4行样本数据
subset(data[,2:4])#提取数据对象data的第2至4列样本数据
```

5) 插补缺失数据

(1) K 最近邻插补缺失数据.

可使用 R 软件 DMwR 包中 knnImputation() 函数进行插补. 该函数基本形式是

```
knnImputation(data,k,scale,meth)
```

data: 待处理数据对象.

k: 为最近邻样本的选择数量, 默认为 10.

meth: 计算填充缺失值的方法. 可选 median (中位数) 或 weighAvg (加权平均). 例如采用加权平均法, 具体表达式为

```
knnImputation(data,k=10,scale=T,meth="weighAvg",distData=NULL)
```

scale: 设置对数据进行标准化的处理, T 或 TRUE 表示有标准化; F 或 FALSE 表示无标准化.

distData: 默认为 NULL, 表示相邻数据可被搜索到.

运行结果为填补后的完整数据集.

(2) 多重插补缺失数据.

在 R 中可使用 mice、Amelia 和 mi 包来执行多重插补操作. 其中, 应用较多的是 mice 包的 mice() 函数. mice() 函数基本形式为

```
mice(data,method,m,... )
```

data: 待处理数据对象.

m: 设置插补次数, 形成 m 个完整数据集供选择. 缺省值默认为 5 个.

method: 计算插补值的统计方法, 共有 29 种方法可供选择, 可使用命令 methods(mice) 查看具体方法. 缺省值默认为 pmm(预测均值匹配) 方法.

选择统计模型对多重插补结果进行检验:

mif<-with(data,analysis)# 对 data 的所有完整数据集应用统计分析模型, 得到 n 个分析模型

analysis 可以设置为: lm() 函数 (线性回归模型); glm() 函数 (广义线性模型); gam() (广义可加模型); nbrm() (负二项模型). 例如采用线性回归模型, 具体表达式为

mif<-with(data, lm(x1~x2+x3))

通过函数 pool(mif) 获得 n 个分析模型的平均分析结果.

通过 summary(pool(mif)), 描述平均分析结果, 即对于模型的参数进行显著性检验判断.

6) 处理异常值

(1) 识别异常值.

可以使用 R 基础包里的函数 boxplot() 绘制箱线图. 函数基本形式为

```
boxplot(data...)
```

data: 可以是数据框也可以是向量.

```
>x<-rnorm(100)#生成100个随机数, 赋值x
>boxplot.stats(x)$out#对x生成箱线图并提取异常值
[1]-2.919042
```

(2) 处理异常值——分箱.

分箱的 R 函数是 pacman 包的 binning() 函数. 其基本形式是

`binning(data,nbins,type,labels,approxy.lab)`

    data: 待处理数据对象;

    nbin: 拟分箱数目;

    type: 分箱技术, 包括了"quantile" (等频分箱法, 运用分位数选择分隔点), "equal" (等长分箱法, 平均分断选择分隔点), "pretty" (pretty 分箱法, 使用 base:: pretty 函数选择不一定等于 nbins 的分隔点), "kmeans" (聚类分箱法, 运用 K 均值聚类生成分隔点), "bclust" (聚类分箱法, 运用 bagged 聚类生成分隔点) 等, 默认为"quantile" (等频分箱法);

    labels: 各箱的标签;

    approxy.lab: 逻辑值, 判断各箱分隔断点是取近似值, 还是取原数据, TRUE 表示取近似值, FALSE 表示取原数据.

以 R 自带的数据集 trees 为例, 其变量 Volume 组数据有一个极大值 77.0, 箱线图将其判别为异常值. 对该组数据进行分箱处理, 操作代码及结果如下:

```
>a<-trees$Volume
>sort(a)
 [1]10.2 10.3 10.3 15.6 16.4 18.2 18.8 19.1 19.7 19.9 21.0 21.3
    21.4 22.2
[15]22.6 24.2 24.9 25.7 27.4 31.7 33.8 34.5 36.3 38.3 42.6 51.0
    51.5 55.4
[29]55.7 58.3 77.0
>bin<-binning(a)
>bin
>bin
binned type: quantile# 分箱类型：等频分箱法
number of bins:6
x
[10.2,17.4]    (17.4,20.8]    (20.8,24.2]    (24.2,34]    (34,51.2]
    (51.2,77]
    5              5              6            5            5            5
```

采用默认的等频分箱法, 数据组被分为 6 箱, 每箱含 5～6 个变量, 极大值 77.0 被分在第 6 箱, 通过各组频数展示了一个平滑化的新数据集.

7) 数据转化

(1) 标准化.

```
可使用caret包中的preProcess函数来实现极值标准化转换. 示例如下:
library(caret)
a<-c(1,10,100,1000,10000,100000)
f<-data.frame(a)#将a转换为数据框
m<-preProcess(f,method=("range"))#数据预处理-极值标准化
predict(m,f)#执行转换,结果如下:
 0.0000, 0.00009, 0.00099, 0.00999,   0.09999,   1.00000
该函数可以同时标准化几组数据(如A, B), 示例如下:
library(caret)
A<-c(12,34,10,05,57,28,60,49)
B<-c(2345,7892,4890,6789,3682,9043,8721,6432)
V<-data.frame(A,B)
m<-preProcess(V,method="range")
```

在 R 中可以采用 scale 函数完成数据的中心化和标准化操作. 基本形式为

```
scale(data,center=T,scale=F)#数据中心化
scale(data,center=T,scale=T)#数据中心化同时标准化
```

data: 待处理数据对象.

center=T: 表示数据中心化; center=F: 表示数据未中心化.

scale=T: 表示数据标准化; scale=F: 表示数据未标准化.

(2) 非线性变换.

可采用 forecast 包的 BoxCox.lambda 和 BoxCox 函数进行非线性变换. Box-Cox.lambda 函数可以计算 λ 的估计值. 函数基本形式如下:

```
BoxCox.lambda(x,method=c("guerrero","loglik"))#计算λ的值
BoxCox(data,lambda=lambda)
```

data: 待处理数据对象;

method: 计算 λ 值的方法, 可选用"guerrero"和"loglik"两种, 常用"loglik", 即最大似然方法.

lambda: 输入通过 BoxCox.lambda 计算出的 λ 值. 示例如下:

```
下载forecast包, 进行安装并加载.
library(forecast)
假如有一组极差较大的数据a, 如下所示:
a<-c(12,45,67,34,78,89,57.48,104)
使用BoxCox.lambda函数和BoxCox函数进行幂变换, 压缩其规模如下:
>BoxCox.lambda(a,method="loglik")#计算数据对象a的λ值
[1]0.95
```

```
>BoxCox(a,lambda=0.95)#进行BoxCox变换，λ为0.95，变换结果如下：
10.10    38.11    56.10    28.95    64.98    73.80    48.36    85.74
```

思考与练习

1. 解释概念:

数据清洗、数据脱敏、数据变换、数据集成、数据归约、完全随机缺失数据、随机缺失数据、非随机缺失数据、异常值、独热编码、数据分箱.

2. 缺失数据有哪几种类型?

3. 什么情况下需要对缺失数据进行插补? 为什么?

4. 如何识别异常值? 对异常数据如何处理?

5. 如何进行数据分箱?

6. 说明为何及如何进行数据集成和数据归约.

7. R 软件应用练习.

自选 R 内置数据集完成下列任务:

(1) md.pattern() 函数查看数据缺失情况;

(2) 运用 na.omit() 或 complete.cases() 函数删除缺失值;

(3) 运用 duplicated() 函数删除重复数据 (若数据集没有重复数据, 请自行构造重复数据);

(4) 运用 subset() 函数对数据对象分别选择 5 行、5 列;

(5) 运用 R 基础包里的函数 boxplot 绘制箱线图, 查看异常数据, 并使用 pac-man 包的 binning() 函数对某列含异常数据的对象进行分箱;

(6) 运用 caret 包中的 preProcess 函数对某列数据实现极值标准化转换, 采用 scale 函数完成数据的中心化和标准化;

(7) 运用 forecast 包的 BoxCox.lambda 和 BoxCox 函数对某列数据进行非线性变换;

(8) 随机制造缺失值, 并运用 knnImputation() 函数和 mice() 函数进行缺失数据插补.

第4章在线自测题上   第4章在线自测题下

第 5 章　数据基本特征测度

学习目标

- 了解数据基本特征及表现方式
- 掌握描述数据集中趋势、离散趋势、分布形态、发展趋势的指标含义及计算方法

　　通过预处理的数据, 主要在形式和内容上适应了后续分析的需要, 并不一定能直接表达数据的特征和关系规律, 需要采用特定方法, 把数据包含的特点和规律表述出来, 这些方法概括为公式计算和图表展示两种类型. 本章介绍主要公式计算方法和应用.

5.1　数据基本特征概述

1. 数据基本特征含义

　　数据基本特征是指数据的规模大小、集中趋势、离散程度、分布形态和发展趋势等特征. 其中, 数据规模大小反映事物发展的程度; 集中趋势反映数据向某一中心值靠拢的倾向, 反映事物发展的代表性水平; 离散程度指数据偏离中心值的程度, 反映中心值对数据集的代表性强弱; 分布形态是从数据分布的对称性、陡峭性等方面反映数据分布的集中或离散情况; 发展趋势是反映事物随时间推移的发展规律.

2. 数据基本特征类型

　　对数据基本特征测度的统计指标可划分为: 频数统计指标、平均水平指标、离散程度指标、分布形态指标和发展趋势指标 5 大类型指标体系.

(1) 频数统计指标.

频数统计指标包括频数和频率, 一般通过频数分布表 (绝对频数、相对频数、百分数频数) 进行汇总.

(2) 平均水平指标.

平均水平是指一组数据的代表值, 测度数据在值和位置上的集中程度. 常见的平均水平指标为: 平均数 (算术平均数、几何平均数等)、中位数、众数.

(3) 离散程度指标.

离散程度是指数据偏离数据代表值的程度, 测度平均水平的代表性. 常见的离散程度指标有: 方差、标准差、变异 (离散) 系数、极差、四分位差、异众比率.

(4) 分布形态指标.

分布形态是指数据关于中心值的对称性和陡峭性描述, 常用偏度系数和峰度系数进行测量. 根据这两个指标, 我们可以判断数据系列的分布是否满足正态性, 进而评价平均数指标的使用价值.

(5) 发展趋势指标.

发展趋势是指数据随时间变化表现出的发展和增长速度, 测度数据的动态趋势. 常见的发展趋势指标有: 发展速度、增长速度.

5.2 频 数 统 计

5.2.1 频数统计概述

频数也称次数, 频数统计就是汇总各类 (组) 数据个数或比率的过程. 对于分类或分组数据, 频数是落入该类别或组别的数据个数. 频数统计是最基本的类 (组) 规模测度方法.

频数统计能使得散乱的数据结构化、条理化, 便于呈现数据基本特征和进一步计算、分析. 规模和比率是频数统计能直接得到的数据信息, 在此基础上, 可以计算更多描述性统计指标, 绘制直方图、线图、茎叶图等统计图, 进行数据可视化展示, 用于进行统计建模分析, 比如截面数据分析、时间序列数据分析和面板数据分析等.

频数统计的基本指标是频数和频率. 一般以频数统计表形式汇总统计结果.

5.2.2 频数统计表及编制

1. 频数统计表概述

频数统计表是数据汇总表, 用于分类数据或数值型数据分组汇总统计. 对于分类数据, 频数统计表汇总各类别数据; 对于连续型数值数据, 频数统计表汇总分组数据. 频数除以频数合计数即为频率, 可通过频数表或频数分布表计算得到频率表或频率分布表. 例如表 5.1 中, 年末数 (万人) 为频数, 比重 (%) 为频率.

表 5.1　2022 年年末人口数及其构成

指标	年末数 (万人)	比重 (%)
全国人口	141175	100.0
其中: 城镇	92071	65.2
乡村	49104	34.8
其中: 男性	72206	51.1
女性	68969	48.9
其中: 0 ~ 15 岁 (含不满 16 周岁)	25615	18.1
16 ~ 59 岁 (含不满 60 周岁)	87556	62.0
60 周岁及以上	28004	19.8
其中: 65 周岁及以上	20978	14.9

数据来源: 国家统计局, 中华人民共和国 2022 年国民经济和社会发展统计公报, 网址:http://www.stats.gov.cn/sj/zxfb/202302/t20230228_1919011.html.

2. 频数统计表的编制

对各类别或组别数据进行次数统计即形成频数统计表 (如表 5.1). 对分类数据来说, 编制类别的统计表比较简单, 加总即可; 而对数值型数据来说, 进行组别统计相对比较复杂, 首先需要正确分组, 再行统计. 一般来说, 分组数据频数统计表的编制流程如下.

1) 根据分组标准确定组距

实际分组时, 通常按照一定标准先确定组距, 再以此确定组数.

首先应根据研究目的或既定标准确定分组的标准. 例如: 对年龄分组, 一般有如下分组模式.

(1) 按照国际国内公认标准进行组距划分. 例如我国人口统计中对年龄分组, 一般分为 0 ~ 15 岁 (少年儿童)、16 ~ 59 岁 (劳动年龄)、60 岁及以上或 65 岁及以上 (老年人口). (来源于国家统计局网站: https://www.stats.gov.cn/hd/lyzx/zxgk/202405/t20240524_1954105.html.)

(2) 按照特定研究目的进行组距划分. 比如研究城市职业群体的工作压力, 可以按照年龄将研究对象分为如下 4 个群体: 22 岁及之前, 22 岁 ~ 35 岁, 36 岁 ~ 44 岁, 45 岁及以后. 一般大学毕业之后参加工作, 因此 22 岁之前的职业群体比较少, 可以归为一组; 目前, 许多单位招聘都将年龄上限定为 35 岁, 因此 22 岁 ~ 35 岁是初入职场, 工作流动机会比较大; 36 岁 ~ 44 岁是属于青年职场人, 工作流动性减小, 较为稳定, 但更容易成为单位骨干; 45 岁以后进入中年, 职场上升空间变小, 逐渐趋于退休. 这四个组组内特征相似度较大, 组间特征区别较为明显, 尽管组距不等, 但这种分组凸显了各个群体的特征, 是比较合理的.

2) 计算组数

组数的确定应以能够显示数据的分布特征和规律为目的, 因此组数应适中. 若组数太少, 数据的分布就会过于集中, 组数太多, 数据的分布就会过于分散, 都不便于观察数据分布的特征和规律.

在已知样本量的情况下, 组数和组距的确定是相互联系的, 一旦组距确定, 组数也就根据式 (5.1) 确定:

$$组数 = \frac{样本量}{组距} \tag{5.1}$$

3) 确定组限

组限是数值型数据分组的数量界限. 包括上限和下限. 上限是各组的最大值, 下限是各组的最小值. 只有上限或只有下限的组称为开口分组, 同时具有上下限的组称为闭口分组, 如表 5.1 中, "0 ~ 15 岁、16 ~ 59 岁" 均为闭口分组, "60 周岁及以上、65 周岁及以上" 均为开口分组.

当一个组的下限同时是前一个组的上限, 或一个组的上限同时是后一个组的下限时称为重叠分组.

确定组限的基本原则是 "不重不漏", 应保证所有的数据都能被分到相应组里面. 具体表述如下.

(1) 为确保分组不漏, 组限应包含全部数据的最大值和最小值. 即, 将数据从小到大排列, 最小组的下限应该小于或等于全部数据的最小值; 最大组的上限应该大于等于全部数据的最大值.

(2) 为确保分组不漏, 连续性数值型数据可采取重叠分组. 例如, 将表 5.1 中关于年龄的分组频数统计改为重叠分组, 结果如表 5.2 所示.

表 5.2　2022 年年末人口数重叠分组示例

指标	年末数 (万人)	比重 (%)
0 ~ 16 岁	25615	18.1
16 ~ 60 岁	87556	62.0
60 周岁及以上	28004	19.8
其中: 65 周岁及以上	20978	14.9

数据来源: 国家统计局, 中华人民共和国 2022 年国民经济和社会发展统计公报, 网址: http://www.stats.gov.cn/sj/zxfb/202302/t20230228_1919011.html.

由于年龄是连续型数据, 若按照表 5.1 采用不重叠分组, 则括号中的说明, 如, 0 ~ 15 岁 (含不满 16 周岁) 是必不可少的, 表明所有不满 16 周岁的对象均归于 0 ~ 15 岁组, 有效避免了漏计. 否则就会有满了 15 周岁但不满 16 周岁的人被漏计.

(3) 为保证分组的不重, 对于重叠组限分组, 一般遵循 "上组限不在内" 原则. 即, 相邻两组上下组限重叠时, 组上限的取值不算在本组内, 而应作组下限计入下一组内. 如表 5.2 中, 16 岁应计入 16 ~ 60 岁组, 60 岁应计入 60 周岁及以上等.

5.2.3 频数统计表的类型

根据表格形式, 可将频数统计表分为单式频数统计表和复式频数统计表; 根据数据类型, 频数统计可形成分组频数统计表、分类频数统计表、顺序频数统计表、时间序列频数统计表等类型.

1. 根据表格形式分类

1) 单式频数统计表

单式频数统计表只反映研究对象的某一个项目的频数情况, 是对单一指标的频数统计情况. 例如, 表 5.1 和表 5.2 是单式频数统计表, 反映 2022 年年末人口数的年龄构成情况.

2) 复式频数统计表

复式频数统计表可以将多个项目信息反映在一张表里面, 汇总研究对象多项目、多层次分类情况. 例如表 5.3 是分别按执行部门和地区统计的 2017 年全国研究与试验发展 (R&D) 人员构成情况. 在 R&D 人员总数指标下分别设置: 女性、全时人员、博士毕业、硕士毕业、本科毕业反映其中的性别和学历结构, 这些指标的左上角用符号 # 表示其为从属于 R&D 人员的次级指标. 因此, 复式频数统计表的特点是指标之间具有层级关系, 是对指标体系的频数统计情况.

表 5.3　2017 年全国 R&D 人员　　　　　　单位: 万人

		R&D 人员总数	#女性	#全时人员	#博士毕业	#硕士毕业	#本科毕业
全国合计		621.36	166.04	420.45	41.69	91.99	271.22
按执行部门分	企业	462.67	103.08	342.36	4.33	34.46	229.36
	研究与开发机构	46.22	15.45	36.86	8.19	16.47	14.85
	高等学校	91.36	39.28	33.59	27.83	37.26	23.12
	其他	21.12	8.23	7.64	1.33	3.81	3.89
按地区分	东部地区	392.50	103.33	276.94	24.95	53.88	167.72
	中部地区	111.28	27.31	71.44	6.60	14.99	49.71
	西部地区	87.46	25.62	52.96	6.62	16.29	39.79
	东北地区	30.12	9.78	19.12	3.51	6.84	14.00

表中数据经过四舍五入, 保留 2 位小数.

数据来源: 国家统计局社会科技和文化产业统计司, 科学技术部战略规划司编. 中国科技统计年鉴 2018. 北京: 中国统计出版社.

复式频数统计表有利于对数据的层次关系进行观察、比较和分析.

2. 根据数据类型分类

1) 分组频数统计表

分组频数统计表是对连续数据分组后的频数或频率统计, 参见表 5.2 对年龄的分组统计.

2) 分类频数统计表

分类频数统计表是对分类数据进行的频数或频率统计, 参见表 5.1 和表 5.3 对类别的统计.

3) 顺序频数统计表

顺序频数统计表是对顺序型数据的累积频数统计汇总. 将顺序频数统计表分别按照升序或降序排列, 可以提供某一水平以下或以上的频数累积值. 表 5.4 是进行累积计算的顺序频数统计表.

表 5.4　累积频数统计表示例

组别	频数	频率 (%)	向上累积		向下累积	
			频数	频率 (%)	频数	频率 (%)
$0.00 \sim 0.50$	1	2.27	1	2.27	44	100.00
$0.50 \sim 1.00$	6	13.64	7	15.91	43	97.73
$1.00 \sim 1.50$	11	25.00	18	41.91	37	84.09
$1.50 \sim 2.00$	8	18.18	26	59.09	26	59.09
$2.00 \sim 2.50$	5	11.36	31	70.45	18	40.91
$2.50 \sim 3.00$	3	6.82	34	77.27	13	29.55
$3.00 \sim 3.50$	8	18.18	42	95.45	10	22.73
$3.50 \sim 4.00$	0	0	42	95.45	2	4.55
$4.00 \sim 4.50$	0	0	42	95.45	2	4.55
$4.50 \sim 5.00$	2	4.55	44	100.00	2	4.55
合计	44	100.00				

顺序频数统计表分为向上累积和向下累积两种. 向上累积一般称 "······以下水平", 如表 5.4 中 "向上累积" 数值 "26" 表示 2.00 水平以下 (不含 2.00) 元素累计为 26 个, 占比 59.09%; 向下累积一般称 "······以上水平", 表中 "向下累积" 数值 "26" 表示 1.50 水平以上 (含 1.50) 元素累计为 26 个, 占比 59.09%.

4) 时间序列频数统计表

时间序列频数统计表反映时间序列数据随时间推移产生的变化趋势. 在分组或分类的位置列示时间顺序, 如表 5.5 所示.

例如, 表 5.5 是时间序列频数统计表, 分别表示 R&D 经费内部支出、R&D 经费投入强度、R&D 人员全时当量三个指标随时间变化的趋势. 此类统计表可用于计算年均增长 (发展) 速度, 也适用于采用线图进行趋势分析.

表 5.5 1995 ~ 2017 年全国 R&D 投入相关数据

年份	R&D 经费内部支出 (亿元)	R&D 经费投入强度 (%)	R&D 人员全时当量 (万人年)
1995	348.69	0.57	75.17
1996	404.48	0.56	80.40
1997	509.16	0.64	83.12
1998	551.12	0.65	75.52
1999	678.91	0.75	82.17
2000	895.66	0.89	92.21
2001	1042.49	0.94	95.65
2002	1287.64	1.06	103.51
2003	1539.63	1.12	109.48
2004	1966.33	1.21	115.26
2005	2449.97	1.31	136.48
2006	3003.10	1.37	150.25
2007	3710.24	1.37	173.62
2008	4616.02	1.44	196.54
2009	5802.11	1.66	229.13
2010	7062.58	1.71	255.38
2011	8687.01	1.78	288.29
2012	10298.41	1.91	324.68
2013	11846.60	1.99	353.28
2014	13015.63	2.02	371.06
2015	14169.88	2.06	375.88
2016	15676.75	2.11	387.81
2017	17606.13	2.13	403.36
年均增长速度 (%)	19.50	6.18	7.90

数据来源: 国家统计局社会科技和文化产业统计司, 科学技术部战略规划司编. 中国科技统计年鉴 2018. 北京: 中国统计出版社.

5.3 集中趋势测度

集中趋势指一组数据的中心水平趋势, 测定集中趋势是为了反映变量分布的集中趋势和一般水平, 可对同一现象在不同空间或不同阶段的一般水平进行比较, 同时, 可用于分析现象之间的依存关系.

一般常用平均数、众数和中位数作为集中趋势的代表指标.

平均数是一组数据中的一个统计量, 它代表数据集中的 "典型" 值或 "平均" 值, 反映数值型数据集不存在元素个体差异性时的一般水平. 对于对称分布的数据集, 平均数通常位于数据的中心. 在统计学和数学中具有重要的意义.

平均数包括算术平均数、几何平均数、调和平均数等, 是全部数据的平均值, 包含了全部数据信息.

众数和中位数分别反映分类数据和顺序数据的最大频数和中心位置. 众数是一组数据中出现次数最多的值, 用于不能计算平均数的分类数据; 中位数是有序数据列中居于中部位置的数据, 用于反映有序数据列的中间水平. 当指标观测值存在极端数据, 或数组两端没有上限或下限 (如开口数组) 而不适宜计算平均数时, 中位数可以代替平均数表达数据的一般水平.

5.3.1　几种常见平均数

1. 算术平均数

1) 简单算术平均数

简单算术平均数是指在既定总量水平下, 假设每个个体取值相同时的一般水平, 适用于呈正态分布的数据组.

设有含 n 个元素的数据集 x, 其中 x_i 表示数据集中的第 i 个元素, $\overline{x}$ 表示简单算术平均数, 则有

$$\overline{x} = \frac{x_1 + x_2 + x_3 + \cdots + x_n}{n} = \frac{\sum\limits_{i=1}^{n} x_i}{n} \tag{5.2}$$

2) 加权算术平均数

加权算术平均数是通过权重 $\left(\dfrac{f_i}{\sum\limits_{i=1}^{n} f_i}\right)$ 体现不同个体在总量中的影响程度的平均数, 较大的权重表示个体对总量有较大的影响. 可以通过调整权重改变个体对总量的影响.

设有含 n 个元素的数据集 x, 其中 x_i 表示数据集中的第 i 个元素, f_i 表示各元素的权重, $\overline{x}_f$ 表示加权算术平均数, 则有

$$\overline{x}_f = \frac{f_1 x_1 + f_2 x_2 + f_3 x_3 + \cdots + f_n x_n}{f_1 + f_2 + f_3 + \cdots + f_n} = \frac{\sum\limits_{i=1}^{n} f_i x_i}{\sum\limits_{i=1}^{n} f_i} \tag{5.3}$$

2. 几何平均数

几何平均数用于计算比率指标的平均水平. 用于计算前后指标之间存在内在联系的比率数据. 例如: 环比增长率或生长率、合格率、动态发展速度等. 适用于数据呈偏态分布的资料.

设有含 n 个元素的数据集 x, 其中 x_i 表示数据集中的第 i 个元素, G 表示几何平均数, 则有

$$G = \sqrt[n]{x_1 \times x_2 \times \cdots \times x_n} = \sqrt[n]{\prod_{i=1}^{n} x_i} \tag{5.4}$$

3. 调和平均数

调和平均数又称倒数平均数, 是数据集各元素倒数的算术平均数的倒数. 常用于计算速度和速率, 在处理比率、倒数和分数时比较有用. 例如, 在金融领域, 调和平均数可以用来计算考虑到不同时间点购买价格和数量的股票平均成本.

设有含 n 个元素的数据集 x, 其中 x_i 表示数据集中的第 i 个元素, H 表示调和平均数, 则有

$$H = \frac{n}{\sum\limits_{i=1}^{n} \frac{1}{x_i}} \tag{5.5}$$

需要注意的是, 调和平均数在数据集包含零值或负值时不适用, 因为它的计算涉及倒数. 在选择平均数类型时, 应根据问题的背景和数据的性质来确定是否适合使用调和平均数.

以上几类平均数中, 算术平均数是最基本最常用形式.

4. 平均数的应用要点

平均数由于计算简单因而很常用, 但由于平均数是抽象数, 它抽象掉了数据的差异性, 因此应用时要特别注意以下几点.

(1) 避免计算无意义的平均数.

在同质总体内才能计算平均数. 同质总体是由性质相同的同类单位构成的总体. 同质总体中的各单位具有共同的特征, 计算其平均数才有意义. 把本质不同的事物放在一起平均, 将会形成一种虚构的平均数, 它会抹杀现象之间的本质差异, 歪曲现象的真实情况. 因此, 总体的同质性是计算应用平均指标首先要注意的问题. 例如, 研究平均价格时, 计算某个农贸市场所有商品的平均价格就是无意义的平均数, 分产品或商品性质计算的平均价格才能提供有意义的信息.

(2) 结合分组频数以及组平均数补充说明总平均数. 分组的频数和各组的平均数能够提供不同类组的更多特征, 可以对总平均数进行补充说明. 比如, 研究洗衣机某季度的平均价格同时, 可以分品牌计算其季度平均价格, 提供各个品牌的更多信息.

(3) 结合特殊数据补充说明总平均数. 存在异常值时, 应结合异常值解读平均数, 以免偏离数据的真实特点. 例如, 数据组中存在极端大或极端小的数值时, 会导致平均数的代表性下降, 此时, 可先去除极端值后再计算均值, 称为截尾均值 (如比赛中常说的 "去掉一个最高分, 去掉一个最低分"), 再单独分析异常值. 也可以同时配合使用中位数、分位数和众数, 以更加客观表示数据集中趋势.

5.3.2　中位数

1. 中位数的测定方法

在一组有序数据中很容易寻找中位数, 中位数把数列平均分为两半. 在一个等差数列或一个正态分布数列中, 中位数就等于算术平均数.

中位数的测定顺序是: 先对数据进行排序, 找到中位数的位置, 该位置对应的数据值即为中位数.

设一组数据 X 有 n 个值: $\{x_1, x_2, \cdots, x_n\}$, 则中位数位置的确定公式为

$$\text{中位数位置} = \frac{n+1}{2} \tag{5.6}$$

对于这个位置公式, 数据组个数分别为奇数和为偶数的中位数测定方法不同. 如果用 M_e 表示中位数, 则对于奇数组, 中位数位于数列居中的位置:

$$M_e = x_{\frac{n+1}{2}} \tag{5.7}$$

对于偶数组, 中位数位于数列居中的两个数中间:

$$M_e = \frac{1}{2}(x_{\frac{n}{2}} + x_{\frac{n}{2}+1}) \tag{5.8}$$

2. 中位数的应用要点

(1) 中位数应用于有序数据集.

中位数不受数据中的极端值或异常值的影响, 它只依赖于数据集中所有数值的顺序排列. 要计算中位数, 需要记得先对数据集进行排序.

(2) 中位数适用于包含离群值或数据不对称分布的情况.

中位数位置表明一半的数值小于中位数, 另一半的数值大于中位数, 即使有少数极端值存在, 中位数仍然能够反映数据的中心位置. 它不表示平均数, 但是在偏斜分布 (不对称分布) 的数据集中非常有用, 因为它提供了一个对数据集中大多数值所在位置的度量.

(3) 中位数对离散和连续型数据都适用.

中位数适用于离散型数据和连续型数据, 在许多领域中有广泛的应用, 包括统计学、经济学、医学、社会科学和数据分析等. 但由于它不能提供数据集的所有信息, 因此, 用于连续型数据时, 最好与平均数搭配使用.

5.3.3　众数

1. 众数的测定方法

众数的测定方法是: 先将数据进行分类, 统计各类别的频数, 出现频数最多的值即为众数.

例如, 某个试验中, 各个水平值以及相应的频数如表 5.6 所示. 其中, 从水平值看 "25"、"30" 出现的频数均是 56 次, 因此 "25"、"30" 是该组数据的众数.

表 5.6　某试验数据频数示例

水平值	22	24	25	40	37	30	28	48	52	35
频数	10	12	56	22	38	56	11	12	23	19
类别	A	B	C	D	E	F				
频数	110	17	29	312	10	5				

众数可以有多个. 根据出现频数大小判断, 表 5.6 的众数为: "25"、"30" 和 "D".

对于分组数据 (数据分组为不同的类别或区间), 计算众数需要先确定频数或频率最高的组, 众数是这个具有最高频率的类或组的中点. 如果有多个类或组具有最高频数, 那么分组数据可以有多个众数.

对于组距式分组数据, 众数的确定相对复杂一些, 需要通过公式进行计算. 一般先根据频数寻找众数所在的组, 即众数组, 然后确定组里的众数. 如果有多个组同时具有最高频数, 那么它们都可以被认为是众数组.

若用 M_o 表示众数, 则众数计算公式为

$$M_o = L + \frac{f_a}{f_a + f_b} \times i \qquad (5.9)$$

或

$$M_o = U - \frac{f_b}{f_a + f_b} \times i \qquad (5.10)$$

L 表示众数组下限; U 表示众数组上限; i 表示组距. f_a 表示众数组下限相邻组的频数; f_b 表示众数组上限相邻组的频数.

例: 假设有以下分组数据 (表 5.7), 表示一组学生的考试分数范围.

表 5.7　示例数据

分数区间 (分)	频数 (人)
$0 \sim 60$	5
$60 \sim 70$	8
$70 \sim 80$	12
$80 \sim 90$	15
$90 \sim 100$	10

在这个示例中, 频数最高的区间是 "$80 \sim 90$" 区间, 具有频数为 15. 这表示在该分组数据中, 大多数学生的考试分数集中在 $80 \sim 90$ 区间内, 众数就是 "$80 \sim 90$" 区间的中点约 85.5.

$$M_o = 80 + \frac{12}{12 + 10} \times 10$$

$$\approx 85.5$$

或

$$M_o = 90 - \frac{10}{12 + 10} \times 10$$

$$\approx 85.5$$

2. 众数的应用要点

对于没有明显次序的数值型数据, 众数应用于存在极端数据、平均数代表性不强, 或无法计算平均数的场景, 它可以帮助识别数据集中的特定趋势或群体.

众数可以用于测度分类数据、顺序数据和数值型数据等多种数据类型. 对于连续数据, 众数通常表示一个区间范围内的数值.

需要注意的是, 与平均数和中位数不同, 众数不一定唯一. 数据集中可能存在多个众数, 或者可能没有众数. 在某些情况下, 众数可能无法充分反映数据分布的特点, 因此在数据分析中通常与其他统计量一起使用, 以提供更全面的数据洞察.

5.4　离散程度测度

离散程度测度数据集各元素偏离代表值程度, 反映代表值对数据集一般水平代表性的强弱, 它可以说明现象的稳定性和均衡性. 离散程度测度指标主要有: 平均差、方差、标准差、变异系数、极差、四分位差、异众比率等.

平均差　总体各单位标志值与平均数离差绝对值的平均数. 它表示总体各标志值与平均数的平均差异程度. 若以 AD 表示平均差, n 表示观测值数量, x_i 表示第 i 个观测值, $\overline{x}$ 表示平均数, 则平均差计算公式为

$$\mathrm{AD} = \frac{\sum\limits_{i}^{n} |x_i - \overline{x}|}{n} \tag{5.11}$$

平均差越小表示离散程度越小, 分布越集中, 平均数的代表性越强, 反之, 平均数的代表性就越弱. 平均差受所有观测值的影响, 能综合反映一组数据的离散程度.

方差　与平均差相似, 方差是各观测值与其平均数离差平方的平均数, 反映一组数据与平均数的相对离散程度, 用于衡量平均数的代表性. 若以 σ^2 表示总

体方差, s^2 表示样本方差, n 表示观测值个数, $\overline{x}$ 表示均值, x_i 表示第 i 个观测数.

总体方差的计算公式:

$$\sigma^2 = \frac{\sum\limits_{i=1}^{n}\left(x_i - \overline{x}\right)^2}{n} \tag{5.12}$$

样本方差计算公式:

$$s^2 = \frac{\sum\limits_{i=1}^{n}\left(x_i - \overline{x}\right)^2}{n-1} \tag{5.13}$$

样本方差的分母取 $n-1$ 表示无偏估计. 方差越小, 表明一组数据离散程度越小, 平均数的代表性越强; 反之, 平均数的代表性就越弱.

标准差 是方差的平方根, 是有量纲的离散程度指标.

总体标准差计算公式:

$$\sigma = \sqrt{\frac{\sum\limits_{i=1}^{n}\left(x_i - \overline{x}\right)^2}{n}} \tag{5.14}$$

样本标准差计算公式:

$$s = \sqrt{\frac{\sum\limits_{i=1}^{n}\left(x_i - \overline{x}\right)^2}{n-1}} \tag{5.15}$$

公式中各变量含义同方差公式, 其中 σ 代表总体标准差, s 代表样本标准差.

变异系数 是修正的标准差, 通过标准差与平均数的对比关系表示数据集的相对离散程度. 适用于当几组数据集的极差悬殊太大, 导致其方差和标准差不能直接对比的情形. 计算公式为

$$v_\sigma = \frac{\sigma}{\overline{x}} \tag{5.16}$$

其中, v_σ 表示离散系数, σ 表示标准差, $\overline{x}$ 表示平均数.

极差 (全距) 是一组数据中最大值与最小值之间的差, 反映数据的绝对离散程度. 可用于衡量均值的代表性: 极差越大, 表明均值的代表性越弱; 极差越小, 均值的代表性就越强.

四分位差 即 IQR, 第 3 四分位数与第 1 四分位数之差, 用于衡量中位数的代表性: 四分位差越大, 表明中位数的代表性越弱; 四分位差越小, 中位数的代表性就越强.

　　四分位数的测定顺序是, 先对数据进行排序, 找到各个四分位数的位置, 该位置对应的数据值即为四分位数.

　　设数据集 x 有 n 个元素: $\{x_1, x_2, \cdots, x_n\}$, 如果采用四分位, 分别用 $Q_L, Q_M,$ Q_U 表示第 1 四分位数、第 2 四分位数 (中位数) 和第 3 四分位数, 则第 1 和第 3 四分位数的确定公式分别为:

四分位数位置

$$第\ 1\ 四分位数位置 = \frac{n+1}{4} \tag{5.17}$$

$$第\ 3\ 四分位数位置 = \frac{3(n+1)}{4} \tag{5.18}$$

四分位数公式

当 $\dfrac{n+1}{4}$ 为整数时,

$$第\ 1\ 四分位数:\quad Q_L = x_{\frac{n+1}{4}} \tag{5.19}$$

$$第\ 3\ 四分位数:\quad Q_U = x_{\frac{3(n+1)}{4}} \tag{5.20}$$

当 $\dfrac{n+1}{4}$ 不为整数时, 可根据四分位数的位置, 按比例分摊四分位数两侧数值的差值. 设小数为 k, 计算公式如下:

$$第\ 1\ 四分位数:\quad Q_L = (1-k) \cdot x_{\frac{n}{4}} + k \cdot x_{\left(\frac{n}{4}+1\right)} \tag{5.21}$$

$$第\ 3\ 四分位数:\quad Q_U = (1-k) \cdot x_{\frac{3n}{4}} + k x_{\left(\frac{3n}{4}+1\right)} \tag{5.22}$$

　　八分位数和百分位数的测定方法以此类推.

　　异众比率　指非众数的频数占总频数的比率. 用于衡量分类数据或分组数据众数的代表性. 计算公式为

$$V = 1 - \frac{f_m}{\sum\limits_{i=1}^{n} f_i} \tag{5.23}$$

其中, V 表示异众比率, n 表示类或组数, f_i 表示第 i 类或组的频数, f_m 表示众数或众数组的频数, $\sum\limits_{i=1}^{n} f_i$ 表示总频数.

　　异众比率越大, 表明众数的代表性越弱; 异众比率越小, 众数的代表性就越强. 不过, 由于没有形成众数代表性强弱的临界值, 异众比率指标主要用于对多组数据的离散程度进行比较.

5.5 数据分布形态测度

从统计学角度, 数据分布主要指数据频数的分布. 集中趋势和离散趋势是数据分布的两个重要特征, 但要全面了解数据分布的特点, 还需要知道数据分布的形状是否对称、是否陡峭等, 是数据分布的第三个重要特征.

我们可以通过矩、偏度和峰度对这些分布特征进行测度. 矩反映数据分布的形态特征, 也称为动差. 偏度和峰度在矩的基础上, 反映数据分布的对称和陡峭程度.

5.5.1 矩

矩又称动差, 是物理学中表示力与力臂对中心关系的概念, 统计学中用于测度观测值与中心值的位置关系. 将所有观测值和中心值之离差的 k 次方的平均数称为观测值关于中心值的 k 阶矩. 计算公式为

$$\frac{\sum\limits_{i=1}^{n}(x_i-a)^k}{n} \tag{5.24}$$

若将观测值频率 (频数占总频数比率) 作为权重, 加权形式为

$$\frac{\sum\limits_{i=1}^{n}(x_i-a)^k f_i}{\sum\limits_{i=1}^{n} f_i} \tag{5.25}$$

a 表示中心值. 当 $a=0$ 时, 上式表示以原点为中心值, 称为 k 阶原点矩. 其中, $k=1$ 称为一阶原点矩, 就是算术平均数:

$$\frac{\sum\limits_{i=1}^{n} x_i}{n} \tag{5.26}$$

或加权算术平均数:

$$\frac{\sum\limits_{i=1}^{n} x_i f_i}{\sum\limits_{i=1}^{n} f_i}$$

$k=2$ 称为二阶原点矩, 就是平方平均数:

$$\frac{\sum\limits_{i=1}^{n} x_i^2}{n} \tag{5.27}$$

或加权平方平均数:

$$\frac{\sum\limits_{i=1}^{n} x_i^2 f_i}{\sum\limits_{i=1}^{n} f_i}$$

若 a 表示平均数, 可以写为 $\overline{x}$, 表示 k 阶中心矩, 计算公式为

$$\frac{\sum\limits_{i}^{n}\left(x_i - \overline{x}\right)^k f_i}{\sum\limits_{i=1}^{n} f_i} \tag{5.28}$$

当 $k = 1$ 时, 式 (5.28) 是一阶中心矩, 恒为 0;

当 $k = 2$ 时, 式 (5.28) 是二阶中心矩, 就是方差;

当 $k = 3$, $k = 4$ 时, 称为三阶中心矩和四阶中心矩, 可用于构造偏度系数和峰度系数.

5.5.2　偏度与偏度系数

数据频数分布, 有对称和不对称的形态. 对称的形态称为正态分布, 不对称的形态称为偏态分布. 以正态分布为对照标准, 偏态分布分为正偏 (右偏) 和负偏 (左偏) 两种情况. 偏度指数据分布不对称的方向和程度, 通过偏度系数可测度偏度, 计算公式为

$$\mathrm{SK} = \frac{\sum\left(x_i - \overline{x}\right)^3 f_i}{\sigma^3 \sum\limits_{i=1}^{n} f_i} \tag{5.29}$$

其中, SK 表示偏度系数, σ 表示数据组方差; $\overline{x}$ 表示数据组均值. 当 $\mathrm{SK} = 0$ 时, 表示正负离差可以抵消, 因此数据呈对称分布; 当 $\mathrm{SK} > 0$ 时, 表示数据正偏离差较大, 极端值主要大于均值, 因此数据呈右偏分布; 同理, 当 $\mathrm{SK} < 0$ 时, 数据呈左偏分布.

权重为等权时, 则 $\dfrac{f_i}{\sum\limits_{i=1}^{n} f_i} = \dfrac{1}{n}$, 中心矩可表示为

$$\frac{\sum\limits_{i=1}^{n}\left(x_i - a\right)^k}{n}$$

此时, 偏度也可表示为

$$\mathrm{SK} = \frac{\sum\left(x_i - \overline{x}\right)^3}{n\sigma^3} \tag{5.30}$$

将差值进行三次方运算可以显著放大远离均值的数据点的差异, 使得它们在计算偏度时更具权重. 这有助于突出数据分布尾部的形状, 更清晰地显示数据的

不对称性, 同时, 有助于抵消正偏和负偏对偏度的影响. 如果只考虑一次方可能会导致正偏和负偏在偏度计算中互相抵消, 结果接近于零; 如果考虑二次方运算, 偏度没有正负号, 不能判断数据分布是左偏还是右偏. 将差值的三次方运算后, 正值和负值之间的差异更加明显, 从而可以指示数据的偏斜方向.

根据实践经验, 可参考如下原则对偏度进行判断:

① SK = 0, 数据完全对称, 呈正态分布;

② −0.5 < SK < 0.5, 数据近似对称分布;

③ −1 < SK ⩽ −0.5, 或 0.5 ⩽ SK < 1, 数据轻度偏斜;

④ SK < −1, 或 SK > 1, 则认为数据高度偏斜, 当偏度系数的绝对值较大时, 多数情况是由于极端数据偏离中心值的程度很高, 导致分布曲线某侧的拖尾会很长.

5.5.3 峰度

峰度系数是用来反映频数分布曲线顶端尖峭或扁平程度的指标. 在实际工作中常常发现, 有时两组数据的算术平均数、标准差和偏度系数都相同, 但它们分布曲线顶端的高耸程度却不同.

峰度用四阶中心矩表示. 因为实验研究表明, 偶阶中心矩的大小与图形分布的峰度有关. 尽管方差在一定程度上可以反映分布的峰度, 但有时方差相同的数据却有不同的峰度, 因此就利用四阶中心矩来反映分布的尖峭程度. 为了消除变量值水平和计量单位不同的影响, 通常利用四阶中心矩与 σ^4 的比值作为衡量峰度的指标, 称为峰度系数 (袁卫和刘超, 2011). 其计算公式为

$$K = \frac{\sum\limits_{i=1}^{n}(x_i - \overline{x})^4}{n\sigma^4} - 3 \tag{5.31}$$

可以证明, 标准正态分布的四阶原点矩为 $3\sigma^4$, 峰度系数为 $K = 3$. 当一个数据距离均值越远时, 其对四阶中心矩计算结果的影响越大. 因此, 若数据序列呈标准正态分布, 则 $K = 0$; 若呈陡峭分布, 则 $K > 0$, 表明数据在均值附近的集中度高于标准正态分布水平, 离群数据的极端值较大; 若呈扁平分布, 则 $K < 0$, 表明数据在均值附近的集中度低于标准正态分布水平, 离群数据的极端值较小.

5.6　动态趋势测度

动态趋势主要指数据序列随时间推移的变化规律, 表现为增长、下降或不变趋势. 主要通过发展速度和增长速度两个动态相对数, 表示某一事物在这段对比时期内发展变化的方向和程度, 反映事物的发展变化规律.

5.6.1　发展速度

发展速度是两个及以上时期发展情况的比较, 根据各时期之间的关系, 又可分为定基发展速度和环比发展速度.

1. 定基发展速度

定基发展速度测度报告期与某个固定时期 (基期) 的发展情况比较, 计算公式为

$$\text{定基发展速度} = \frac{\text{报告期数值}}{\text{基期数值}} \times 100\% \tag{5.32}$$

2. 环比发展速度

环比发展速度测度两个相邻时期的发展情况比较, 计算公式为

$$\text{环比发展速度} = \frac{\text{本期数值}}{\text{上期数值}} \times 100\%$$

3. 平均发展速度

平均发展速度测度多个时期内逐期发展的平均速度, 常用计算方法是几何平均法, 也叫水平法, 计算公式为

$$\text{平均发展速度} = \sqrt[n]{\frac{\text{报告期数值}}{\text{基期数值}}} \times 100\% \tag{5.33}$$

n 为报告期与基期之间的期数, 也是乘积的项数.

例如, 计算 2015~2021 年的平均发展速度, 基期为 2015 年, 报告期为 2021 年, 则 $n = 6$, 或

$$\text{平均发展速度} = \sqrt[6]{\frac{x_{2016}}{x_{2015}} \times \frac{x_{2017}}{x_{2016}} \times \frac{x_{2018}}{x_{2017}} \times \frac{x_{2019}}{x_{2018}} \times \frac{x_{2020}}{x_{2019}} \times \frac{x_{2021}}{x_{2020}}} \times 100\%$$

$$= \sqrt[6]{\frac{x_{2021}}{x_{2015}}} \times 100\% \tag{5.34}$$

5.6.2　增长速度

增长速度是两个时期增长量与初始发展水平的比值, 计算公式为

$$\text{增长速度} = \frac{\text{报告期数值} - \text{基期数值}}{\text{基期数值}} \times 100\% \tag{5.35}$$

或

$$\text{增长速度} = \text{发展速度} - 1 \, (\text{或} 100\%)$$

计算结果若是正值, 称为增长速度或增长率; 若是负值, 称为下降速度或下降率.

由发展速度和增长速度的计算公式可知: 若发展速度是用倍数表示, 发展速度减去 1 即为增长速度; 若发展速度以百分数表示, 发展速度减去 100% 即为增长速度.

平均增长速度测度多时期内逐期递增的平均速度, 可运用如下公式计算:

$$平均增长速度 = 平均发展速度 - 1 \, (或100\%) \tag{5.36}$$

平均发展速度和平均增长速度统称为平均速度.

5.7 案例分析

❀ R自带数据集iris(鸢尾花)的描述统计指标计算 ❀

1. 案例学习要点

掌握平均数、中位数、众数、四分位差、标准差、变异系数、最小值、最大值、极差、偏度系数和峰度系数的计算及分析.

2. 案例内容

以 R 自带数据集 iris (鸢尾花) 为例, 分别对三个品种计算它们各自花萼长度、花萼宽度、花瓣长度、花瓣宽度的平均数、中位数、众数、四分位差、标准差、变异系数、最小值、最大值、极差、偏度系数和峰度系数, 并分析其数据的基本特征.

3. 案例过程及分析

1) 样本介绍

iris 数据集共有 150 个样本, 5 个指标. 前 10 个样本如表 5.8 所示.

表 5.8   iris 数据集节选

	Sepal.Length	Sepal.Width	Petal.Length	Petal.Width	Species
1	5.1	3.5	1.4	0.2	setosa
2	4.9	3	1.4	0.2	setosa
3	4.7	3.2	1.3	0.2	setosa
4	4.6	3.1	1.5	0.2	setosa
5	5	3.6	1.4	0.2	setosa
6	5.4	3.9	1.7	0.4	setosa
7	4.6	3.4	1.4	0.3	setosa
8	5	3.4	1.5	0.2	setosa
9	4.4	2.9	1.4	0.2	setosa
10	4.9	3.1	1.5	0.1	setosa

注: Sepal.Length 表示花萼长度; Sepal.Width 表示花萼宽度; Petal.Length 表示花瓣长度; Petal.Width 表示花瓣宽度; Species 表示鸢尾花的种类, 共有 3 种: setosa 山鸢尾; versicolor 变色鸢尾; virginica 维吉尼亚鸢尾.

2) 计算结果

运用 R 软件进行描述统计量计算, 结果如表 5.9.

表 5.9　描述统计指标计算结果

描述 统计量	鸢尾花类型	Sepal.Length 花萼长度	Sepal.Width 花萼宽度	Petal.Length 花瓣长度	Petal.Width 花瓣宽度
平均数	setosa 山鸢尾	5.006	3.428	1.462	0.246
	versicolor 变色鸢尾	5.936	2.77	4.26	1.326
	virginica 维吉尼亚鸢尾	6.588	2.974	5.552	2.026
中位数	setosa 山鸢尾	5	3.4	1.5	0.2
	versicolor 变色鸢尾	5.9	2.8	4.35	1.3
	virginica 维吉尼亚鸢尾	6.5	3	5.55	2
众数	setosa 山鸢尾	5, 5.1	3.4	1.4, 1.5	0.2, 0.105
	versicolor 变色鸢尾	5.5, 5.6	3	4.5	1.3
	virginica 维吉尼亚鸢尾	6.3	3	5.1	1.8
标准差	setosa 山鸢尾	0.352	0.379	0.174	0.105
	versicolor 变色鸢尾	0.516	0.314	0.470	0.198
	virginica 维吉尼亚鸢尾	0.636	0.322	0.552	0.275
变异系数	setosa 山鸢尾	7.041	11.058	11.879	42.840
	versicolor 变色鸢尾	8.696	11.328	11.031	14.913
	virginica 维吉尼亚鸢尾	9.652	10.844	9.940	13.556
最小值	setosa 山鸢尾	4.3	2.3	1	0.1
	versicolor 变色鸢尾	4.9	2	3	1
	virginica 维吉尼亚鸢尾	4.9	2.2	4.5	1.4
第 1 四分位	setosa 山鸢尾	4.8	3.2	1.4	0.2
	versicolor 变色鸢尾	5.6	2.525	4.0	1.2
	virginica 维吉尼亚鸢尾	6.225	2.8	5.100	1.800
第 3 四分位	setosa 山鸢尾	5.2	3.675	1.575	0.3
	versicolor 变色鸢尾	6.300	3.000	4.60	1.500
	virginica 维吉尼亚鸢尾	6.900	3.175	5.875	2.300
最大值	setosa 山鸢尾	5.8	4.4	1.9	0.6
	versicolor 变色鸢尾	7	3.4	5.1	1.8
	virginica 维吉尼亚鸢尾	7.9	3.8	6.9	2.5
四分位差	setosa 山鸢尾	0.400	0.475	0.175	0.100
	versicolor 变色鸢尾	0.7	0.475	0.6	0.3
	virginica 维吉尼亚鸢尾	0.675	0.375	0.775	0.5
极差	setosa 山鸢尾	1.5	2.1	0.9	0.5
	versicolor 变色鸢尾	2.1	1.4	2.1	0.8
	virginica 维吉尼亚鸢尾	3	1.6	2.4	1.1
偏度系数	setosa 山鸢尾	0.113	0.039	0.100	1.180
	versicolor 变色鸢尾	0.099	−0.341	−0.571	−0.029
	virginica 维吉尼亚鸢尾	0.111	0.344	0.517	−0.122
峰度系数	setosa 山鸢尾	−0.451	0.596	0.654	1.259

描述 统计量	鸢尾花类型	Sepal.Length 花萼长度	Sepal.Width 花萼宽度	Petal.Length 花瓣长度	Petal.Width 花瓣宽度
峰度系数	versicolor 变色鸢尾	−0.694	−0.549	−0.190	−0.587
	virginica 维吉尼亚鸢尾	−0.203	0.380	−0.365	−0.754

3) 结果分析

根据表 5.9 的计算结果, 分析如下.

(1) 集中趋势.

从集中趋势的平均数、中位数和众数指标看, 除了花萼宽度不及山鸢尾之外, 维吉尼亚鸢尾的其余 3 个特征均高于变色鸢尾和山鸢尾. 其中, 山鸢尾只在花萼宽度特征上平均水平高于维吉尼亚鸢尾和变色鸢尾, 其他 3 个特征值都处于 3 个品类的最低水平. 说明维吉尼亚鸢尾花瓣的规模相对较大.

(2) 离散程度.

从标准差和变异系数指标看, 除花萼宽度外, 标准差测度的离散程度排序为: 维吉尼亚鸢尾 > 变色鸢尾 > 山鸢尾; 从花萼长度和宽度看, 变异系数测度的离散程度排序为: 维吉尼亚鸢尾 < 变色鸢尾 < 山鸢尾; 从花瓣长度和宽度看, 变异系数测度的离散程度排序为: 山鸢尾 > 变色鸢尾 > 维吉尼亚鸢尾.

从极差看, 3 种鸢尾花在花萼长度、花瓣长度和花瓣宽度特征值上, 均表现如下特点: 维吉尼亚鸢尾 > 变色鸢尾 > 山鸢尾, 而在花萼宽度上, 山鸢尾花的特征值大于维吉尼亚鸢尾和变色鸢尾.

从偏度、峰度系数看, 基本在 0 值左右波动, 偏离正态分布的幅度不大. 结合平均数、中位数和众数关系看, 3 种鸢尾花的这三个指标都非常接近, 因此, 可认为它们基本接近正态分布, 中心值的代表性都比较强.

表 5.10 显示, 除花萼宽度外, 维吉尼亚鸢尾的花型较其他花型大, 山鸢尾较其他花型小, 但是, 山鸢尾在花萼宽度上较其他花型大.

表 5.10　分品类比较结果

鸢尾花 类型	描述统计量	Sepal.Length 花萼长度	Sepal.Width 花萼宽度	Petal.Length 花瓣长度	Petal.Width 花瓣宽度
setosa 山鸢尾	平均数	5.006	3.428	1.462	0.246
	中位数	5	3.4	1.5	0.2
	众数	5, 5.1	3.4	1.4, 1.5	0.2, 0.105
versicolor 变色鸢尾	平均数	5.936	2.77	4.26	1.326
	中位数	5.9	2.8	4.35	1.3
	众数	5.5, 5.6	3	4.5	1.3
virginica 维吉尼亚鸢尾	平均数	6.588	2.974	5.552	2.026
	中位数	6.5	3	5.55	2
	众数	6.3	3	5.1	1.8

5.8 R 软件应用

计算描述统计量

1. 目的

掌握运用 R 函数计算描述统计量的基本方法, 掌握基本编程方法.

2. 内容

1) 调用 R 函数制作频数统计表

在 Excel 工作表格中, 使用 sum() 函数可以快速进行汇总并形成频数统计表; 也可运用 R 基础包中的 table() 函数生成频数分布表, 几种常用于生成频数分布表的函数用法如下:

● 用 table() 函数生成频数统计图

table() 函数的基本形式如下.

① table(data$ 行变量) 或 table(data$ 列变量)# 生成单式频数统计表.

data: 表示数据对象, 可以是数据框, 也可以是向量.

例如, 对数据集 infert, 用 table() 函数选择其中 education 变量生成单式频数统计表如下:

```
>attach(infert)#提取数据集infert
>table(education)#提取infert中变量education,生成频数统计表如下:
 education
  0-5yrs   6-11yrs   12+ yrs
    12       120        116
```

② table(data$ 变量 1, data$ 变量 2)# 生成复式频数统计表. 其中, data$ 变量 1 在频数表中成为行变量, data$ 变量 2 在频数表中成为列变量.

例如, 对数据集 infert 的 education, parity 两个变量生成二维频数统计表如下:

```
>attach(infert)#提取数据集infert
>table(education,parity)#提取infert中两个变量education,parity形成
    二维频数表如下:
                  parity
education    1    2    3    4    5    6
   0-5yrs    3    0    0    3    0    6
```

```
6-11yrs   42   42   21   12    3    0
12+ yrs   54   39   15    3    3    2
```

• 用 addmargins() 函数给频数分析表加合计

addmargins() 函数基本形式为:

addmargins(data, c(1,2))# 对 data 的行、列分别进行合计.

其中, 1 表示对列数据加合计; 2 表示对行数据加合计.

仍以数据集 infert 为例, 对所生成的复式频数统计表的行列分别加合计, 结果如下:

```
>addmargins(table(education,parity),c(1,2))
                 parity
education   1    2    3    4    5    6   Sum
  0-5yrs    3    0    0    3    0    6    12
  6-11yrs  42   42   21   12    3    0   120
  12+ yrs  54   39   15    3    3    2   116
  Sum      99   81   36   18    6    8   248
```

• 用 prop.table() 函数将频数转换为频率

prop.table() 函数可用于将频数统计表中的频数转换为频率, 基本形式为:

prop.table(data, 1 或 2)# 将 data 按行或列进行频率转换.

其中, 1 表示按行计算百分比进行转换; 2 表示按列计算百分比进行转换.

例如, 对数据集 infert 的两个指标 education 和 parity 进行频数统计, 按列进行频率转换, 并计算行列合计. 结果如下:

```
>A<-addmargins(prop.table(table(education,parity),2))
>round(A,2)#结果保留2位小数
                    parity
education     1      2      3      4      5      6     Sum
  0-5yrs     0.03   0.00   0.00   0.17   0.00   0.75   0.95
  6-11yrs    0.42   0.52   0.58   0.67   0.50   0.00   2.69
  12+ yrs    0.55   0.48   0.42   0.17   0.50   0.25   2.36
  Sum        1.00   1.00   1.00   1.00   1.00   1.00   6.00
```

2) 调用 R 函数计算描述统计量

(1) 直接调用.

可以直接调用 R 基础包的下列函数计算常用描述统计量:

　　max(x): 计算数值型向量或数据框的最大值;

　　min(x): 计算数值型向量或数据框的最小值;

　　mean(x): 计算数值型向量的算术平均值;

　　median(x): 计算数值型向量的中位数;

　　quantile(x): 计算数值型向量的分位数, 默认计算四分位数, 也可以计算任意指定分位数, 其基本函数形式为

```
quantile(x,probs=c(指定分位数))
```

　　sd(x): 计算数值型向量的标准差;

　　var(x): 计算数值型向量的方差;

　　summary(): 同时计算向量或数据框的最大值、最小值、均值、中位数、第 1 和第 3 四分位数, 以及对因子向量和逻辑型向量进行频数统计.

　　示例如下:

```
b<-c(2,3,4,5,7,11,10,6,9,7,8,2,3,4,5,7,8,10,6,9,7,8,30)#创建数据对
    象b
d<-c(63,55,70,68,50,52,58,50,55,53,62,63,55,70,68,50,52,48,50,55,
    53,62,2)#创建数据对象d
h<-c("男","女","男","女","男","男","男","男","男","女","男","女",
    "男","女","女","女","男","女","女","女","男","女","女")#创建数
        据对象h
W<-data.frame(b,d,h)#创建数据框W
>max(b)
[1]30
>min(b)
[1]2
>mean(b)
[1]7.434783
>median(b)
[1]7
>sd(b)
[1]5.558172
>var(b)
[1]30.89328
>quantile(b)
  0%    25%   50%    75%   100%
  2.0   4.5   7.0    8.5   30.0
>quantile(b,prob=0.90)
```

```
90%
10
>quantile(b,prob=c(0.25,0.75))
25%    75%
4.5    8.5
>summary(W)
            b                    d                   h
Min.:    2.000    Min.:    2.00    Length: 23
1st Qu.: 4.500    1st Qu.: 51.00   Class:   character
Median:  7.000    Median:  55.00   Mode:    character
Mean:    7.435    Mean:    54.96
3rd Qu.: 8.500    3rd Qu.: 62.50
Max.:    30.000   Max.:    70.00
```

(2) 下载共享包.

有的函数需要先下载共享包才能使用, 如: describe() 函数和 stat.desc() 函数可以同时计算多个描述性统计量, 但需要分别下载 psych 包和 pastecs 包.

① psych 包的 describe() 函数可以计算非缺失值的数量、平均数、标准差、中位数、截尾均值 (trimmed)、绝对中位差 (mad)、最小值、最大值、极差、偏度 (skew)、峰度 (kurtosis) 和平均数的标准误 (se 或 SE.mean).

其应用示例如下:

```
>describe(W)
  vars n  mean    sd  median trimmed mad min max range skew kurtosis se
b  1  23 7.43   5.56    7      6.63  2.97  2  30   28   2.78   8.95  1.16
d  2  23 54.96 13.50   55     56.53  7.41  2  70   68  -2.41   7.54  2.81
```

② pastecs 包中的 stat.desc() 的函数可以计算多种描述性统计量, 基本形式为

```
stat.desc(data,basic=TRUE,desc=TRUE,norm=FALSE,p=0.95)
```

其中, data 是待处理对象, 可以是数据框或时间序列.

若 basic=TRUE(默认值), 则计算其中所有值、空值、缺失值的数量, 以及最小值、最大值、极差、总和.

若 desc=TRUE(默认值), 则计算中位数、平均数、平均数的标准误、平均数置信度为 95% 的置信区间 (CI.mean.0.95)、方差、标准差以及变异系数 (coef.var).

若 norm=TRUE(不是默认值), 则计算正态分布统计量, 包括偏度和峰度 (以及它们的统计显著程度) 和 Shapiro–Wilk 正态检验结果.

```
install.packages("pastecs")
library(pastecs)
>round(stat.desc(W,norm=TRUE),2)
                   b            d
 nbr.val         23.00        23.00
 nbr.null         0.00         0.00
 nbr.na           0.00         0.00
 min              2.00         2.00
 max             30.00        70.00
 range           28.00        68.00
 sum            171.00      1264.00
 median           7.00        55.00
 mean             7.43        54.96
 SE.mean          1.16         2.81
 CI.mean.0.95     2.40         5.84
 var             30.89       182.13
 std.dev          5.56        13.50
 coef.var         0.75         0.25
 skewness         2.78        -2.41
 skew.2SE         2.88        -2.51
 kurtosis         8.95         7.54
 kurt.2SE         4.79         4.03
 normtest.W       0.67         0.70
```

③ fBasics 包的 skewness() 函数可计算偏度系数, kurtosis() 函数可计算峰度系数.

计算偏度系数和峰度系数的数据对象 data, 一般为向量, 也可为数据框.

```
install.packages("fBasics")#下载程序包fBasics
library(fBasics)#加载程序包fBasics
skewness(W)#计算对象W的偏度系数
      b            d
 2.776571    -2.412432
attr(,"method")
[1]"moment"
kurtosis(W)
     b           d
8.954295    7.541934
attr(,"method")
```

```
[1]"excess"
```
偏度系数表明：与正态分布相比较，变量b为正偏或右偏分布，变量d为负偏或
    左偏分布.
峰度系数表明：变量b和d都是尖峰分布，较为陡峭.

对于众数, 没有函数包可以直接计算, 可以组合运用 table() 函数和 names() 函数求众数, 基本形式为

```
names(table(x))[table(x)==max(table(x))]#对向量x计频数,并挑出其中频数最大的
元素.
```

例如:

```
b<-c(2,3,4,5,7,11,10,6,9,7,8,2,3,4,5,7,8,10,6,9,7,8,30)
h<-c("男","女","男","女","男","男","男","男","男","女","男","女",
    "男","女","女","女","男","女","女","女","男","女","女")
names(table(b))[table(b)==max(table(b))]
[1]"7"
names(table(h))[table(h)==max(table(h))]
[1]"女"
```

3) 自定义函数的基本方法

我们已经知道, R 是包的集合, 用户可以使用各种包中的基本函数完成计算或分析. 不过, 当没有合适的函数可直接调用时, 用户也可以自己编写函数完成相应任务.

R 函数是对程序语句的封装. 一个函数往往完成一项或多项特定的功能.

● R 函数的基本结构

一个完整的 R 函数, 包括函数名称、函数声明、函数参数以及函数体几部分.

函数名称, 即要编写的函数名称, 可以自己命名, 作为下一步调用 R 函数的依据.

函数声明, 即声明该对象的类型为函数, 一般用 <- function 表示.

函数参数, 是指将输入的数据, 就是在函数体内部将要处理的值, 或者对应的数据类型. 函数体内部的程序语句所进行数据处理, 就是对参数的值进行处理, 这种处理只在调用函数的时候才会发生. 函数的参数可以有多种类型 (R help 的界面对每个函数, 以及其参数的意义和所需的数据类型都进行了说明, 使用时可以参考). 在未调用函数之前, 函数参数是一个虚拟出来的对象.

函数体, 函数体是函数的主体部分, 主要包含运算过程.

下面是实例分析部分的函数体:

```
s<-subset(iris,Species=="setosa")[,-5]
ve<-subset(iris,Species=="versicolor")[,-5]
vi<-subset(iris,Species=="virginica")[,-5]

calculate_stats<-function(data,variables){
  stats<-sapply(data[variables],function(x){
    c(mean=mean(x),median=median(x),
     mode=names(table(x))[table(x)==max(table(x))],
     sd=sd(x),
     covariation=sd(x)/mean(x)*100,IQR=IQR(x),
     quantile=quantile(x),
     min=min(x),max=max(x),
     range=max(x)-min(x),
       skewness=mean(((x-mean(x))/sd(x))^3),
       kur=mean((((x-mean(x))/sd(x))^4)-3)
  })
  return(stats)
}  #自定义函数计算描述性统计信息

results<-calculate_stats(s)#调用自定义函数
resultve<-calculate_stats(ve)
resultvi<-calculate_stats(vi)
```

函数体一般包括三部分.

• 异常情况处理

输入的数据不能满足函数计算的要求, 或者类型不符, 这时候一定要设计相应的机制告诉用户, 输入的数据在什么地方有错误. 错误又分为两种.

第一种, 如果输入的数据错误不是很严重, 可以经过转换, 变为符合处理要求的数据, 此时只需要给用户一个提醒, 告知数据类型不符, 但是函数本身已经进行了相应的转换.

第二种, 数据完全不符合要求, 这种情况下, 就要终止函数的运行, 而告知用户因为什么原因函数不能运行.

• 运算过程

运算过程包括具体的运算步骤. 运算过程中, 有时需要用到判别和循环.

① 判别.

if 内部是对条件的判别, 以一些条件作为判别的标准. 例如 is.na, is.matrix, is.numeric 等等, 或者对大小的比较, 如 if(x >0), if(x == 1), if(length(x)== 3),

等等. if 后面需要将所有的语句都放在花括号中, 但如果只有 1 行, 则花括号可以省略.

示例 1

```
fun.test<-function(a,b,method="add"){
    if(method=="add"){
        res<-a+b
    }
    if(method=="substract"){
        res<-a-b
    }
    return(res)
    }
# 检验结果
fun.test(a=10,b=8,method="add")
[1]18
fun.test(a=10,b=8,method="substract")
[1]2
```

② 循环.

一般用 for 表示循环, for 循环内部, 往往需要用下标, 访问数据内的元素, 例如向量内的元素, 这时候用方括号表示.

示例 2

```
test.sum<-function(x)
{
    res<-0                 #设置初始值, 在第一次循环的时候使用
    for(i in 1:length(x)){
        res<-res+x[i]#这部分是算法的核心,从右面开始计算, 结果存到
            左边的对象
    }
    return(res)
}

a<-c(1,2,1,6,1,8,9,8)
test.sum(a)
[1]36
```

● 返回值

返回值就是函数给出的结果, 用 return() 函数给出. R 中默认的是将最后一

句作为返回值.

为了函数的可读性起见, 应该尽量指明返回值. 函数在内部处理过程中, 一旦遇到 return(), 就会终止运行, 将 return() 内的数据作为函数处理的结果给出.

下面举例说明 R 函数的编写方法.

示例 3: 计算标准差

```
sd2<-function(x)
{
#异常处理, 当输入的数据不是数值类型时报错
if(!is.numeric(x)){
stop("the input data must be numeric!\n")
}
#异常处理,当仅输入一个数据的时候, 告知不能计算标准差
if(length(x)==1){
stop("can not compute sd for one number,
a numeric vector required.\n")
}
## 初始化一个临时向量, 保存循环的结果
## 求每个值与平均值的平方
x2<-c()
## 求该向量的平均值
meanx<-mean(x)
## 循环
for(i in 1:length(x)){
xn<-x[i]-meanx
x2[i]<-xn^2
}
##求总平方和
sum2<-sum(x2)
#计算标准差
sd<-sqrt(sum2/(length(x)-1))
#返回值
return(sd)
}

##调用函数运行结果
sd2(c(2,6,4,9,12))
[1]3.974921
sd2(3)
```

```
Error in sd2(3):can not compute sd for one number,
                    a numeric vector required.
sd2(c("1","2"))
Error in sd2(c("1","2")):the input data must be numeric!
```

这样, 一个完整的函数就编写完成了. 实际情况下, 函数往往更为复杂, 可达上百行. 进一步的学习可参考有关文献及相关网站.

思考与练习

1. 简述频数分析的作用.

2. 什么是数据集中趋势? 如何测度?

3. 什么是数据离散程度? 如何测度?

4. 什么是数据分布? 如何测度?

5. 什么是数据发展趋势? 如何测度?

6. R 软件应用练习.

(1) 自选 R 数据集, 完成下列任务:

使用 table() 函数对其中的变量进行交叉频数分析, 并加合计、转换频率;

练习下列函数的用法: max(), min(), mean(), median(), quantile(), sd(), var(), summary(), describe(), stat.desc().

(2) 自定义函数编写一个计算下列描述统计量的函数: 平均数、中位数、众数、平均差、方差、标准差、异众比率、四分位差、极差、变异 (离散) 系数、偏度系数、峰度系数.

(3) 根据计算结果, 阐述数据集的特征.

第5章在线自测题

第6章 数据可视化

学习目标

- 掌握数据规模和结构的主要图式 (条形图、饼图、南丁格尔玫瑰图、矩形树图、马赛克图)
- 掌握数据分布特征的主要图式 (直方图、箱线图、概率密度图)
- 掌握数据发展趋势的主要图式 (点图和线图)
- 掌握多维指标数据规模的主要图式 (雷达图、星图、脸谱图)
- 掌握文本数据规模和关系的主要图式 (词云图和社会网络图)

数据可视化是将数据以图形、图像等视觉形式呈现的过程. 研究表明, 人的大脑对图形信息的处理速度一般来说优于对文本信息的处理 (陈为等, 2019), 因此, 数据可视化有助于将复杂的数据转化为易于理解和处理的形式, 从而帮助用户更加直观快捷地掌握数据规律和趋势. 本章主要介绍以统计图形为主的数据可视化形式.

6.1 统计图形的基本要素

统计图形是表达统计数据的视觉信息. 统计图形一般应具有如下要素.

(1) 图域.

图域即图的本体, 包含绘制的点、线、条及形状, 若包含坐标轴, 则应画出坐标轴横轴和纵轴.

(2) 图标题.

图标题应简明且醒目. 有的软件制图时, 图标题位于图的上方. 如果在学术论文中展示图形, 则应修改图标题, 使其位于图域的下方.

(3) 标目.

标目是坐标横、纵轴的名称, 应简洁并分列于横坐标的下方和纵坐标的左方.

(4) 尺度.

尺度是纵、横坐标的刻度, 一般用等距标明刻度线.

(5) 图例.

图例是对图中颜色或形状所代表的特征的说明. 若在同一图中同时反映几个对象或一个对象的几个特征, 应用不同形状、线条或颜色加以区分, 并加图例进行说明. 图例可置于图的右方、下方或上方.

(6) 数据来源.

用于绘制图形的数据来源应放在图的左下方加以说明.

常见的统计图形包括线图、柱形图/条形图、饼图、直方图、箱线图、散点图等; 多维度统计图包括气泡图、雷达图、星图、脸谱图等; 空间可视化图包括地图、热力图等; 文本数据可视化图包括词云图、社会网络图等. 依据它们展示的数据信息特征, 统计图的功能主要描述和揭示以下信息: 数据规模和结构、数据分布状态、数据发展趋势、变量之间关系、多维变量特征以及文本数据规模和关系等.

6.2 数据规模和结构可视化图

常用条形图、饼图、玫瑰图、矩形树图和马赛克图等图形实现数据的规模和结构可视化, 并用于对多个对象进行比较.

6.2.1 条形图

条形图又称柱形图, 是频数或频率的可视化方法. 绘制方法是: 规定单位长度 (如 1 厘米) 表示的数量, 根据比较对象各类别数量的多少, 分别绘制直条并按一定顺序排列, 直条之间有间隙.

按照条形排列方式的不同, 可分为纵式条形图和横式条形图. 如果类别较少, 适合用纵式条形图; 如果类别较多, 适合用横式条形图.

纵式条形图, 其条形在横坐标上等宽排列, 条形宽度仅表示类别, 没有数量意义, 通过条形高度显示类别的数量差异; 横式条形图, 其条形在纵坐标上等宽排列, 条形宽度仅表示类别, 没有数量意义, 通过条形长度显示类别的数量差异. 因此, 条形图不适用于未离散化的连续变量.

图 6.1 (a) 为排序的纵式条形图, 图 (b) 为横式条形图. 为了反映分组结构对比, 还可以绘制簇状条形图 (图 6.2 (a)) 和堆积条形图 (图 6.2 (b)).

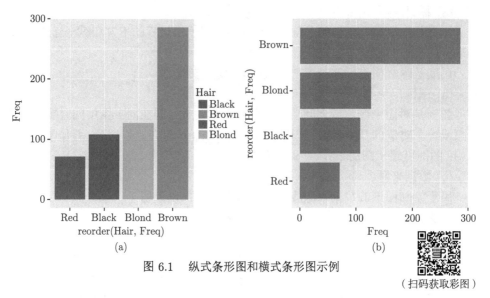

图 6.1 纵式条形图和横式条形图示例

（扫码获取彩图）

图 6.2 (a) 图为簇状条形图, (b) 图为堆积条形图.

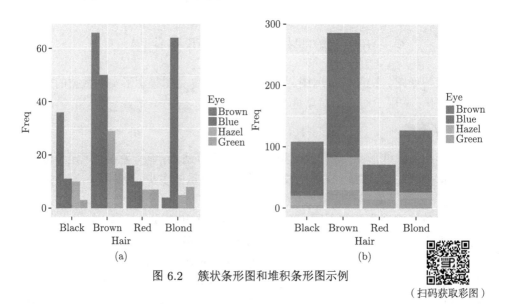

图 6.2 簇状条形图和堆积条形图示例

（扫码获取彩图）

条形图具有如下特点:

① 条形图只在一个维度上进行比较. 一般用横轴做类别轴, 纵轴做比较轴.

② 条形图易于显示类 (组) 别之间的数量差别. 由于视觉对高度或长短比较敏感, 条形图用于类别数量比较的辨识效果比较好.

③ 条形图适用于类别量为中小规模的数据.

6.2.2 饼图

饼图是用圆形及圆内扇形的面积来表示结构关系的统计图, 用于展示数据对象内部结构特征. 圆内的扇形面积一般表示结构百分比.

实践经验表明, 饼图的最佳类别应在 5 ∼ 7 类, 类别过多不易看出数据结构特征, 类别过少, 比如只有两类, 就没有必要制作饼图, 直接叙述即可.

饼图分为单式饼图 (图 6.3) 和复合饼图 (图 6.4).

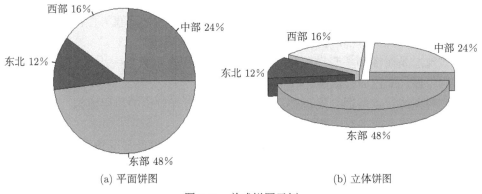

图 6.3   单式饼图示例

对于类别数量明显不平衡的一组数据, 可用复合饼图对面积较小部分的结构进行放大展示. 图 6.4 中, 左边圆内各扇形之间的面积大小明显不平衡, 如果采用单式饼图, 则其中的 3 个部分 (面积分别为 4.65, 1.34 和 0.57, 合计 6.56 个单位), 在图中面积几乎为一条细缝, 难以辨明. 而采用复合饼图后, 就可以通过右边矩形子图表现它们的百分比结构, 起到类似放大镜的作用[①].

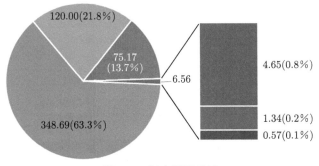

图 6.4   复合饼图示例

———————————————

① 因四舍五入处理, 图中数据总和未达到 100%.

饼图具有如下特点:

(1) 饼图主要用于展示数据对象内部结构比重, 考察各部分的占比.

(2) 比较数据对象内部各类别的差异时, 饼图和条形图可以互换. 一般当分类类别较少时适合用饼图, 分类类别较多时宜使用条形图. 但是, 如果各类别的差异不明显, 在视觉上, 使用饼图的效果就不如条形图好.

6.2.3 玫瑰图

玫瑰图由弗洛伦斯·南丁格尔[①]于 19 世纪 50 年代发明, 当时用于反映战争期间由于护理不当而去世的士兵情况, 采用了极区图或圆形直方图同时展示对象的规模和结构, 形状像玫瑰, 通常被称为南丁格尔玫瑰图.

玫瑰图是饼图和条形图的结合, 以扇形的面积表示数据大小 (同时展示频数和结构), 通过配色加强渲染性.

玫瑰图的特点是适合展示类目比较多, 需要进行对比的单层数据. 通过堆叠, 玫瑰图可以展示较多对比数据.

绘制玫瑰图时, 可以对不同的扇形设置不同颜色, 以凸显其特征. 如有一组统计不同工作年限人数的数据, 排序后可绘制南丁格尔玫瑰图, 如图 6.5 所示.

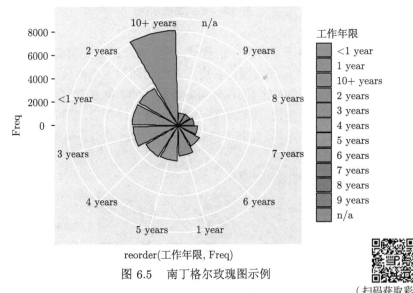

reorder(工作年限, Freq)

图 6.5 南丁格尔玫瑰图示例

(扫码获取彩图)

例如, 用 R 数据集 pressure 绘制温度的玫瑰图. 该数据集共有 19 个样本 2 个指标. 如表 6.1 所示.

[①] 弗洛伦斯·南丁格尔 (Florence Nightingale, 1820 年 5 月 12 日 ∼ 1910 年 8 月 13 日), 英国女护士, 近代护理学和护士教育创始人.

表 6.1 pressure 数据集

	temperature	pressure
1	0	0.0002
2	20	0.0012
3	40	0.006
4	60	0.03
5	80	0.09
6	100	0.27
7	120	0.75
8	140	1.85
9	160	4.2
10	180	8.8
11	200	17.3
12	220	32.1
13	240	57
14	260	96
15	280	157
16	300	247
17	320	376
18	340	558
19	360	806

其中, temperature 表示温度, pressure 表示气压. 对 19 个地区的温度绘制玫瑰图进行比较. 可以看到 19 个地区的温度差异十分明显. 见图 6.6 所示.

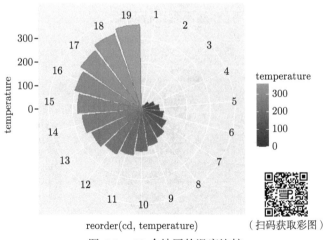

reorder(cd, temperature)　　　　（扫码获取彩图）

图 6.6　19 个地区的温度比较

玫瑰图的特点是美观, 但不适宜数值差异过大的分类数据. 在玫瑰图中数值差异过大的分类会比较难以观察, 影响图表整体美观. 同时也应避免采用差异不大的分类. 如果数据差距不大, 比较的效果就不好.

例如, 对 R 数据集 women 的女性体重绘制玫瑰图. 该数据集包括 15 个样本, 2 个指标. 数据如表 6.2 所示.

表 6.2   women 数据集

	height	weight
1	58	115
2	59	117
3	60	120
4	61	123
5	62	126
6	63	129
7	64	132
8	65	135
9	66	139
10	67	142
11	68	146
12	69	150
13	70	154
14	71	159
15	72	164

其中, height 表示样本身高, weight 表示样本体重. 玫瑰图如图 6.7 所示. 直观看, 15 位女性的体重差异不大, 在玫瑰图中只有第 1、2 和第 14、15 类表现较明显差异, 其余类属差异不明显, 达不到比较效果.

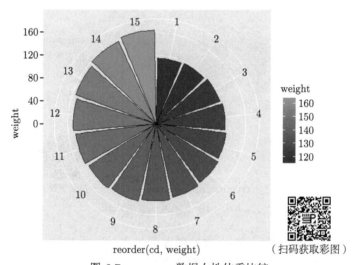

图 6.7   women 数据女性体重比较

6.2.4 矩形树图

矩形树图也叫矩形式树状结构图. 它是由多组面积不等的小矩形嵌套而成的一个矩形图案, 通过矩形的不同颜色和大小来显示数据的层次结构, 可同时展现数据规模和层级关系.

图中各个小矩形的面积代表每个子项的占比, 矩形面积越大, 表示子数据在整体中的占比越大, 所有小矩形的面积之和等于总体数据. 同一种颜色表示属于同一层级的子项结构.

Titanic 数据集是对泰坦尼克号海难的生存情况统计, 共有 32 个样本, 5 个指标, 前 20 个样本数据如表 6.3 所示.

表 6.3 Titanic 数据集

	Class	Sex	Age	Survived	Freq
1	1st	Male	Child	No	0
2	2nd	Male	Child	No	0
3	3rd	Male	Child	No	35
4	Crew	Male	Child	No	0
5	1st	Female	Child	No	0
6	2nd	Female	Child	No	0
7	3rd	Female	Child	No	17
8	Crew	Female	Child	No	0
9	1st	Male	Adult	No	118
10	2nd	Male	Adult	No	154
11	3rd	Male	Adult	No	387
12	Crew	Male	Adult	No	670
13	1st	Female	Adult	No	4
14	2nd	Female	Adult	No	13
15	3rd	Female	Adult	No	89
16	Crew	Female	Adult	No	3
17	1st	Male	Child	Yes	5
18	2nd	Male	Child	Yes	11
19	3rd	Male	Child	Yes	13
20	Crew	Male	Child	Yes	0

表 6.3 中, Class 表示船舱等级, 分为一等舱 1st、二等舱 2nd、三等舱 3rd 和船员 Crew 四个等级; Sex 表示性别, 共有男 (Male)、女 (Female) 两个选项; Age 表示年龄, 共有儿童 (Child) 和成年人 (Adult) 两个选项; Survived 表示生存情况, 共有是 (Yes) 和否 (No) 两个选项; Freq 是前面指标的频数统计.

图 6.8 选用其中船舱等级和是否生存两个嵌套指标绘制矩形树图, 反映舱位与生存情况的关系.

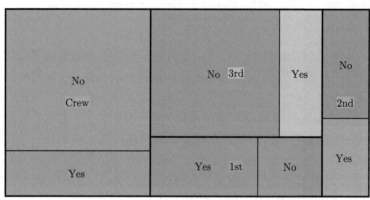

（扫码获取彩图）

图 6.8　泰坦尼克号舱位和生存的矩形树图

矩形树图的特点是:

(1) 适宜于展示数据层级结构关系. 由于具有嵌套性, 该图适宜于展示数据层级结构关系, 但不宜展示分类占比太小的数据. 若分类占比太小, 矩形很小, 难以看出结构关系.

(2) 需要配合具体数据表示. 如果各部分占比过于均衡, 视觉上难以分辨, 此时需要配合具体数据表示, 或改由条形图展示.

(3) 一般认为, 矩形树图适合于 5 个以上具有层级关系的分类数据.

6.2.5　马赛克图

马赛克图是一种特殊类型的堆叠条形图, 它按比例分割条形, 通过矩形, 按行或按列展示多个分类变量的比较关系. 马赛克图是列联表的图形表示法, 用于观察多个类别变量的分布. 它可以是单变量、双变量、三变量和四变量马赛克图. 单变量马赛克图即为条形图.

图 6.9 是 Titanic 数据集马赛克图. 矩形的四个面各自表示一个变量类别 (Class: 船舱等级; Sex: 性别; Age: 年龄; Survived: 生存情况), 颜色和阴影表示拟合模型的残差值, 代表大于零的阴影部分, 表示超出预期的情况; 代表小于零的阴影部分, 表示低于预期的情况.

图 6.9 表明, 从存活率看, 女性和儿童生存率高于男性, 旅客生存率高于船员. 头等舱生存旅客的生存率高于二、三等舱旅客的生存率, 尤其女性旅客, 其生存率随舱位等级下降而逐级降低. 蓝色阴影表明在假定生存率与船员等级性别和年龄层无关的条件下, 该类别下的生存率通常超出预期值, 红色阴影含义相反.

马赛克图和矩形树图的数据一样, 带有层级关系. 如果数据可以用列联表进行整理, 这样的数据一般都可以考虑使用马赛克图.

但是, 马赛克图较难阅读, 特别是当含有多个分类变量的时候, 也较难以准确地对每个分类变量进行准确比较. 建议配合具体数据使用.

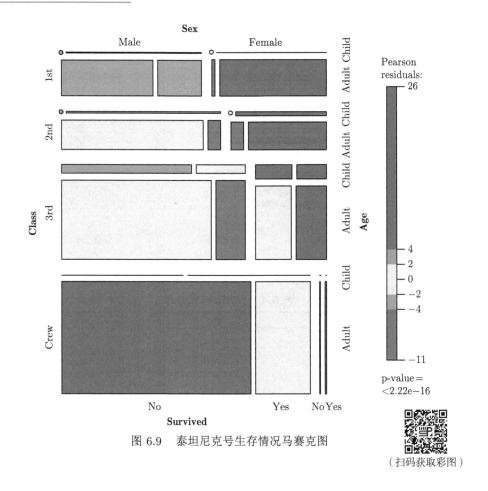

图 6.9   泰坦尼克号生存情况马赛克图

6.3   数据分布可视化图

数据分布主要表现数据在中心值附近的分布密度和对称情况, 一般多用直方图、箱线图、概率密度图展示数据的分布特征.

6.3.1   直方图

直方图是用于展示连续型数据频数分布特征的统计图. 直方图的矩形面积表示频数, 矩形宽度表示组距, 高度表示频率, 表示该组频数在样本总容量中的比例, 即频数 = 频率 * 组距.

图 6.10 是调用 R 数据集 faithful (美国怀俄明州黄石国家公园, Old Faithful 间歇泉) 的间隔时间 "waiting" 绘制的直方图. 该数据集共有 272 个样本, 2 个指标. 前 10 个样本数据如表 6.4 所示.

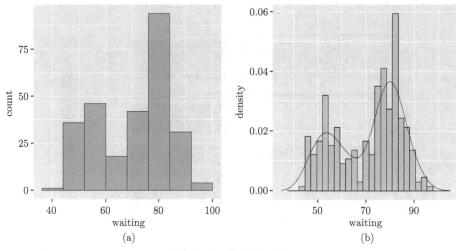

图 6.10   直方图示例

表 6.4   faithful 数据集

	eruptions	waiting
1	3.6	79
2	1.8	54
3	3.333	74
4	2.283	62
5	4.533	85
6	2.883	55
7	4.7	88
8	3.6	85
9	1.95	51
10	4.35	85

其中, "eruptions" 表示每次喷发的持续时间, 以分钟为单位, 记录 Old Faithful 间歇泉每次喷发的时间长度. "waiting" 表示连续两次喷发之间的间隔时间, 以分钟为单位, 记录两次 Old Faithful 间歇泉喷发之间的等待时间.

图 6.10(a) 是对 "waiting" 观测数 (count) 绘制的直方图, 图 (b) 是对其密度 (density) 绘制的直方图, 叠加密度曲线, 主要用于描述 "waiting" 的分布特点.

条形图与直方图在外形上非常相似, 两种图形都可以表现数据的分布特征, 区别表现在以下几个方面.

(1) 适用的数据类型不同. 条形图用于描述分类数据或离散型数据分布特征, 直方图适用于描述连续型数据的分布特征.

(2) 图形含义不同. 条形图用矩形的高度表示频数, 其宽度固定, 表示类别或离散型数据, 宽度没有数量意义; 直方图用矩形面积表示频数, 宽度表示各组的组距, 宽度有数量意义.

(3) 图形形状不同. 直方图的各矩形通常相连排列, 直条之间没有间距; 而条形图则是分开排列, 条形之间有间距.

6.3.2 箱线图

箱线图又称箱形图、箱须图, 是对连续型数据排序后, 利用数据序列中的五个统计量: 最小值、第 1 四分位数 (Q1)、中位数 (Q2)、第 3 四分位数 (Q3) 与最大值, 对数据的分布特征进行描述和比较的可视化方法.

在数据预处理部分, 箱线图可以用于检测异常值. 但更多时候, 箱线图用于探索数据分布特点. 根据研究需要, 可以绘制单个箱线图, 也可以绘制多组箱线图.

采用数据集 CO2 (草本植物对二氧化碳的吸收数据), 绘制两个地区: 魁北克 (Quebec) 和密西西比州 (Mississippi), 草本植物对二氧化碳的吸收 (uptake) 数据分布箱线图, 并进行比较. 见图 6.11 (a) 和 (b). 两幅图的区别在于 (b) 添加了均值的位置, 与中位数位置进行比较, 有助于判断数据分布的偏斜程度.

图 6.11 表明, 在魁北克地区, 存在许多极小值, 导致平均数小于中位数, 数据呈左偏分布. 而在 Mississippi 地区, 平均数大于中位数, 数据呈右偏分布.

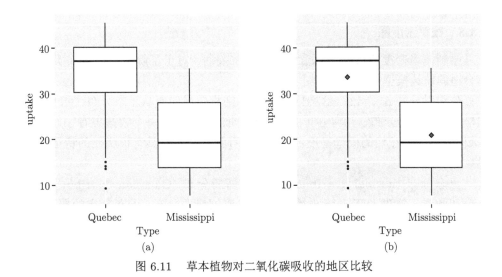

图 6.11   草本植物对二氧化碳吸收的地区比较

绘制多组箱线图时, 组数宜小于 15 组, 否则组数过多会削弱图形的比较效果.

由图 6.12 可知, 12 种植物对二氧化碳的吸收数据分布都呈左偏态分布, 大多存在极小值.

箱线图的特点是直观展示指标观测值在 5 个位置点的分布特征, 但不能提供数据的精确度量值. 因此, 使用箱线图时应结合其他描述统计量如均值、标准差、偏度等, 才能更为全面反映数据特征.

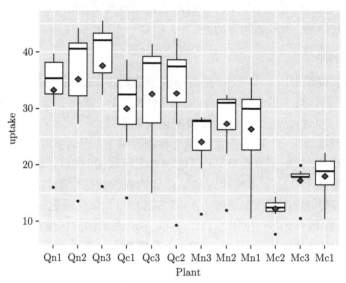

图 6.12　草本植物对二氧化碳吸收的植物比较

6.3.3　概率密度图

绘制概率密度曲线图可探索数据的分布特征, 对于了解数据的分布类型, 选择合适的统计模型很有帮助.

分别用符号 d1、d2、d3、d4、d5 表示随机生成的服从正态分布、指数分布、泊松分布、均匀分布、几何分布的随机变量取值数据集, 每个数据集有 1000 个随机数, 分别绘制它们的概率密度曲线. 可以看到它们各自具有很明显的特征, 也呈现一定规律.

正态分布 (normal distribution) 又名高斯分布 (Gaussian distribution), 是一个在数学、物理及工程等领域都非常重要的概率分布. 正态分布的概率密度函数曲线呈钟形, 描述围绕位置参数的对称分布特征, 适用于连续型随机变量 (图 6.13).

均匀分布指变量落在某区间长度相等的子区间内的可能性是相等的, 均匀指的就是这种等可能性. 适用于连续型和离散型随机变量 (图 6.14).

几何分布是描述连续不断独立地重复进行的参数为 p 的 n 次伯努利试验, 前 $n-1$ 次皆失败, 第 n 次才成功的概率, 也适用于离散型随机变量 (图 6.15).

指数分布用于表示独立随机事件发生的时间间隔, 比如旅客进机场的时间间隔、中文维基百科新条目出现的时间间隔等等. 适用于连续型随机变量 (图 6.16).

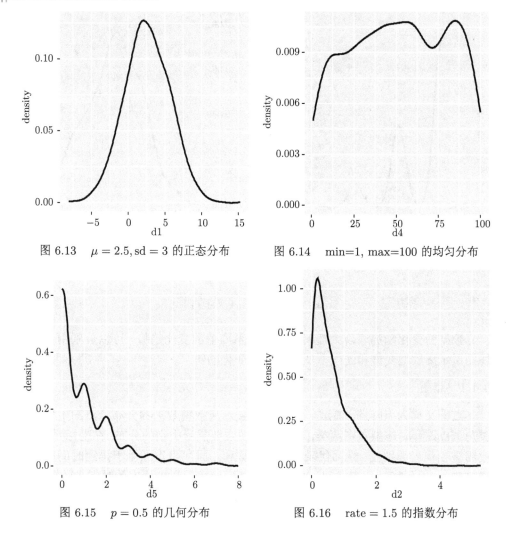

图 6.13 $\mu = 2.5, \mathrm{sd} = 3$ 的正态分布

图 6.14 min=1, max=100 的均匀分布

图 6.15 $p = 0.5$ 的几何分布

图 6.16 rate $= 1.5$ 的指数分布

泊松分布描述单位时间内的随机事件数. 参数 λ 是单位时间 (或单位面积) 内随机事件的平均发生率, 如电话交换机接到呼叫的次数、汽车站台的候客人数、机器出现的故障数、自然灾害发生的次数等等, 适用于离散型随机变量 (图 6.17).

泊松分布的形状完全由 λ 决定, 当 λ 值比较大时, 泊松分布接近于正态分布; 当二项分布的样本数 n 很大 (根据统计理论, 认为样本数 $n \geqslant 30$ 为大样本), 概率值 p 很小 ($\leqslant 0.1$) 时, 泊松分布可作为二项分布的近似, 此时 $\lambda = np$ (图 6.18).

指数分布、几何分布和泊松分布的密度曲线在一定条件下比较近似, 可以推知这三种分布具有内在联系, 理论上也已验证: 指数分布可以看作是一种在满足 $\lambda = np$ 的情况下, 取无穷大 n, 无限小 p (类似于泊松分布的推导) 的伯努利试验, 可以看作是一种连续情况下的几何分布.

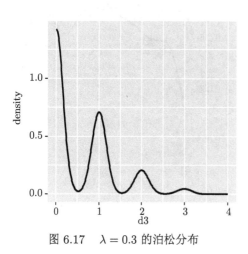

图 6.17　λ = 0.3 的泊松分布

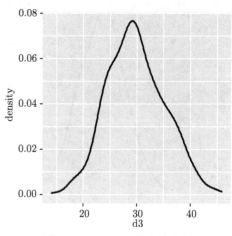

图 6.18　λ = 30 的泊松分布

6.4　数据变化趋势图

数据的变化趋势表现为随时间推移变量取值的变化趋势. 可以分别用点图和线图展示离散型变量和连续型变量的时间变化趋势.

6.4.1　点图

点图又称为点阵图, 通过一系列点阵显示离散型数据的分布. 点图主要分为类别型点图和时序型点图两类. 类别型点图主要展示类别的分布, 在坐标系中, 一般用横轴代表类别值, 纵轴代表各类别的取值. 时序型点图用于描绘时间序列发展趋势, 一般用横轴代表时间, 如年、月、日、时等, 纵轴代表各时间点的取值.

图 6.19 采用 R 数据集 sunspots (太阳黑子) 绘制点图, 描绘太阳黑子爆发随月份变化的特点.

sunspots 是时间序列数据, 共有 2820 个样本, 记录了 1749 年至 1983 年每年每个月太阳黑子爆发的数据. 部分数据节录如下.

年\月	Jan	Feb	Mar	Apr	May	Jun	Jul	Aug	Sep	Oct	Nov	Dec
1749	58.0	62.6	70.0	55.7	85.0	83.5	94.8	66.3	75.9	75.5	158.6	85.2
1750	73.3	75.9	89.2	88.3	90.0	100.0	85.4	103.0	91.2	65.7	63.3	75.4
1751	70.0	43.5	45.3	56.4	60.7	50.7	66.3	59.8	23.5	23.2	28.5	44.0
1752	35.0	50.0	71.0	59.3	59.7	39.6	78.4	29.3	27.1	46.6	37.6	40.0
					· · · · · ·							
1980	159.6	155.0	126.2	164.1	179.9	157.3	136.3	135.4	155.0	164.7	147.9	174.4
1981	114.0	141.3	135.5	156.4	127.5	90.0	143.8	158.7	167.3	162.4	137.5	150.1
1982	111.2	163.6	153.8	122.0	82.2	110.4	106.1	107.6	118.8	94.7	98.1	127.0
1983	84.3	51.0	66.5	80.7	99.2	91.1	82.2	71.8	50.3	55.8	33.3	33.4

提取 1749 年数据, 绘制从 1 月到 12 月的太阳黑子数量点图, 可以观测太阳黑子的周期性变化. 如图 6.19 所示.

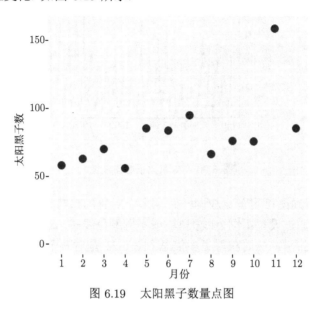

图 6.19 太阳黑子数量点图

6.4.2 线图

线图是通过曲线或折线描绘连续型数据的分布或趋势. 若将时序性点图的各点用线连接起来就是时间序列点线图. 对于连续型时间序列数据主要用线图展示, 表现指标观测值随时间变动的连续变化趋势.

图 6.20 (a) 是点线结合的线图, 表述对点的比较; 图 (b) 是线图, 表述趋势特征. 图 (c) 是线图, 突出长期发展趋势.

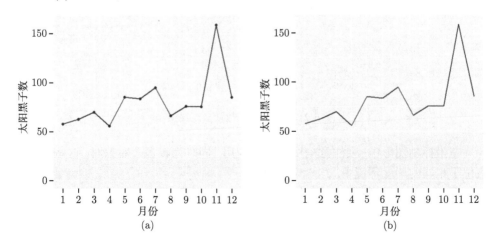

(a)   (b)

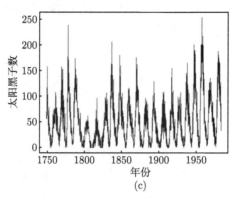

图 6.20   太阳黑子数量线图

多组数据折线图可用于比较同一时期多个对象的趋势异同. 例如, 对太阳黑子数据集, 可以通过设置不同点线类型, 或不同颜色线条, 比较不同年份相同月份的太阳黑子出现情况, 从而获得更多信息. 图 6.21 是对三个年份太阳黑子数量的多组折线图比较.

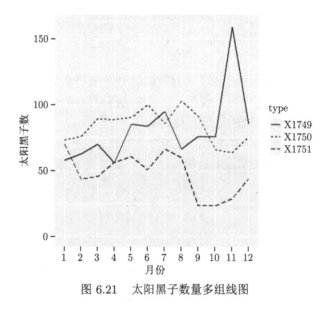

图 6.21   太阳黑子数量多组线图

在坐标轴图形中, 要注意刻度的正确使用. 同时比较多个对象时, 这些对象均应位于相同的刻度环境中.

图 6.21 中可以看到, 1749 年 11 月出现一次太阳黑子的异常数据, 其余两个年份的太阳黑子数量波动不大.

如果多条曲线放在同一个图域中不好分辨, 可以绘制分列式折线图, 如图 6.21 可以拆分成图 6.22 的三个分列式折线图.

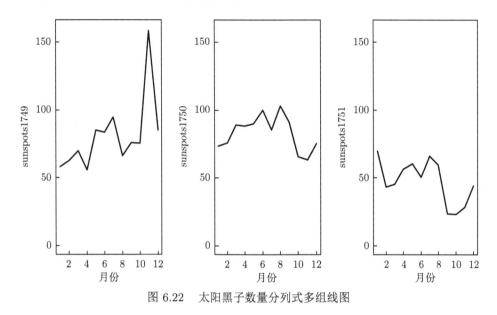

图 6.22　太阳黑子数量分列式多组线图

6.5　多维数据可视化

很多实际问题中, 常常需要采用多个指标较为全面地反映研究对象的特点, 形成多维数据. 多维数据是指对三个以上指标进行特征刻画的数据集. 除了频数统计表之外, 可视化是展示此类数据特征的常用方法. 多维数据可视化的常用图式主要包括: 雷达图、星图、脸谱图等.

6.5.1　雷达图

雷达图又称为蜘蛛网图, 用于展示、比较同一对象或多个对象的不同指标特征值. 每个指标都有一个从中心向外发射的轴线, 所有轴线之间的夹角相等, 每个轴有相同的刻度, 将轴与轴的刻度用网格线连接每个指标, 形成一条多边形, 一般适用于 10 个以内指标之间进行比较、排序、评估等.

采用 R 数据集 attitude[①]绘制雷达图. 该数据集有 30 个样本 7 个指标, 表示 30 个部门在 7 个方面的调查结果. 调查结果是同一部门 35 个职员赞成的百分比. 前 12 个样本数据如表 6.5 所示.

---

① 对一家大型金融机构的文职人员的调查数据, 从 30 个随机选择的部门中, 每个部门大约 35 名员工的问卷汇总而来. 数据是他们对每个部门的 7 个问题的赞成答复的百分比.

表 6.5　attitude 数据集前 12 个样本数据

	rating	complaints	privileges	learning	raises	critical	advance
1	43	51	30	39	61	92	45
2	63	64	51	54	63	73	47
3	71	70	68	69	76	86	48
4	61	63	45	47	54	84	35
5	81	78	56	66	71	83	47
6	43	55	49	44	54	49	34
7	58	67	42	56	66	68	35
8	71	75	50	55	70	66	41
9	72	82	72	67	71	83	31
10	67	61	45	47	62	80	41
11	64	53	53	58	58	67	34
12	67	60	47	39	59	74	41

取其中第 1, 2, 3 号样本, 绘制雷达图, 比较他们在 rating (综合评分), complaints (处理员工投诉), privileges (不允许特权), learning (学习的机会), raises (绩效加薪), critical (太挑剔), advance (进步) 7 个指标上的差异, 见图 6.23.

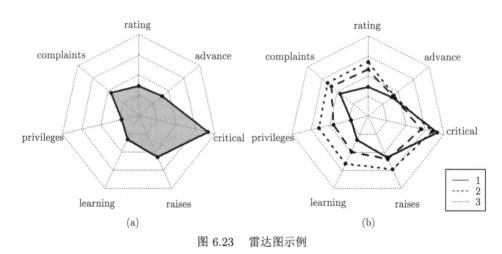

图 6.23　雷达图示例

其中, 图 (a) 是第 1 号样本的指标雷达图, 其 critical 指标值最大, 表明该部门被职员认为太挑剔, 其次是绩效加薪较好.

如果需要比较多个样本的各指标发展差异, 可以绘制多样本对比雷达图. 图 (b) 表示第 1, 2, 3 号样本的 7 个指标比较. 可以看到, 第 1, 3 个部门的 critical 指标值都相对其他指标更大, 表明职员较为赞同它们太挑剔. 第 3 个部门的职员同时对绩效加薪比较满意.

如果需要进行比较的样本较多, 放在同一个雷达图中不易分辨各样本的指标差异, 可采用星图进行多样本多指标比较.

6.5.2 星图

星图将多个类似于雷达图的星状图排列在一起, 可同时比较样本和指标发展情况. 其中, 每颗星代表一个样本, 通过星的大小比较各样本, 通过星中心到各个顶点的线段长短比较各指标: 形状较大的星形表示某样本的各个指标都发展较好, 具有较长线段的顶点表示某一指标发展较好.

图 6.24 是 attitude 数据集前 20 个样本, 是 20 个部门在 7 个指标上的星图比较. 每颗星的各个顶点分别代表 rating (综合评分), complaints (处理员工投诉), privileges (不允许特权), learning (学习的机会), raises (绩效加薪), critical (太挑剔), advance (进步) 7 个指标, 具体位置如图右下角图例所示. 星的中心到各个顶点的线段表示职员对其中某个指标的赞成情况.

图 (a) 中, 第 3, 5, 15, 17 号部门的星形较大, 表明总体赞成比例较高, 第 1, 3, 4, 5, 9, 10, 11, 12, 13, 14, 19, 20 号部门在 critical (太挑剔) 上的赞成比例都相对较高, 6 号部门在 rating (综合评分)、raises (绩效加薪) 和 critical (太挑剔)3 个指标上几乎无人赞成.

通过调整参数, 可以绘制彩色星图, 如图 (b) 所示.

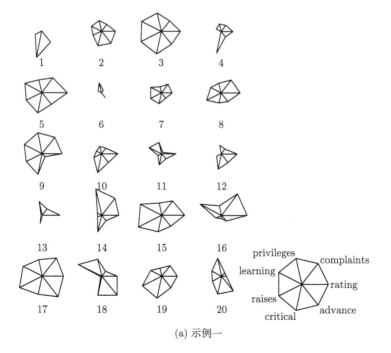

(a) 示例一

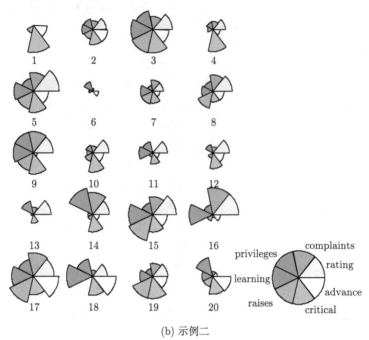

(b) 示例二

图 6.24　星图示例

6.5.3　脸谱图

若待分析数据的指标数目较多, 在 10 ~ 15 个之间, 则脸谱图是展示这类型数据特征的较好方式.

脸谱图是指将数据集的多个指标用人脸部各部位的形状或大小来表征的可视化图. 较大或较高的部位代表指标值较大, 反之则表示较小的指标值. 一般情况, 一张脸谱可以表现 15 个维度的指标群, 各指标代表的面部特征分别是: ① 脸的高度; ② 脸的宽度; ③ 脸型; ④ 嘴的厚度; ⑤ 嘴的宽度; ⑥ 微笑的弧度; ⑦ 眼睛的高度; ⑧ 眼睛的宽度; ⑨ 头发的长度; ⑩ 头发的宽度; ⑪ 头发的风格; ⑫ 鼻子的高度; ⑬ 鼻子的宽度; ⑭ 耳朵的宽度; ⑮ 耳朵的高度.

脸谱图的优点是直观、生动, 在对多个对象进行比较、评价的场合, 使用者能一目了然获得概貌. 例如, 图 6.25 是采用三种参数绘制的各年份多指标脸谱图, 其中年份 1955 在各方面表现都优于 1947, 1948, · · · .

脸谱图适合于表现 12 ~ 15 个左右指标, 指标数如果过少, 会出现指标在不同部位循环; 若指标数量少于 10 个, 不宜使用脸谱图, 而采用雷达图效果较好.

解读脸谱图的重点是明确脸部各部位特征代表什么指标, 绘制脸谱图时, 其运行结果会附有各部位的对应指标说明, 如表 6.6 所示.

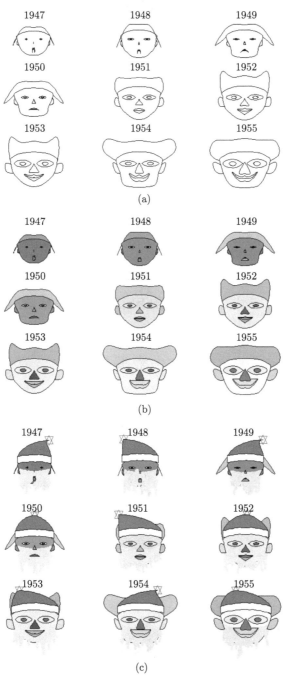

图 6.25　脸谱图示例

表 6.6   面部特征的指标表征

面部特征	对应指标
height of face (脸的高度)	***
width of face (脸的宽度)	***
structure of face (脸型)	***
height of mouth (嘴的高度)	***
width of mouth (嘴的宽度)	***
smiling (微笑的弧度)	***
height of eyes (眼睛的高度)	***
width of eyes (眼睛的宽度)	***
height of hair (头发的高度)	***
width of hair (头发的宽度)	***
style of hair (头发的风格)	***
height of nose (鼻子的高度)	***
width of nose (鼻子的宽度)	***
width of ear (耳朵的宽度)	***
height of ear (耳朵的高度)	***

需要注意的是, 雷达图和脸谱图均不能表达精确的数量特征, 可与相应数据表等资料搭配使用.

6.6   文本数据可视化

6.6.1   词云图

词云图是文本数据的常见可视化方式, 是把文本中出现频率较高的词或短语进行展示、比较的图像. 词云图以词文字大小形式展现词的频次分布, 其中, 字体最大的词表示出现频数最多的词. 词云图在生成过程中删除了不经常出现的信息, 主要呈现文本中的重点信息, 所以常用于反映热点信息或需要重点关注的对象. 如图 6.26 所示, "数据" 是出现最为频繁的词汇, 其余依次为 "统计" "数据分析" "用户" "模型" 等.

图 6.26   词云图示例

6.6.2 社会网络图

社会网络图是图论方法应用在社会网络分析中的一种网络可视化工具. 一个网络是由多个节点和各点之间有向连线组成的集合, 反映节点之间的关系. 社会网络是指社会行动者及其关系的集合. 社会网络图研究这种结构对社会行动者群体或个体间的影响.

虚拟一个分组行动人员之间的单向联络关系, 绘制社会网络图示例如图 6.27.

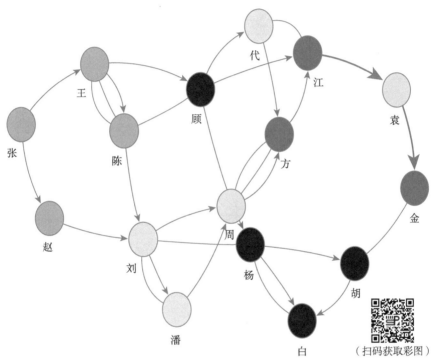

图 6.27 社会网络图示意一

图 6.27 中不同颜色的节点代表不同组别的行动人, 各颜色代表不同的组别, 箭头连线表示行动者之间的单向联系走向. 连线比较多的节点为 "繁忙" 节点, 表明它与其他节点联系较多, 如 "刘""周" 等; 连线较少的节点为 "冷清" 节点, 表明它与其他节点联系较少, 如 "张""赵" 等. 通过社会网络图可以快速发现 "繁忙" 节点和 "冷清" 节点.

图 6.28 表示 10 个节点之间的关系. Node 表示节点, 可以是任意对象单位, Edge 表示节点之间的连线, 箭头指明节点之间关系走向.

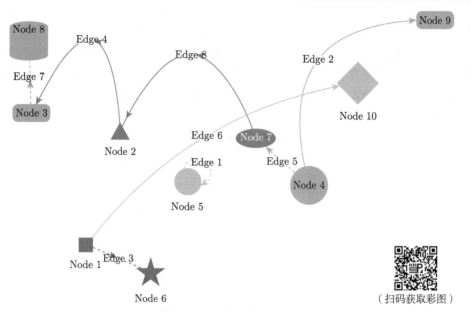

图 6.28　社会网络图示意二

（扫码获取彩图）

6.7　案例分析

R 数据集 HairEyeColor (头发眼睛颜色) 可视化

1. 案例学习要点

条形图、矩形树图和马赛克图的应用.

2. 案例内容

对 R 数据集 HairEyeColor(头发眼睛颜色)(表 6.7) 应用条形图、矩形树图和马赛克图分析类别的规模和结构.

表 6.7　R 数据集 HairEyeColor (头发眼睛颜色)

	Hair (头发)	Eye (眼睛)	Sex (性别)	Freq (频数)
1	Black (黑色)	Brown (棕色)	Male (男性)	32
2	Brown (棕色)	Brown (棕色)	Male (男性)	53
3	Red (红色)	Brown (棕色)	Male (男性)	10
4	Blond (金色)	Brown (棕色)	Male (男性)	3
5	Black (黑色)	Blue (蓝色)	Male (男性)	11
6	Brown (棕色)	Blue (蓝色)	Male (男性)	50
7	Red (红色)	Blue (蓝色)	Male (男性)	10
8	Blond (金色)	Blue (蓝色)	Male (男性)	30
9	Black (黑色)	Hazel (淡褐色)	Male (男性)	10

续表

	Hair (头发)	Eye (眼睛)	Sex (性别)	Freq (频数)
10	Brown (棕色)	Hazel (淡褐色)	Male (男性)	25
11	Red (红色)	Hazel (淡褐色)	Male (男性)	7
12	Blond (金色)	Hazel (淡褐色)	Male (男性)	5
13	Black (黑色)	Green (绿色)	Male (男性)	3
14	Brown (棕色)	Green (绿色)	Male (男性)	15
15	Red (红色)	Green (绿色)	Male (男性)	7
16	Blond (金色)	Green (绿色)	Male (男性)	8
17	Black (黑色)	Brown (棕色)	Female (女性)	36
18	Brown (棕色)	Brown (棕色)	Female (女性)	66
19	Red (红色)	Brown (棕色)	Female (女性)	16
20	Blond (金色)	Brown (棕色)	Female (女性)	4
21	Black (黑色)	Blue (蓝色)	Female (女性)	9
22	Brown (棕色)	Blue (蓝色)	Female (女性)	34
23	Red (红色)	Blue (蓝色)	Female (女性)	7
24	Blond (金色)	Blue (蓝色)	Female (女性)	64
25	Black (黑色)	Hazel (淡褐色)	Female (女性)	5
26	Brown (棕色)	Hazel (淡褐色)	Female (女性)	29
27	Red (红色)	Hazel (淡褐色)	Female (女性)	7
28	Blond (金色)	Hazel (淡褐色)	Female (女性)	5
29	Black (黑色)	Green (绿色)	Female (女性)	2
30	Brown (棕色)	Green (绿色)	Female (女性)	14
31	Red (红色)	Green (绿色)	Female (女性)	7
32	Blond (金色)	Green (绿色)	Female (女性)	8

3. 案例过程及分析

(1) 通过条形图展示 Hair (头发) 和 Eye (眼睛) 颜色的频数特征.

通过条形图观察头发颜色的分布和眼睛颜色的分布. 可知头发颜色最多的是棕色, 最少是红色; 眼睛颜色最多的是棕色和蓝色, 最少是绿色. 分别见图 6.29 和图 6.30.

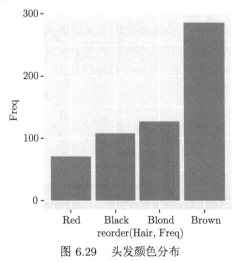

图 6.29 头发颜色分布

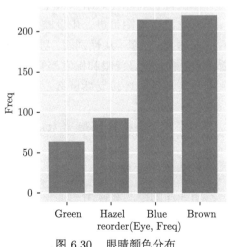

图 6.30 眼睛颜色分布

(2) 运用矩形树图进一步探索类别及层级关系.

按照眼睛颜色将研究对象分为四类, 图 6.31 中从左到右, 第一个粗框表示眼睛为 Brown (棕色) 的人群占比, 第二个粗框表示眼睛为 Blue (蓝色) 的人群占比; 第三个粗框上半部分表示眼睛为 Hazel (淡褐色) 的人群占比; 第三个粗框下半部分表示眼睛为 Green (绿色) 的人群占比. 每个粗框中各个小框进一步表示不同头发颜色的人群占比.

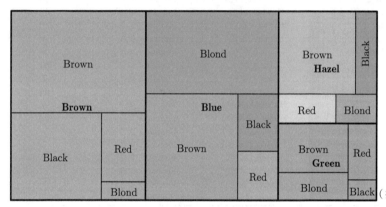

（扫码获取彩图）

图 6.31   矩形树图

总体看, 不同头发颜色的人群中, 眼睛颜色为棕色和蓝色的人数都较多, 为淡褐色和绿色的人数都较少. 其中:

在棕色眼睛人群中, 棕色头发者最多, 金色头发者最少;

在蓝色眼睛人群中, 棕色和金色头发者最多, 红色和黑色头发者最少;

在淡褐色和绿色眼睛人群中, 棕色头发者最多.

通过马赛克图可进一步反映性别、眼睛颜色、头发颜色的交叉层级关系.

图 6.32 表明: 从性别看, 男女比例总体接近, 且均为棕色头发者最多. 具体看, 女性是金发绿色眼和棕发淡褐色眼者较男性更多, 男性是棕发绿色眼、黑发绿色眼和淡褐色眼者较女性更多.

R 数据集 iris (鸢尾花) 植物特征可视化

1. 案例学习要点

箱线图的绘制和应用.

2. 案例内容

绘制箱线图, 比较数据集 iris (鸢尾花)4 个指标的分布特征.

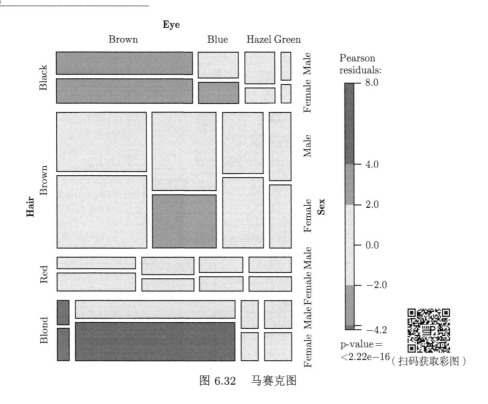

图 6.32 马赛克图

3. 案例过程及分析

1) 绘制总体箱线图

不分鸢尾花的品种, 先对 4 个指标分别绘制总体箱线图, 比较其总体特征.

图 6.33 是四个植物特征的总体比较, 可以看出, 花萼的长度 (Sepal.Length) 值最大, 并且大于花瓣长度 (Petal.Length), 花萼宽度 (Sepal.Width) 大于花瓣宽度 (Petal.Width). 花萼宽度存在异常值, 且分布集中度最高. 花瓣长度中位数水平较高, 表明离散程度较大, 偏斜度较大.

2) 分别比较三种鸢尾花品种的特征

统一纵轴刻度条件下, 比较三种鸢尾花品种在 4 个指标上的特征 (图 6.34): 通过对 (a) ~ (d) 四个子图对比, 很明显看出花瓣和花萼长度分布较离散, 特征值较大; 花瓣和花萼宽度分布较为集中, 特征值较小. 其中, 除花萼宽度外, virginica 品种的其他特征值都最大, 其次是 versicolor 品种, 最小的是 setosa 品种.

如果刻度值不统一, 视角上有些特征值会被放大或缩小, 掩盖真实情况. 例如: 图 6.35 中图 (b) 和图 (d) 的集中程度会被削弱, 看起来比较接近图 (a) 和图 (c).

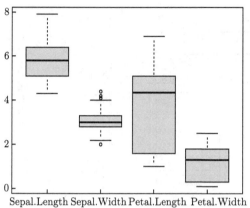

图 6.33　花萼花瓣箱线图

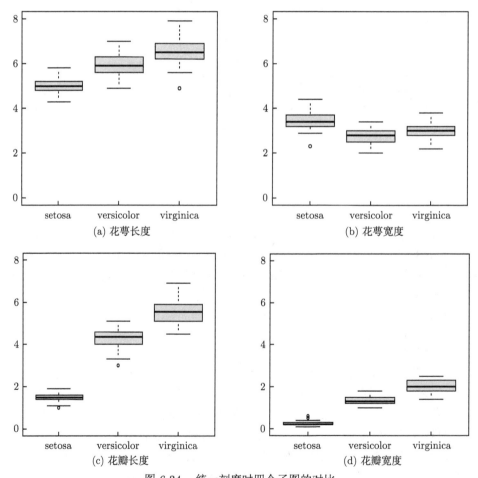

(a) 花萼长度

(b) 花萼宽度

(c) 花瓣长度

(d) 花瓣宽度

图 6.34　统一刻度时四个子图的对比

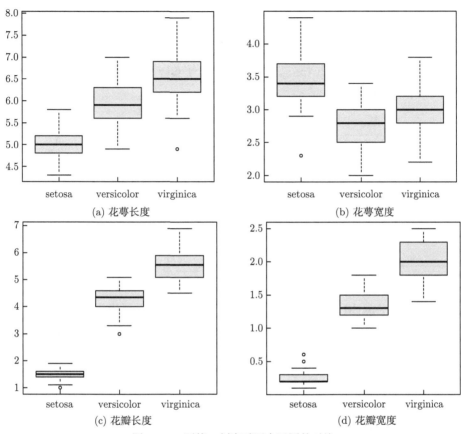

图 6.35　不统一刻度时四个子图的对比

进行多组箱线图比较时, 刻度值是否统一显得十分重要. 统一的刻度值才是可比的. 否则会引起对数据的错误解读.

❀ R数据集 ToothGrowth (豚鼠牙齿生长) 特征可视化 ❀

1. 案例学习要点

按照某个分类特征进行分组对照的箱线图分析.

2. 案例内容

对 R 数据集 ToothGrowth (豚鼠牙齿生长), 按照维生素 C 的摄入量, 对摄入方式不同的豚鼠牙齿生长差异进行比较分析.

3. 案例过程及分析

1) 数据集说明

数据集 ToothGrowth (豚鼠牙齿生长) 共有 60 个观测样本, 3 个指标, 部分样本如表 6.8 所示.

表 6.8 ToothGrowth 数据集节选

	len	supp	dose
1	4.2	VC	0.5
2	11.5	VC	0.5
3	7.3	VC	0.5
4	5.8	VC	0.5
5	6.4	VC	0.5
...	...	...	...
56	30.9	OJ	2
57	26.4	OJ	2
58	27.3	OJ	2
59	29.4	OJ	2
60	23	OJ	2

其中,

len(tooth length): 表示小鼠牙齿长度的数值变量, 以毫米为单位.

supp (supplement): 表示小鼠摄取的维生素 C 补充剂类型的因子变量. 有两种取值: "VC" (维生素 C) 和 "OJ" (橙汁), 分别表示不同的维生素 C 摄取方式.

dose: 表示小鼠维生素 C 的摄入剂量的数值变量, 以毫克为单位.

2) 分组箱线图的对照比较

ToothGrowth 数据展示了不同维生素摄入量下, 豚鼠牙齿的生长情况, 因此可以以维生素摄入量进行分组, 反映不同维生素 C 摄入量和摄入方式对其牙齿生长的影响. 具体如图 6.36 所示.

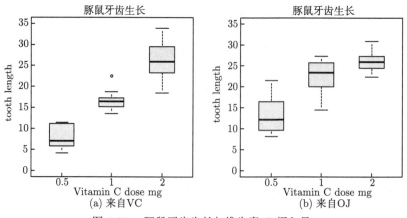

图 6.36 豚鼠牙齿生长与维生素 C 摄入量

结果表明, 总体看, 维生素 C 摄入量较高的豚鼠, 其牙齿生长也比较快. 分摄入方式看, 来自 VC 摄入的组, 在每日剂量为 2mg 时, 生长明显加快, 并且箱体较长, 表明个体差异较大; 而来自 OJ 摄入的组, 在每日剂量为 2mg 时, 并无明显生长加快, 箱体较短, 表明个体差异不大.

6.8 R 软件应用

数据可视化

1. 目的

掌握描述一维及多维数据的规模、结构和趋势的主要作图函数.

2. 内容

1) ggplot2 函数简述

ggplot2 是一个基于 "图形语法" 的图形创建系统. 特点是按图层作图. 核心理念是将绘图与数据分离, 数据相关的绘图与数据无关的绘图分离.

ggplot2 最为常见的基本形式为

```
ggplot(data=,aes(x=,y=))+geom_XXX(...)+...+stat_XXX(...)+...+
annotate(...)
```

包含较多功能的形式为

```
ggplot(data=,aes(x=,y=))+geom_XXX(...)+...+stat_XXX(...)+...+
annotate(...)+...+labs(...)+scale_XXX(...)+coord_XXX(...)+guides(...)
+theme(...)+facet_XXX(...)
```

函数主体是 ggplot(), 包含数据集和图形映射 (使用 aes() 决定图形的外观, 如字体大小、标签位置及刻度线), 通过 "+" 号添加几何对象图层 (如点图 geom_point(), 条形图 geom_bar)、统计变换 (stat: 对数据进行汇总, 如箱线图 stat_boxplot)、刻度 (如 scale_colour_brewer)、坐标系统 (如 coord_polar: 极坐标)、分面 (facet: 描述数据如何被拆分为子集, 以及对不同子集如何绘制), 以及位置调整 (position: 对图形位置做精细控制) 等.

关于 ggplot2 的较详细使用说明, 参见 R 软件里的函数说明.

2) 绘制条形图

调用 ggplot() 制作条形图, 采用 geom_bar 作为后缀. 图 6.1 和图 6.2 作图绘制代码如下.

```
#调用R自带数据集(HairEyeColor),将其转换为数据框格式:
da<-data.frame(HairEyeColor)
#图6.1(a)的代码:
ggplot(data=da,aes(x=reorder(Hair,Freq),y=Freq,fill=Hair))+
    geom_bar(stat='identity')+scale_fill_manual(values=c("maroon",
    "orange3","red3","pink2"))
#图6.1(b)的代码:
ggplot(data=da,aes(x=Freq,y=reorder(Hair,Freq)))+
  geom_bar(stat='identity',width=0.8,fill='steelblue')
#图6.2(a)的代码:
ggplot(data=da,aes(x=Hair,y=Freq,fill=Eye))+
  geom_bar(stat='identity',position='dodge')+
  scale_fill_manual(values=c("red","steelblue","orange","green"))
#图6.2(b)的代码:
ggplot(data=da,mapping=aes(x=Hair,y=Freq,fill=Eye))+
  geom_bar(stat='identity',position='stack')+
  scale_fill_manual(values=c("red","steelblue","orange","green"))
```

说明: 对于离散数据, stat 选择 "identity" 或 "count", 表示用观测值作图.

width: 用于调整条形的宽度.

fill: 表示对条形进行颜色填充.

把条形图按照 Hair 变量设置每类的填充色, 可通过 aes(fill=) 来实现, 每个分组的填充色依次是 scale_fill_manual() 定义的颜色.

可通过 geom_text(aes(label =Freq), size =m, vjust =n) 对条形添加标签.

条形图也可以采用作图函数 barplot(), 其基本形式为

```
barplot(data,main,xlab,ylab,horiz)
```

data: 数据对象 (一般先采用 table 函数进行频数统计).

main: 图标题命名, 也可省略.

xlab: x 轴的标目.

ylab: y 轴的标目.

horiz: 设置柱形图为纵向或是横向, 默认为纵向条形图, horiz =T 表示横向条形图.

3) 绘制饼图

在 Excel 工作表中, 选中数据单元, 单击 "插入 $\longrightarrow$ 饼图", 即可绘制各种饼图: 单式饼图、复合饼图、立体饼图、圆环图等等.

在 R 软件中, 饼图的制图函数是 pie(), 是基础包的函数, 基本形式为

```
pie(data,lables,col)
```

data: 数据对象, 为非负数值向量, 其中每个元素表示饼图各扇形的面积.

lables: 各扇形标签的字符型向量.

col: 定义各扇形的颜色.

```
lbls2<-paste(lbls," ",pct,"%")#将百分比,附在标签后面
```

图 6.3 (a) 绘制代码如下.

```
t<-c(24,16,12,48)#创设数据对象t
lbls<-c("中部","西部","东北","东部")#命名各扇形标签
pct<-round(t/sum(t)*100)#将向量t的各元素转换为百分比
lbls2<-paste(lbls," ",pct,"%")#将百分比,附在标签后面
mycolors<-c("red","yellow","blue","green")#设置各扇形颜色
pie(t,lbls2,col=mycolors)
```

plotrix 包的 pie3D() 函数可以制作立体饼图, 其函数形式与 pie() 基本一致.
图 6.3 (b) 绘制代码如下.

```
install.packages("plotrix")
library(plotrix)
t<-c(24,16,12,48)#创设数据对象t
lbls<-c("中部","西部","东北","东部")#命名各扇形标签
pct<-round(t/sum(t)*100)#将向量t的各元素转换为百分比
lbls2<-paste (lbls," ",pct,"%")#将百分比,附在标签后面
col<-c("pink","yellow","blue","green")#设置各扇形颜色
pie3D(t,labels=lbls2, explode=0.1,col=col)#绘制饼图,参数explode用
    于控制扇形之间的分裂度.
```

4) 绘制南丁格尔玫瑰图

可采用函数 ggplot2 () 制作南丁格尔玫瑰图. 函数基本形式为

```
ggplot(data,aes(x,y,fill))+geom_bar(stat="identity",color)+coord_polar()
```

coord_polar() 表示将条形图进行极坐标化.

图 6.6 和图 6.7 的绘制代码分别如下.

```
图6.6
cd<-c(1,2,3,4,5,6,7,8,9,10,11,12,13,14,15,16,17,18,19)
pr<-data.frame(cd,pressure)
p<-ggplot(data=pr,aes(x=reorder(cd,temperature),y=temperature,fill
    =temperature))+
```

```
geom_bar(stat="identity",color="red")#绘制条形图
p+coord_polar()#将条形图进行极坐标化

图6.7
cd<-c(1,2,3,4,5,6,7,8,9,10,11,12,13,14,15)
wm<-data.frame(cd,women)
ggplot(data=wm,aes(x=reorder(cd,weight),y=weight,fill=weight))+
geom_bar(stat="identity",color="black")+
coord_polar()
```

5) 绘制矩形树图

矩形树图的作图函数是 treemap (), 基本形式是

treemap(data,index,vSize,vColor,type,palette,aspRatio,format.legend,...)

① data: 待处理数据对象, 是数据框.

② index: 定义树状图的层次结构. 如果提供了多个列名, 则第一个名称为第一层次分组级别, 第二个名称为第二层次分组级别, 依次类推. 是必需的参数.

③ vSize: 指定矩形大小的列的名称. 是必需的参数.

④ vColor: 列的名称, 与类型 (type) 一起确定矩形的颜色深浅, 若未指定, 则由类型 (type) 决定颜色.

⑤ type : 树图的类型, 它决定矩形的颜色. 包括如下选项:

"index": 表示颜色由层次变量决定. 层次树中的不同分支有不同的颜色. 对于这种类型, 不需要定义 vColor.

"value": 数值 vColor -列直接映射到调色板. 这个调色板是发散的, 因此 0 值被分配给中间颜色 (白色或黄色), 负值和正值被分配给基于两种不同色调的颜色 (默认红色为负值, 绿色为正值). 这个选项需要对 vColor 进行定义.

"comp": 颜色表示 vSize -列相对于数值 vColor -列的百分比的变化.

"dens": 颜色表示密度.

"depth": 每个聚合级别 (由 index 定义) 都有不同的颜色. 对于这种类型, 不需要 vColor.

"categorical": vColor 是一个决定颜色的因子列.

"color": vColor 是十六进制 (#RRGGBB) 格式的颜色向量.

"manual": 数值 vColor -列直接映射到调色板. 应该同时提供调色板和范围. 调色板线性映射到范围.

⑥ palette: 是自定义颜色调色板的选项, 默认为: RdYlGn. 调色板可以通过添加 "-" 前缀进行反转. 树图类型若选 "value" 和 "comp", 应该选择发散的调色

板 (默认 ="RdYlGn")

⑦ aspRatio: 设置矩形的长宽比.

⑧ format.legend: 图例, 用于数字格式化的附加参数列表; 仅当 type 为 "value", "dens" 或 "manual" 时适用.

关于矩形树图的更多参数及用法, 参阅 R 的函数说明.

图 6.8 绘制代码如下:

```
install.packages("treemap")
library(treemap)
da<-data.frame(Titanic)
write.table(da,file="da.csv",sep=",")
treemap(da,
        index=c("Class","Survived"),
        vSize="Freq",
        type="index",
        palette="-Set2",
        aspRatio=2)
```

6) 绘制马赛克图

绘制马赛克图可以使用 ggplot2 包的 geom_rect() 函数、ggmosaic 包的 geom_mosai() 函数、graphics 包的 mosaicplot() 函数, 或者 vcd 包的 mosaic() 函数.

geom_rect() 函数和 geom_mosai() 函数适用较为繁琐, 不过修改自由度较大. mosaicplot() 函数和 mosaic() 函数较为便捷.

graphics 包的 mosaicplot() 函数式为

```
mosaicplot(x,xlab,ylab,color,shade,margin,main,type=c("pearson", "deviance",
"FT"),...)
```

或

```
mosaicplot(formula,data,xlab,ylab,color,shade,margin,main,...)
```

vcd 包的 mosaic() 函数式为

```
mosaic(x,shade,legend,main,...)
```

或

```
mosaic(formula,data,...,main,...)
```

图 6.9 绘制代码如下.

```
install.packages("vcd")
library(vcd)
mosaic(Titanic,shade=TRUE,legend=TRUE)
ftable(Titanic)
或
mosaic(~Class+Sex+Age+Survived,data=Titanic,
  shade=TRUE,legend=TRUE)
```

7) 绘制直方图

R 软件中, 直方图的作图函数是 hist(), 其基本形式是

hist(data,breaks,col,border,xlim,ylim,xlab,ylab)

① data: 数据对象, 可以是向量或数据框.

② breaks: 确定直方图组限的参数, 决定直方图的频率.

③ col: 设置直方图的颜色, 使用 colours() 可以查看 657 种颜色的字符.

④ border: 设置直方图的边框颜色.

⑤ xlab, ylab: 设置 x, y 轴的标签.

⑥ xlim, ylim: 设置 x, y 轴的刻度.

随机生成部分数据进行直方图绘制, 可以指定分组节点, 如下例所示:

```
v<-c(9,13,21,18,36,22,32,41,31,33,39,28,27,26)#建立数据对象v
hist(v,xlab="Weight",col="yellow",border="red",xlim=c(0,45),
ylim=c(0,5),breaks=10)#绘制直方图

data<-round(rnorm(50,45,25))#产生50个正态分布随机数
split_number<-10#分为10个节点
d<-(max(data)-min(data))/(split_number-1)#计算组距
split_point<-seq(min(data)-d/2,max(data)+d/2,by=d)#确定各节点位置
hist(data,breaks=split_point,col="yellow",border="red")#绘制直方图
```

也可以采用 ggplot 绘制直方图, 基本命令是

ggplot(data,aes(x,y))+geom_histogram(bins,binwidth,fill,colour)

bins: 设置组数.

binwidth 设置组距.

fill: 设置颜色.

colour: 设置直方图边框的颜色.

通过 geom_density() 可对直方图添加密度曲线.

图 6.10 绘制代码如下.

```
图(a)代码
ggplot(faithful,aes(x=waiting))+
geom_histogram(binwidth=8,bins=10,fill="pink2",colour="black")
图(b)代码
ggplot(faithful,aes(x=waiting,y=..density..))+
geom_histogram(fill="pink2",colour="black", size=.2)+
geom_density()+xlim(35, 105)
```

8) 绘制箱线图

箱线图的 R 软件作图函数是 boxplot(), 可对单组数据和多组数据同时作图. 作图函数的基本形式:

```
boxplot(formula,data,boxwex,col,subset,xlab,ylab,xlim,ylim,...)
```

formula: 绘图公式, 指定绘制箱线图的变量.

data: 待处理数据对象.

boxwex: 设置箱体宽度.

col: 设置箱体颜色.

subset : 抽取对象的部分数据用于作图.

xlab: 命名 x 轴的标目.

ylab: 命名 y 轴的标目.

xlim: 设置 x 轴的刻度.

ylim: 设置 y 轴的刻度.

案例 ToothGrowth (豚鼠牙齿生长) 箱线图 (图 6.36) 绘制代码如下.

```
boxplot(len~dose,data=ToothGrowth,
        boxwex=0.5,
        subset=supp=="VC",col="yellow",
        main="豚鼠牙齿生长",
        xlab="Vitamin C dose mg",
        ylab="tooth length",
        xlim=c(0.5,3.5),ylim=c(0,35))
boxplot(len~dose,data=ToothGrowth,
        boxwex=0.5,
        subset=supp=="OJ",col="yellow",
        main="豚鼠牙齿生长",
        xlab="Vitamin C dose mg",
        ylab="tooth length",
        xlim=c(0.5,3.5),ylim=c(0,35))
```

也可以采用另一种作图函数:

```
boxplot(data,col,horizontal,names,...)
```

horizontal: 设置条形横竖, 用逻辑值 TRUE 和 FALSE 判断, 默认竖立.

names: 命名 x 轴变量名称.

如

```
boxplot(a$x1,a$x2,...,a$x14,,names=c("x1","x2",...,"x14"))
```

若采用 ggplot() 绘制箱线图, 基本命令是

```
ggplot(data,aes(x,y))+geom_boxplot()
```

可以在后面叠加多个图层, 设置各种参数. 为了看数据分布是否有偏, 还可以用 stat_summary() 函数添加均值与中位数进行比较.

例如, 图 6.11(a)、图 6.11(b) 和图 6.12 的代码如下.

```
图6.11(a)代码
ggplot(CO2,aes(x=Type,y=uptake))+geom_boxplot()+
 theme(axis.text=element_text(colour="black",size=rel(1.1)))
图6.11(b)代码
ggplot(CO2,aes(x=Type,y=uptake))+geom_boxplot()+
stat_summary(fun.y="mean", geom="point", shape=23, size=3, fill=
"blue")+theme(
axis.text = element_text(colour = "black", size=rel(1.1)))
图6.12代码
ggplot(CO2,aes(x=Plant,y=uptake))+geom_boxplot()+
stat_summary(fun.y="mean",geom="point",shape=23,size=3,fill=
    "blue")+theme(
  axis.text=element_text(colour="black",size=rel(1.1)))
#把均值以菱形添加到箱线图中.
```

9) 绘制概率密度图

采用 ggplot() 绘制概率密度图. 基本形式为

```
ggplot(data,aes(x))+geom_density()+theme()
```

图 6.13 ~ 图 6.18 的代码如下.

```
图6.13正态分布
d1<-rnorm(1000,2.5,3)
d11<-data.frame(d1)
ggplot(d11,aes(x=d1))+geom_density(size=1.5)+
```

```
theme(axis.text=element_text(colour="black",size=rel(1.1)))

图6.14均匀分布
d2<-runif(1000,min=1,max=100)
d21<-data.frame(d2)
ggplot(d21,aes(x=d2))+geom_density(size=1.5)+
  theme(axis.text=element_text(colour="black",size=rel(1.1)))

图6.15几何分布
d3<-rgeom(1000,prob=0.5)
d31<-data.frame(d3)
ggplot(d31,aes(x=d3))+geom_density(size=1.5)+
  theme(axis.text=element_text(colour="black",size=rel(1.1)))

图6.16指数分布
d4<-rexp(1000,rate=1.5)
d41<-data.frame(d4)
ggplot(d41,aes(x=d4))+geom_density(size=1.5)+theme(
axis.text=element_text(colour="black",size=rel(1.1)))

图6.17泊松分布(λ=0.3)
d5<-rpois(1000,0.3)
d51<-data.frame(d5)
ggplot(d51,aes(x=d5))+geom_density(size=1.5)+theme(
axis.text=element_text(colour="black",size=rel(1.1)))

图6.18泊松分布(λ=30)
d6<-rpois(1000,30)
d61<-data.frame(d6)
ggplot(d61,aes(x=d6))+geom_density(size=1.5)+theme(
axis.text=element_text(colour="black",size=rel(1.1)))
```

10) 绘制点图

在 R 软件中, plot() 函数可以绘制点图、线图, 以及点线图, 具体形状可以通过设置 type 参数进行控制. 详细用法可通过?plot 进行查阅.

绘制点图的函数基本形式为

```
plot(x,type=c("p","l","s","b","c",...),col,xlab,ylab,main)
```

① type: 控制点线的形状, 其中,

"p" 表示点;

"l" 表示线;

"b" 表示点连线;

"c" 表示只保留点连线中的线段部分;

"o" 表示线穿过点;

"h" 用竖条表示每个点;

"s" 与 "S" 表示阶梯线;

"n" 表示没有任何点和线.

② col: 控制线的颜色.

③ xlab: 横轴的名称.

④ ylab: 纵轴的名称.

⑤ main: 图形的名称.

图 6.19 的绘制代码如下.

```
dot1<-read.csv(file="点图数据.csv",header=T)
library(forcats)
ggplot(dot1,aes(x=fct_inorder(time),y=sunspots))+
  geom_point(size=5,shape=19,color="black",fill="black")+ylim
      (0,160)
#fct_inorder表示对横轴的月份(因子型数据)进行排序
```

11) 绘制线图

可以采用 plot() 函数和 ggplot() 函数绘制线图.

在运用 plot() 函数绘制线图时, 可以运用 lines() 函数绘制多维线图. 其代码如下:

```
plot(data1,type,col,xlab,ylab,main)
lines(data2,type,col)
```

假设有两组向量: v 和 t, 将 t 添加到 v 的绘制代码如下.

```
#先对v绘制线图
plot(v,type="l",col="red",xlab="Month",ylab="Rain fall")
#对上图添加数据为t的折线
lines(t,type="o",col="blue")
```

采用 ggplot() 函数制作折线图的基本形式是

```
ggplot(data=a,aes(x,y))+geom_line()
```

① 当横坐标的属性设置为因子时,

```
ggplot(data=a,aes(x,y,group=分组变量))+geom_line()
```

② 为折线图标记点:

```
ggplot(data=df,aes(x,y))+geom_line()+geom_point()
```

图 6.20 的绘制代码如下.

```
图(a)
ggplot(dot1,aes(x=fct_inorder(time),y=sunspots,group=1))+
 geom_line(size=1)+geom_point(size=2,shape=19)+ylim(0,160)
图(b)
ggplot(dot1,aes(x=fct_inorder(time),y=sunspots,group=1))+
geom_line(size=1)+ylim(0,160)
图(c)
plot(sunspots,type="l")
```

③ 绘制多条折线图:

```
ggplot(data=df,aes(x,y,colour))+geom_line()#基于颜色的多条折线图
```

代码示例如下.

```
set.seed(1234)
year<-rep(2010:2019,times=3)
type<-rep(c("A","B","C"),each=30)
value<-c(runif(10),runif(20,min=5,max=15))
df<-data.frame(year=year,type=type,value=value)
ggplot(data=df,aes(x=year,y=value,colour=type))+geom_line()
```

```
ggplot(data=df,aes(x,y,linetype))+geom_line()#基于形状的多条折线图
```

图 6.21 的绘制代码如下.

```
library(forcats)
dot2<-read.csv(file="点图数据2.csv",header=T)
sunspots<-c(dot2$X1749,dot2$X1750,dot2$X1751)
month<-rep(dot2$month,times=3)
type<-rep(c("X1749","X1750","X1751"),each=12)
df<-data.frame(month=month,type=type,sunspots=sunspots)
ggplot(df,aes(x=fct_inorder(month),y=sunspots,group=type,linetype=
    type))+
geom_line(size=1)+geom_point(size=2,shape=19)+ylim(0,160)
```

绘制分列折线图时采用 par() 函数或 split.screen() 先规定分面, 再用 plot() 函数绘制. 其中

par() 的基本形式为

```
par(mfrow=c(m,n))
```

m: 表示行的数目.

n: 表示列的数目.

split.screen() 的基本形式为

```
split.screen(c(n,m))
```

m: 表示行的数目.

n: 表示列的数目.

图 6.22 代码如下.

```
sunspots1749<-dot2$X1749
sunspots1750<-dot2$X1750
sunspots1751<-dot2$X1751
par(mfrow=c(1,3))#在一个界面显示一行有3列的三个图形.
plot(sunspots1749,type="l",xlab="月份",lwd=2,ylim=c(0,160))
plot(sunspots1750,type="l",lwd=2,xlab="月份",ylim=c(0,160))
plot(sunspots1751,type="l",lwd=2,xlab="月份",ylim=c(0,160))

split.screen(c(3,1))#一个界面显示一行有3列的三个图形
screen(1)
plot(sunspots1749,type="l",xlab="月份",lwd=2,ylim=c(0,160))
screen(2)
plot(sunspots1750,type="l",lwd=2,xlab="月份",ylim=c(0,160))
screen(3)
plot(sunspots1751,type="l",lwd=2,xlab="月份",ylim=c(0,160))
```

12) 绘制雷达图

可调用 radarchart() 函数绘制雷达图, 该函数在 R 的 fmsb 包中, 需要先下载包. 函数基本形式为

```
radarchart(data,plwd,plty,pcol,pfcol,centerzero=TRUE)
```

data: 数据框对象, 需要包含对每个指标的最小值、最大值定义.

plwd: 绘图数据的线宽矢量, 默认为 2.

plty: 绘图数据的线类型向量, 1 = 实线, 2 = 虚线, 3 = 点线等.

pcol: 绘图数据的颜色代码向量, 默认为 1:8.

pfcol: 填充多边形的颜色若为 NA 则不填充.

centerzero: 逻辑值. 取值 TRUE, 表示函数绘制从 (0,0) 开始, 取值 FALSE, 表示函数绘制从第 1 段开始. 默认为 FALSE.

图 6.23 的绘制代码如下.

```
b<-subset(attitude[c(1,2,3),])#准备数据
b1<-subset(attitude[1,])
maxmin<-data.frame(
  rating=c(100,10),
  complaints=c(100,10),
  privileges=c(100,10),
  learning=c(100,10),
  raises=c(100,10),
  critical=c(100,10),
  advance=c(100,10))#对每个指标定义最小值、最大值
dat<-rbind(maxmin,b)#合成待处理数据对象
dat1<-rbind(maxmin,b1)#合成待处理数据对象
radarchart(dat1,plwd=3,plty=1,pcol=1,pfcol="#BBAAEE99",centerzero=
    TRUE)绘制图(a)
radarchart(dat,plwd=3,plty=1:3,pcol=1,centerzero=TRUE)绘制图(b)
lbl<-c("1","2","3")
legend("bottomright",legend=lbl,lty=1:3)#加图例
```

13) 绘制星图

星图的绘制代码是 stars() 函数. 基本形式为

```
stars(x,full,scale,radius,key.loc,draw.segments,col.segments,lwd,lty,...)
```

x: 数据对象, 为矩阵或数据框. x 的每一行将生成一个星形图. 缺失值被视为 0.

full: 逻辑值, 是否圆形, 如果为 TRUE, 则星图是一个完整的圆. 否则, 它们呈现为 (上) 半圆. 默认为 full=TRUE.

scale: 逻辑值, 是否标准化, 如果为 TRUE, 表示数据列将进行 [0,1] 标准化, 否则进行特定值范围的标准化. 默认为 scale = TRUE.

radius: 逻辑值, 是否绘制半径, 如果为 TRUE, 将绘制数据中每个变量对应的半径. 默认为 radius = TRUE.

key.loc: x 和 y 坐标向量, 其值可调整星图的坐标位置.

draw.segments: 逻辑值, 是否绘制分段图. 如果为 TRUE, 则分指标绘制分段图.

col.segments: 颜色向量, 每个向量为一个分段 (指标) 指定一种颜色. 它是当参数 draw.segments 选择为 TRUE 时才可以定义.

lwd: 用于绘图的线宽.

lty: 用于绘图的线条类型.

图 6.24 的绘制代码如下.

```
图(a)
stars(attitude[c(1:20),],lty=1,key.loc=c(12,2))

图(b)
color<-c('#8DD3C7','#FFFFB3','#BEBADA','#FB8072',
  '#80B1D3','#FDB462','#B3DE69','#FCCDE5','#BC80BD','#CCEBC5',
    'gray')
stars(attitude[c(1:20),],draw.segments=TRUE,col.segments=color
    [2:8],key.loc=c(12, 2))
```

14) 绘制脸谱图

使用 R 的 faces() 函数可绘制脸谱图, 需要先下载 aplpack 包. 函数基本形式为

```
faces(xy,face.type,nrow.plot,ncol.plot,byrow,main,labels,
na.rm,ncolors,col.nose,col.eyes,col.hair,col.face,col.lips,col.ears,plot.
faces,cex)
```

xy: 数据矩阵, 行表示个体, 列表示变量.

face.type: 介于 0 和 2 之间的整数, 0 = 线条绘制脸, 1 = 绘制脸的元素, 2 = 绘制圣诞老人的脸.

nrow.plot: 面列数.

ncol.plot: 面行数.

byrow: 如果 (byrow==TRUE), xy 将被调换位置.

main: 图标题.

labels: 面标签.

na.rm: 缺失数据处理, 为 TRUE 则删除 NA 值, 为 FALSE 则通过平均值插补数据.

ncolors: 用于绘制面部元素的调色板中的颜色数量.

col.nose: 画鼻子的调色板, 一般调用彩虹色板 (rainbow), 其余调色板同处理.

col.eyes: 画眼睛的调色板.

col.hair: 画头发的调色板.

col.face: 画脸的调色板.

col.lips: 画嘴唇的调色板.

col.ears: 画耳朵的调色板.

plot.faces: 如果为 FALSE, 则不绘制人脸.

cex: 面标签的大小.

虽然上面列了很多参数, 实际上常用的只是前两个参数: xy, face.type. 其余参数基本上都可按照默认设置. 图 6.25 的绘制代码如下.

```
faces(longley[1:9,],face.type=0)
faces(longley[1:9,],face.type=1)
faces(longley[1:9,],face.type=2)
```

15) 绘制词云图

R 语言中有很多包可以绘制词云图, 如 wordcloud、wordcloud2、ggwordcloud 等. 其中, wordcloud2 包功能丰富、形式多样, 绘制的词云图更美观, 但不支持文本直接输入, 文本资料需要预处理, 需要先对文本数据进行频数统计, 再进行分词, 之后设置参数展示词频大小.

词云图的绘制函数及过程如下.

先下载包: jiebaR、wordcloud2、Hmisc.

① jiebaR 包可用于进行分词, 其函数为 worker(), segment():

```
segment(data,worker(type=" "))
```

data: 用于进行分词的数据对象.

worker(type=" ") 选择分词算法, 建立分词引擎; type 可选 "mix"(混合模型)、"mp"(最大概率法)、"hmm"(隐式马尔可夫模型)、"query"(索引模型) 和 "key-words"(关键词模型), 一般选 "mix"(混合模型).

② wordcloud2() 函数可用于绘制词云图. 其基本形式为

```
wordcloud2(data,size,color,shape)
```

data: 表示已进行了分词的数据对象.

size: 设置词云图大小的参数, 默认为 1.

color: 设置词云图的颜色, 默认为随机彩色.

shape: 设置词云图的形状, 默认为 "circle"(圆形), 也可选 "diamond"(钻石), "triangle"(三角形), "star"(星型) 等.

图 6.26 的绘制代码如下.

```
text#提取数据文本
mixseg<-worker("mix")#初始化分词引擎
text1<-segment(text,mixseg)#对文本进行分词
s<-table(text1)#进行词频统计
```

```
demoFreqC<-arrange(s,-freq) #按照词频降序排列,使得频率最大的词在词
    云图中居中
wordcloud2(demoFreqC,shape="diamond")#绘制词云图,形状为钻石形
```

16) 绘制社会网络图

可用 R 软件 visNetwork 包的 visNetwork() 函数绘制社会网络图. visNetwork 是一个用于网络可视化的 R 包, 使用的是 vis.js javascript 库 (http://visjs.org).

visNetwork() 至少需要两个信息: 节点, data.frame 数据, 有 id 列; 边缘, data.frame 数据, 至少两列, 一列起点信息 (from), 一列终点信息 (to).

该函数的基本形式为

```
visNetwork(nodes,edges,...)
```

node: 对节点进行设置, 包括节点大小、id、标签、分组、颜色等;

edges: 对线条进行设置, 包括方向、起始点、粗细等.

图 6.28 的代码如下.

```
nodes<-data.frame(id=1:10,
                  label=paste("Node",1:10),
                  group=c("GrA","GrB"),
                  value=1:10,
                  shape=c("square","triangle","box","circle",
                      "dot","star",
                  "ellipse","database","box","diamond"),
                  color=c("green","grey","orange","skyblue",
                      "pink"),
                  shadow=c(FALSE,TRUE,FALSE,TRUE,TRUE))
edges<-data.frame(from=sample(1:10,8),to=sample(1:10,8),
                  label=paste("Edge",1:8),
                  length=c(100,500),
                  arrows=c("to","from","middle","middle;to"),
                  dashes=c(TRUE,FALSE),
                  title=paste("Edge",1:8),
                  smooth=c(FALSE,TRUE),
                  shadow=c(FALSE,TRUE,FALSE,TRUE))
visNetwork(nodes,edges,width="100%")
```

更多数据可视化方法及软件应用参见 (蓝星宇, 2023; Kabacoff, 2016; Chang, 2014).

思考与练习

1. 阐述各种统计图的含义及适用数据情况.

2. R 软件应用练习.

(1) 掌握 ggplot2() 的基本用法.

(2) 自选 R 数据集, 分别绘制条形图、饼图、玫瑰图、矩形树图、马赛克图、箱线图、线图、雷达图、星图和脸谱图.

(3) 对所绘制的图形进行解读.

(4) 合法爬取电商网站商品公开数据, 绘制词云图和社会网络图.

第6章在线自测题

第7章 相关与关联分析

学习目标

- 掌握相关关系的含义
- 掌握皮尔逊、斯皮尔曼、肯德尔三种相关系数的计算方法
- 掌握关联分析的基本思想
- 掌握支持度、置信度和提升度三个基本概念
- 能够运用 Aprioir 算法进行关联规则计算

　　由于社会经济活动的相互关联, 数据之间常常会存在一些内在关系. 这些关系包括相关、关联、相似、因果等, 因此, 数据探索性分析主要包括相关性分析、关联性分析、聚类等.

7.1　相　关　关　系

　　相关关系是指数据之间发展趋势的相同性, 相关性分析主要对指标之间变化趋势进行比较分析, 以判断指标之间是否存在相同变化规律. 如果两个指标之间存在相同的变化趋势, 可以认为它们之间具有一定的相关关系.

　　根据分析对象的数量情况, 相关分析可分为一般相关分析和典型相关分析.

7.1.1　一般相关关系

　　一般相关分析主要计算两组向量之间, 或一组向量与多组向量之间的相关关系, 通过计算相关系数和绘制相关关系图进行分析.

　　相关系数是向量之间相关性程度的度量指标. 由于研究对象的不同, 相关系数有如下几种类型.

　　简单相关系数: 度量两个向量间的线性关系, 又叫相关系数或线性相关系数.

复相关系数: 度量一个向量与其他多个向量之间的线性关系, 又叫多重相关系数.

典型相关系数: 度量一组向量与另一组向量之间线性关系. 通过主成分降维, 将一组向量转换为单个综合指标, 然后通过度量综合指标之间的线性关系来研究原多组向量之间的相关关系.

1. 简单相关系数

两个向量之间的简单相关系数反映的两个向量之间变化趋势的方向以及程度. 统计学中测度简单相关关系的三大相关系数是: 皮尔逊相关系数、斯皮尔曼相关系数和肯德尔相关系数, 它们的应用条件不相同.

1) 皮尔逊相关系数

皮尔逊 (Pearson) 相关系数是由卡尔·皮尔逊从弗朗西斯·高尔顿在 19 世纪 80 年代提出的一个相似想法演变而来. 这个相关系数也称作 "皮尔逊积矩相关系数".

设 X, Y 分别表示两个向量, r 表示相关系数, 两个向量之间的皮尔逊相关系数定义为两个向量之间的协方差和标准差的商:

$$r = \frac{\sum\limits_{i=1}^{n}(x_i - \overline{x})(y_i - \overline{y})}{\sqrt{\sum\limits_{i=1}^{n}(x_i - \overline{x})^2}\sqrt{\sum\limits_{i=1}^{n}(y_i - \overline{y})^2}} \tag{7.1}$$

它的几何意义是余弦相似度, 0 度角的余弦值是 1, 而其他任何角度的余弦值都不大于 1, 并且其最小值是 -1. 因此, 可以通过计算两个向量的夹角余弦值来评估它们的相似度. r 的取值范围为 $[-1, 1]$.

两个向量 X, Y 间的余弦值可以通过欧几里得点积公式求出:

$$X \cdot Y = \|X\| \cdot \|Y\| \cos\theta$$

所以

$$\cos\theta = \frac{X \cdot Y}{\|X\| \cdot \|Y\|} = \frac{\sum\limits_{i=1}^{n} X_i \times Y_i}{\sqrt{\sum\limits_{i=1}^{n}(X_i)^2}\sqrt{\sum\limits_{i=1}^{n}(Y_i)^2}} \tag{7.2}$$

当 X_i 和 Y_i 分别用 $x_i - \overline{x}, y_i - \overline{y}$ 代表时, 式 (7.2) 即为式 (7.1).

由于相关系数通常根据样本计算出来, 而样本具有随机性, 故相关系数也具有随机性, 需要对相关系数进行显著性检验后才能得出结论. 显著性检验针对我们对总体所做的假设做检验, 如假设总体相关系数与样本相关系数一致或不一致, 然后运用 "小概率事件实际不可能性原理" 来接受或否定假设. 所以检验的关键是要计算差异发生的概率, 即 p 值, 并给出显著性水平 α, 作为拒绝或接受原假设的依据. 数据满足正态性的条件下, 可以对皮尔逊相关系数进行显著性检验. 以 t 检验为例. t 检验基于 t 分布理论来计算差异发生的概率. 首先构造 t 统计量:

$$t = r \cdot \sqrt{\frac{n-2}{1-r^2}} \tag{7.3}$$

其中, n 为样本的数量, r 就是计算得到的皮尔逊相关系数. 这个统计量被证明符合自由度为 $t-2$ 的 t 分布.

在 t 检验中, 原假设 $H_0 : r = 0$, 即两个向量之间没有线性相关关系; 备择假设 $H_1 : r \neq 0$, 即两个向量之间存在线性相关关系.

根据样本数据, 首先计算出 t 值, 之后计算 p 值. p 值可通过积分 t 分布的概率密度函数曲线尾部面积得到, 也可以查 t 分布表计算得到. 当 p 值小于 0.01, 在 99% 的置信水平上拒绝原假设, 接受备择假设 (即样本有线性相关性, 而且非常显著); 当 p 小于 0.05 的时候, 在 95% 的置信水平上拒绝原假设, 接受备择假设 (即样本有线性相关性, 较为显著). 一般以 0.05 为分界.

需要注意的是, 皮尔逊相关系数主要衡量向量之间线性关联性的程度, 是最常用的线性关系衡量指标之一. 不过, 皮尔逊相关系数对数据的要求是服从正态分布, 如果不满足这个条件, 并且向量之间存在非线性关系或数据存在异常值时, 皮尔逊相关系数的效果将不理想, 此时, 宜采用斯皮尔曼相关系数.

2) 斯皮尔曼相关系数

斯皮尔曼 (Spearman) 相关系数又称为斯皮尔曼秩相关系数. 主要衡量有序向量间的线性相关程度. 它的计算基于秩次, 将原始数据替换为相应的秩次, 然后计算秩次间的皮尔逊相关系数. 由于秩次本身不受异常值的影响, 因此斯皮尔曼相关系数对异常值具有更好的鲁棒性.

设有两个向量 X, Y, N 是向量的元素个数, 首先对两个向量的元素 x_i, y_i 分别进行排序, 用 $R(x_i)$, $R(y_i)$ 的值表示各自排序以后的位置, 即秩次, 用 $\overline{R(x_i)}$, $\overline{R(y_i)}$ 分别表示 x_i, y_i 的平均秩, 用 ρ 表示斯皮尔曼相关系数, 则计算公式为

$$\rho = \frac{\sum\limits_{i=1}^{n}\left(R(x_i) - \overline{R(x)}\right)\left(R(y_i) - \overline{R(y)}\right)}{\sqrt{\sum\limits_{i=1}^{n}\left(R(x_i) - \overline{R(x)}\right)^2}\sqrt{\sum\limits_{i=1}^{n}\left(R(y_i) - \overline{R(y)}\right)^2}} \tag{7.4}$$

对向量元素进行排序时, 若有相同排序, 则它们的秩为各自排序的平均值. 例

如, 对两组向量 X, Y, 其元素分别为 x_i, y_i, 其秩次计算如表 7.1 中 $R(x_i)$ 和 $R(y_i)$ 所示.

表 7.1 秩次确定方法示例

原始 x_i	原始 y_i	排序后 x_i	排序后 y_i	序号	$R(x_i)$	$R(y_i)$
1.2	11.5	0.8	2.0	1	3.5	4
0.8	5.5	1.0	5.5	2	1	2
1.0	2.0	1.2	6.3	3	2	1
2.3	6.3	1.2	11.5	4	5	3
1.2	12	2.3	12	5	3.5	5

斯皮尔曼相关系数的取值范围也在 −1 到 1 之间, 越接近 1 或 −1 表示两个变量之间的单调关系越强, 0 表示两个变量之间没有单调关系. 与皮尔逊相关系数类似, 如果斯皮尔曼相关系数的取值为正, 则说明两个变量呈单调正相关, 如果斯皮尔曼相关系数的取值为负, 则说明两个变量呈单调负相关.

3) 肯德尔相关系数

肯德尔 (Kendall) 相关系数又称肯德尔秩相关系数, 是另一种测量成对顺序向量间线性相关程度的秩相关系数. 与斯皮尔曼相关系数对数据条件的要求相同, 肯德尔相关系数测度两个分类指标观测值排序的一致性程度.

肯德尔相关系数有 a, b, c 三个公式, 分别用 $\tau(a), \tau(b), \tau(c)$ 表示, 其计算公式为

$$\tau(a) = \frac{C - D}{\frac{1}{2}N(N-1)} \tag{7.5}$$

$$\tau(b) = \frac{C - D}{\sqrt{C + D + t_1} \times \sqrt{C + D + t_2}} \tag{7.6}$$

$$\tau(c) = \frac{C - D}{\frac{1}{2}N^2 \frac{M-1}{M}} \tag{7.7}$$

其中, C 表示向量 X, Y 中拥有一致性的元素对数 (两个元素为一对); D 表示 X, Y 中拥有不一致性的元素对数, N 为指标观测值个数. t_1, t_2 分别为 X, Y 的重复秩对的数量. M 表示长方形表格中行数与列数中较小的一个.

公式 (7.5) 适用于大多数情况; 公式 (7.6) 适合正方形交叉表格数据 (行数等于列数); 公式 (7.7) 适用于长方形交叉表格数据 (行数小于列数).

关于 "一致对" 和 "非一致对" 的理解:

例如, 设有两组向量 X, Y 的秩组成 5 个数对 (x_i, y_i): (2,3), (4,4), (3,1), (5,5), (1,2), 对 X 的秩按照升序进行排序后, 上述数对形成新的顺序如表 7.2 所示.

表 7.2　数对示例

原始数对	X	2	4	3	5	1
	Y	3	4	1	5	2
排序后数对	X	1	2	3	4	5
	Y	2	3	1	4	5

由于 X 已进行排序, 对于 Y 来说, y_i 与后续秩序满足: 当 $x_i < x_j$ 时, 有 $y_i < y_j$, 或当 $x_i > x_j$ 时, 有 $y_i > y_j$, 则数对 (y_i, y_j) 为 "一致对", 否则为 "非一致对", 例如: 表 7.2 中 (2,3) 为一致对, (2,1) 为非一致对.

同样, 肯德尔相关系数取值在 $[-1, 1]$, 相关系数的绝对值越接近 1, 表示两个指标之间的相关度越强; 相关系数的绝对值越接近 0, 表示两个指标之间的相关度越弱, 0 则表示两个变量不相关.

2. 复相关系数

复相关系数反映一个向量 (Y) 与一组向量 $X(X_1, X_2, \cdots, X_k)$ 之间的相关关系程度, 其计算公式为

$$R = \frac{\sum_{i=1}^{n} (y_i - \overline{y})(\hat{y} - \overline{y})}{\sqrt{\sum_{i=1}^{n} (y_i - \overline{y})^2} \cdot \sqrt{\sum_{i=1}^{n} (\hat{y} - \overline{y})^2}} \tag{7.8}$$

其中, $\hat{y}$ 是一组向量的线性关系估计值, 计算公式为

$$\hat{y} = \hat{\beta}_0 + \hat{\beta}_1 X_1 + \hat{\beta}_2 X_2 + \cdots + \hat{\beta}_n X_k \tag{7.9}$$

通过公式 (7.9), 可将一组向量转换为一个综合指标. 最终将一个向量与一组向量之间的关系转化为两个指标之间的简单相关关系, 因此, 复相关系数是简单相关系数的延伸.

复相关系数与简单相关系数的区别是, 简单相关系数的取值范围是 $[-1, 1]$, 而复相关系数的取值范围是 $[0, 1]$.

7.1.2　典型相关分析

对于两组向量之间的相互影响关系, 计算简单相关系数和复相关系数都不适合, 此时可以采用典型相关分析方法, 它是通过提取综合变量, 从总体上反映两组向量之间相互影响关系的多元统计方法. 基本原理如下.

设有两组向量: $X = (x_1, x_2, \cdots, x_p)$, $Y = (y_1, y_2, \cdots, y_q)$, $p \leqslant q$. 两组向量内部各元素之间具有一定的相关关系, 现分别在两组向量中提取有代表性的两个综合变量 U_i 和 V_i, 它们分别为两个向量组 X, Y 中各元素的线性组合,

$$U_i = a_{i1}x_1 + a_{i2}x_2 + \cdots + a_{ip}x_p, \quad i = 1, 2, \cdots, p \tag{7.10}$$

$$V_i = b_{i1}y_1 + b_{i2}y_2 + \cdots + b_{iq}y_q, \quad i = 1, 2, \cdots, p \tag{7.11}$$

使得 U_i 和 V_i 的皮尔逊相关系数 p_i 最大:

$$p_i = \frac{\mathrm{cov}(U_i, V_i)}{\sqrt{\mathrm{var}(U_i)\mathrm{var}(V_i)}}$$

可以利用这两个综合变量之间的相关关系来反映两组向量之间的整体相关性. 这两个综合变量称为典型变量, 这种分析方法就称典型相关分析.

典型相关分析基本步骤.

第一步: 提取典型相关变量. 根据公式 (7.10) 和 (7.11), 分别在 X, Y 每组综合变量中找出第一对典型变量 (U_1, V_1), 使两个变量具有最大相关性, 然后找出第二对典型变量 (U_2, V_2), 使两个变量具有次大的相关性, 同时分别与本组内的第一对典型变量尽可能不相关, 如此下去, 直到两组变量的相关关系被提取完为止, 得到 p 组典型变量 (U_p, V_p).

第二步: 寻找典型变量与向量元素之间的关系表达式, 以及典型变量与向量元素间的关系情况.

第三步: 选择典型相关变量.

下面以科技创新投入和产出两组指标为例, 介绍典型相关分析方法的具体运用.

对 2010 $\sim$ 2018 年我国科技创新投入和产出的共 7 个指标, 分析科技投入和科技产出之间的相互关系. 科技投入和产出都由指标群构成, 参见表 7.3, 若仅计算单个指标之间的关系, 比如只计算 R&D 经费投入与专利数量之间的相关关系, 都不能很好反映总体投入和产出的相关关系情况, 因此采用典型相关分析方法进行分析.

表 7.3　2010 $\sim$ 2018 年我国科技创新投入和产出数据 [①]

年度	R&D 经费内部支出/亿元	R&D 人员全时当量/万人年	R&D 经费投入强度/%	专利授权数/件	SCI 和 EI 收录论文数/篇	重大科技成果/项	技术成交合同额/万元
2010	7062.58	255.38	1.71	814825	240400	42108	39065753
2012	8687.01	288.29	1.78	1223469	252788	49181.6	53342227
2013	10298.41	324.68	1.91	1255138	275044	51723	64370683
2014	11846.6	353.28	1.99	1313000	346414	52477	74691254
2015	13015.63	371.06	2.02	1302687	398938	53140	85771790
2016	14169.88	375.88	2.06	1718192	469801	55284	98357896
2017	15676.75	387.81	2.11	1753763	504032	58779	114069815.7
2018	17606.13	403.36	2.13	1836434	539636	59792	134242244.7

① 资料来源: 国家统计局社会科技和文化产业统计司, 科学技术部战略规划司. 2011 $\sim$ 2019 各年度中国科技统计年鉴 (共八册) [M]. 北京: 中国统计出版社.

将表 7.3 中 7 个指标分为创新资源投入和创新成果产出两组, 分别用 x 系列代表投入组, y 系列代表产出组, 具体指标符号如下:

x_1: R&D 经费内部支出, 单位为亿元;

x_2: R&D 人员全时当量, 单位为万人年;

x_3: R&D 经费投入强度, 单位为%;

y_1: 专利授权数, 单位为件;

y_2: SCI 和 EI 收录论文数, 单位为篇;

y_3: 重大科技成果, 单位为项;

y_4: 技术成交合同额, 单位为万元.

运用公式 (7.10) 和 (7.11) 进行计算, 分别在 y 组内得到 4 个相关变量: U_1, U_2, U_3, U_4, x 组内得到 3 个相关变量: V_1, V_2, V_3, 相关变量结果如表 7.4 所示.

表 7.4　典型相关分析示例

	y 的典型变量系数					x 的典型变量系数		
	U_1	U_2	U_3	U_4		V_1	V_2	V_3
y_1	0.0032	−0.8789	−0.7553	1.2047	x_1	−0.5332	−1.4927	0.0737
y_2	−0.0100	1.4306	−1.3055	−1.0139	x_2	0.1174	0.6202	4.1916
y_3	0.0209	1.8396	0.4444	−0.2848	x_3	0.0447	0.9583	−4.2551
y_4	−0.3910	−2.3110	1.5721	0.1289				

分别通过 y 和 x 的典型变量系数构造典型相关变量 U 和 V, 得到三对典型相关变量, 分别为

第一对典型相关变量:

$$U_1 = 0.0032y_1 - 0.0100y_2 + 0.0209y_3 - 0.3910y_4$$

$$V_1 = -0.5332x_1 + 0.1174x_2 + 0.0447x_3$$

第二对典型相关变量:

$$U_2 = -0.8789y_1 + 1.4306y_2 + 1.8396y_3 - 2.3110y_4$$

$$V_2 = -1.4927x_1 + 0.6202x_2 + 0.9583x_3$$

第三对典型相关变量:

$$U_3 = -0.7553y_1 - 1.3055y_2 + 0.4444y_3 + 1.5721y_4$$

$$V_3 = 0.0737x_1 + 4.1916x_2 - 4.2551x_3$$

经计算, 上述三对典型相关变量的相关系数分别为

[1] 0.9999

[2] 0.8858

[3] 0.3260

第三对典型相关变量的相关系数非常低, 说明其相关度很低, 此处可以舍去. 考虑第一和第二对典型相关变量. 两者的相关系数都比较高.

第一对典型相关变量的相关系数高达 0.9999, 说明科技投入与科技产出指标系列之间存在很强的相关关系, 其线性组合为

$$U_1 = 0.0032y_1 - 0.0100y_2 + 0.0209y_3 - 0.3910y_4$$

$$V_1 = -0.5332x_1 + 0.1174x_2 + 0.0447x_3$$

7.2 相关关系可视化

7.2.1 二维散点图

二维散点图是指数据点在直角坐标系平面上的分布图, 用两组数据构成多个坐标点, 考察坐标点的分布, 判断两变量之间是否存在某种关联或总结坐标点的分布模式. 在相关分析中, 二维散点图可以直观反映两个变量之间的线性相关关系. 分别用横轴和纵轴表示要分析的两个向量 X 和 Y, 若每个 $x_i = y_i$, 则图中的散点将全部分布在 45° 线上, 此时 X 与 Y 完全相关.

采用 R 数据集 mtcars 绘制点图. 该数据集取自美国《汽车趋势》杂志, 1974, 内含 32 种汽车品牌 11 个指标的统计数据. 前 14 个样本数据如表 7.5 所示.

表 7.5 mtcars 数据集前 14 个样本

	mpg	cyl	disp	hp	drat	wt	qsec	vs	am	gear	carb
Mazda RX4	21	6	160	110	3.9	2.62	16.46	0	1	4	4
Mazda RX4 Wag	21	6	160	110	3.9	2.875	17.02	0	1	4	4
Datsun 710	22.8	4	108	93	3.85	2.32	18.61	1	1	4	1
Hornet 4 Drive	21.4	6	258	110	3.08	3.215	19.44	1	0	3	1
Hornet Sportabout	18.7	8	360	175	3.15	3.44	17.02	0	0	3	2
Valiant	18.1	6	225	105	2.76	3.46	20.22	1	0	3	1
Duster 360	14.3	8	360	245	3.21	3.57	15.84	0	0	3	4
Merc 240D	24.4	4	146.7	62	3.69	3.19	20	1	0	4	2
Merc 230	22.8	4	140.8	95	3.92	3.15	22.9	1	0	4	2
Merc 280	19.2	6	167.6	123	3.92	3.44	18.3	1	0	4	4
Merc 280C	17.8	6	167.6	123	3.92	3.44	18.9	1	0	4	4
Merc 450SE	16.4	8	275.8	180	3.07	4.07	17.4	0	0	3	3
Merc 450SL	17.3	8	275.8	180	3.07	3.73	17.6	0	0	3	3
Merc 450SLC	15.2	8	275.8	180	3.07	3.78	18	0	0	3	3

其中, 各指标解释如下①.

mpg: 每加仑英里数 (miles per gallon), 表示汽车的燃油效率, 即每加仑汽油可以行驶的英里数. 这个值越高, 燃油效率越好.

cyl: 气缸数 (number of cylinders), 表示发动机内的气缸数量, 通常是 4, 6 或 8.

disp: 排量 (displacement), 表示发动机的总排量, 通常以立方英寸 (cubic inches) 为单位.

hp: 马力 (horsepower), 表示发动机的输出功率, 通常以马力为单位.

drat: 后桥速比 (rear axle ratio), 表示后桥的齿轮比, 它影响车辆的加速性能和燃油效率.

wt: 车重 (weight), 表示汽车的重量, 以千磅为单位.

qsec: 1/4 英里加速时间 (quarter mile time), 表示汽车在 1/4 英里跑道上加速所需的时间.

vs: 发动机形式 (engine shape), 0 表示 V 型发动机, 1 表示直列发动机.

am: 传动方式 (transmission type), 0 表示自动变速器, 1 表示手动变速器.

gear: 前进挡数 (number of forward gears), 表示汽车的前进挡位数量.

carb: 化油器数量 (number of carburetors), 表示汽车上的化油器数量.

对指标 mpg 和 hp 绘制散点图. 绘制结果如图 7.1 所示.

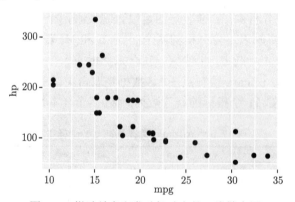

图 7.1   燃油效率和发动机功率的二维散点图

图 7.1 显示较高的燃油效率对应较低的发动机功率数, 而较低的燃油效率对应较高的发动机功率数.

7.2.2   三维散点图

三维散点图是表现三个以上向量之间关系的散点图. 一般在二维散点平面图中通过对散点设置不同颜色或不同形状来表现第三个维度向量, 或采用立体图表示.

---

① 1 加仑 (美) =3.785 升, 1 英里 =1609.344 米, 1 英寸 =2.54 厘米, 1 马力 =735.5 瓦, 1 磅 =453.6 克.

图 7.2 以 R 数据集 Orange(橘子树) 为例, 对三个指标: circumference(树围)、age(树龄) 和 Tree(树型编号) 之间的关系绘制三维散点图. 该数据集记录了 35 棵橘子树的生长情况的观测数据. 部分数据如表 7.6 所示.

表 7.6　Orange 数据集节选

	Tree	age	circumference
1	1	118	30
2	1	484	58
3	1	664	87
...	...	...	...
12	2	1231	172
13	2	1372	203
14	2	1582	203
...	...	...	...
16	3	484	51
17	3	664	75
18	3	1004	108
...	...	...	...
26	4	1231	179
27	4	1372	209
28	4	1582	214
...	...	...	...
33	5	1231	142
34	5	1372	174
35	5	1582	177

横轴表示 circumference, 纵轴表示 age, 图 7.2 (a) 用散点的不同形状代表 Tree 的不同种类, 图 7.2 (b) 用散点的不同颜色代表 Tree 的不同种类.

由图 7.2(a) 和 (b) 可知, 随着树龄增长, 树围不断增大, 而 5 种树型在树围的增大幅度上有明显差异: 4 号树增长更快, 其次依次是 2 号树、5 号树、1 号树和 3 号树.

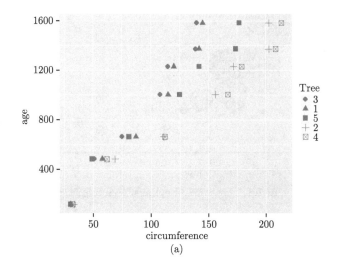

(a)

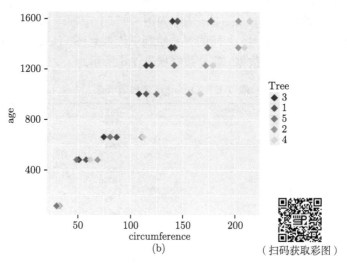

（扫码获取彩图）

图 7.2　三维指标平面散点图

7.2.3　气泡图

　　气泡图是散点图的变体. 和散点图一样, 气泡图也是使用三个值来确定每个数据序列, 基本原理是通过气泡的位置及面积大小, 描述数据之间的相关性.

　　图 7.3 是对 mtcars 三个指标: mpg(燃油效率)、hp(发动机功率) 和 cyl(气缸)之间关系的气泡图展示. 气泡大小表示 cyl 的类型.

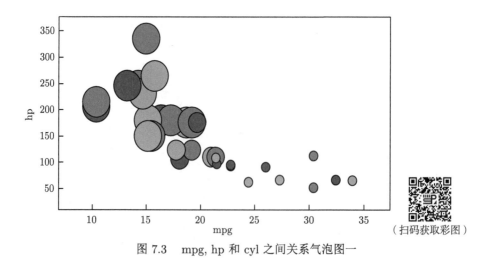

（扫码获取彩图）

图 7.3　mpg, hp 和 cyl 之间关系气泡图一

　　图 7.4 同时用气泡面积和颜色描述各种汽车品牌的发动机功率和燃油效率情况. 用气泡大小表示发动机的功率, 用气泡颜色指代燃油效率高低: 如图中较低的

燃油效率用红色表示, 较高的燃油效率用绿色表示. 可以看到, 大部分汽车品牌的共同的特点是, 较大发动机功率对应了较小的燃油效率.

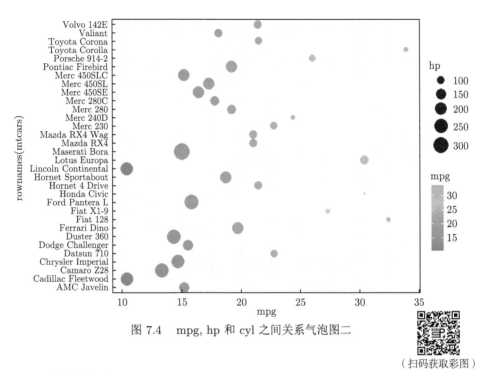

图 7.4   mpg, hp 和 cyl 之间关系气泡图二

（扫码获取彩图）

7.2.4 散点图矩阵

散点图矩阵是用矩阵的形式表现多组向量两两之间相关程度的关系图.

图 7.5 中, 位于对角线位置的密度曲线展示每一个指标的分布状况, 对角线左下三角 (lower.panel) 和右上三角 (upper.panel) 的各个小散点图表示对应指标两两之间的相关关系. 例如, 第 1 行第 2 列和第 2 行第 1 列的两个小散点图均表示 mpg 和 hp 之间的相关关系; 第 1 行第 3 列和第 3 行第 1 列两个散点图均表示 mpg 和 wt 之间的相关关系, 依次类推. 各个小散点图的纵横轴刻度均可从散点图矩阵中找到.

从图中看到指标之间大致的相关情况, 若想了解各指标之间具体的相关度强弱, 可以绘制带相关系数的散点图矩阵进行展示.

带相关系数散点图矩阵的基本结构一般为: 左下三角矩阵区为散点图, 右上三角区显示指标之间相关系数. 具体如图 7.6 所示: 图中右上角提供指标之间的具体相关系数, 并且还可以设置字体大小凸显不同相关程度. 其中, 相关性强的数字字体较大, 相关性弱的数字字体较小.

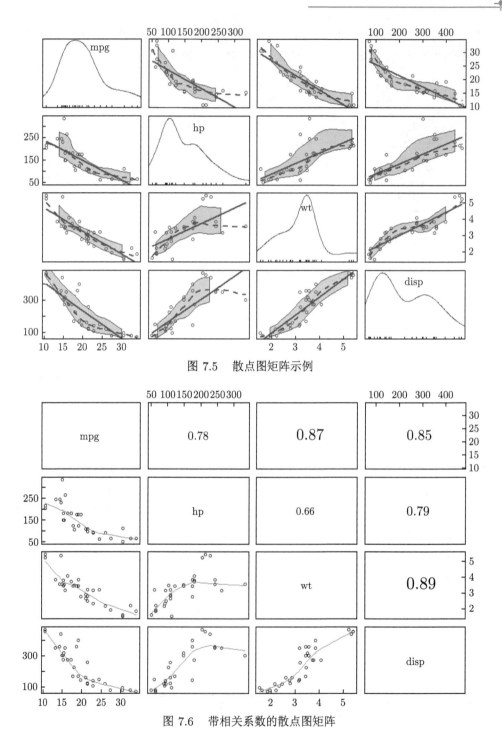

图 7.5　散点图矩阵示例

图 7.6　带相关系数的散点图矩阵

7.2.5　相关系数矩阵

相关系数矩阵与散点图矩阵性质基本相同, 也是通过矩阵形式反映向量两两之间的相关关系. 左下角和右上角分别以不同的图案和颜色深浅表示指标之间相关性的强弱, 强调色彩的变化. 常见的形式如图 7.7 和图 7.8 所示.

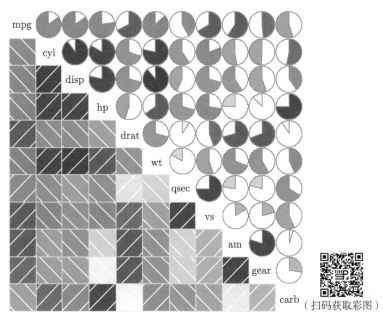

图 7.7　相关系数矩阵图一

图 7.7 中, 左下角区以颜色深浅不一的小方块代表相应两向量之间的相关程度, 颜色越深相关性越强. 对角线元素为变量名称. 右上方三角区用深浅不一的扇形表示向量之间两两相关性的强弱程度, 扇形在圆中所占比例越大, 相关性也越强, 颜色越深表示相应向量间相关性越强, 相关性越弱, 则颜色也越浅. 需要注意的是, 由于该图没有具体相关系数数据, 仅适用于强化视角信息, 不要求显示具体相关系数值的情形.

若要在相关系数矩阵图中显示相关系数值, 可绘制带相关系数矩阵图. 如图 7.8 所示.

图 7.8 中, 左下方三角区是标注向量间相关系数值. 右上方三角区用颜色深浅、大小不一的圆形表示向量之间相关性的强弱程度, 颜色越深、圆形越大表明相关性越强, 反之则越弱. 右边的色调刻度设置了颜色与相关性强弱的关系: 从上到下表示从强正相关到强负相关的过渡. 上方深颜色表示强正相关, 下方深颜色表示强负相关, 浅色及白色是介于二者之间的相关程度.

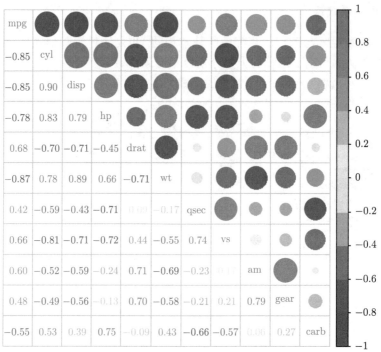

图 7.8   相关系数矩阵图二

(扫码获取彩图)

7.3   关 联 分 析

关联分析是通过挖掘关联规则, 发现大量数据集中现象之间的内在关联性或相关性, 挖掘某些对象或事件同时出现的规律和模式 (薛薇, 2016) 的方法. 这个方法最早来自 1993 年, Agrawal 等在研究消费者购买不同商品之间的潜在联系中提出的一种相关分析方法, 是一种无监督学习算法, 是一种简单、实用的数据挖掘技术.

7.3.1   关联规则的基本概念

学习关联规则, 首先要掌握几个基本概念. 设有如下 6 个顾客的购物明细表.

表 7.7   交易数据

顾客 ID	交易内容
1	面包、牛奶、沙拉
2	面包、牛奶、啤酒、鸡蛋
3	牛奶、啤酒、土豆、沙拉、火腿
4	面包、牛奶、啤酒、烤肉
5	面包、牛奶、火腿、鸡蛋
6	面包、沙拉、火腿、啤酒

1. 事务

每一条交易称为一个事务, 例如: 表 7.7 中包含 6 个事务.

2. 项

项是关联分析的最小单位对象, 是一个对象、现象或事件. 如表 7.7 中的每一个交易物品, 面包、啤酒……

3. 项集

项集是项的集合, 用集合式 $\{X, Y, Z, \cdots\}$ 表示. 包含 k 个项的集合称为 k 项集, 如集合 {面包, 牛奶, 沙拉} 是一个三项集.

4. 关联规则

关联规则是指若项 X 为先决条件 (前件), 项 Y 是关联结果 (后件), 则关联规则为: $X \to Y$, 即 X 与 Y 有关联关系.

5. 支持度

支持度表示某项集在总事务里出现的概率. 设有项集 $\{X, Y\}$, 支持度是项 X, Y 同时出现的次数占总事务数的比重, 也可看作 X, Y 同时发生的概率. 计算公式为

$$\text{support}\,(X \to Y) = P\,(X, Y) = \frac{X, Y \text{同时出现的次数}}{\text{事务总次数}} \qquad (7.12)$$

例如, 表 7.7 中, {面包} 的支持度是 $5/6 \approx 0.833$, {面包, 牛奶} 的支持度是 $4/6 \approx 0.667$, {面包, 啤酒} 的支持度是 $3/6 = 0.5$.

6. 频繁项集

人为设定一个支持度阈值, 当某个项集的支持度高于这个阈值时, 我们就把它称为频繁项集. 若设置支持度阈值为 0.4, 则表 7.7 的频繁项集见表 7.8 所示.

表 7.8 频繁项集

	规则前项		规则后项	支持度	置信度	提升度	覆盖度	频数
[1]	{}	=>	{沙拉}	0.500	0.500	1.000	1.00	3
[2]	{}	=>	{火腿}	0.500	0.500	1.000	1.00	3
[3]	{}	=>	{啤酒}	0.667	0.667	1.000	1.00	4
[4]	{}	=>	{面包}	0.833	0.833	1.000	1.00	5
[5]	{}	=>	{牛奶}	0.833	0.833	1.000	1.00	5
[6]	{啤酒}	=>	{面包}	0.500	0.750	0.6667	0.90	3
[7]	{面包}	=>	{啤酒}	0.500	0.600	0.833	0.90	3
[8]	{啤酒}	=>	{牛奶}	0.500	0.750	0.667	0.90	3
[9]	{牛奶}	=>	{啤酒}	0.500	0.600	0.833	0.90	3
[10]	{面包}	=>	{牛奶}	0.667	0.800	0.833	0.96	4
[11]	{牛奶}	=>	{面包}	0.667	0.800	0.833	0.96	4

7. 置信度

置信度表示在先决条件 X 发生的情况下, 由关联规则 "$X \to Y$" 推出 Y 的概率. 即在发生 X 的项集中, 同时会发生 Y 的可能性, 即条件概率 $P(Y|X)$, 计算公式为

$$\text{confidence}(X \to Y) = P(Y|X) = \frac{P(X,Y)}{P(X)} = \frac{X 和 Y 同时发生的次数}{仅 X 发生的次数} \quad (7.13)$$

例如, 表 7.8 中 {牛奶, 啤酒} 的置信度是 $0.5/0.833 \approx 0.6$, {面包, 牛奶} 的置信度是 $0.667/0.833 \approx 0.8$.

8. 提升度

提升度表示在含有 X 的条件下同时含有 Y 的可能性与没有这个条件下项集中含有 Y 的可能性之比, 即在 Y 自身出现可能性 $P(Y)$ 的基础上, X 的出现对于 Y 的出现概率的提升程度, 用于衡量关联规则的可靠性.

计算公式如下:

$$\text{Lift}(X \to Y) = \frac{P(Y|X)}{P(Y)} \quad (7.14)$$

例如, 表 7.8 中 {牛奶, 啤酒} 的提升度是 $0.6/0.667 \approx 0.9$, {面包, 牛奶} 的提升度是 $0.8/0.833 \approx 0.96$.

提升度是置信度的一个补充, 当提升度值为 1 时表示 X 与 Y 相互独立, 表明 X 对 Y 出现的可能性没有提升作用. 若提升度大于 1, 则表明 X 对 Y 的出现有提升作用, 两者有关联性.

例如, 1000 个消费者中有 500 人购买了茶叶, 其中有 450 人同时购买了咖啡, 另 50 人没有, 由于规则茶叶 $\to$ 咖啡的置信度高达 450/500=90%, 由此我们可能会认为喜欢喝茶的人往往喜欢喝咖啡. 但另外没有购买茶叶的 500 人中同样有 450 人也买了咖啡, 置信度也为 450/500=90%, 由此可知不喝茶的人也爱喝咖啡. 这样来看, 是否购买咖啡, 与有没有购买茶叶并没有关联, 两者是相互独立的, 其提升度为 90%/90%=1.

由此可见, 提升度大于 1 且越高表明 X 和 Y 之间的正相关性越强, 提升度小于 1 且越低表明 X 和 Y 之间的负相关性就越强, 提升度等于 1 表明 X 和 Y 之间不存在关联关系.

覆盖度: 表示规则前项单独出现的概率. 在关联规则 $X \to Y$ 中, 表示为: $P(X)$.

上例若设置支持度阈值为 0.5, 置信度阈值为 0.5, 确定关联规则结果如表 7.9.

表 7.9　关联规则 (域值: 支持度 = 0.5, 置信度 = 0.5)

规则	支持度	置信度	覆盖度	提升度
{}=>{沙拉}	0.500	0.500	1.000	1.000
{}=>{火腿}	0.500	0.500	1.000	1.000
{}=>{啤酒}	0.667	0.667	1.000	1.000
{}=>{面包}	0.833	0.833	1.000	1.000
{}=>{牛奶}	0.833	0.833	1.000	1.000
{啤酒}=>{面包}	0.500	0.750	0.667	0.900
{面包}=>{啤酒}	0.500	0.600	0.833	0.900
{啤酒}=>{牛奶}	0.500	0.750	0.667	0.900
{牛奶}=>{啤酒}	0.500	0.600	0.833	0.900
{面包}=>{牛奶}	0.667	0.800	0.833	0.960
{牛奶}=>{面包}	0.667	0.800	0.833	0.960

此规则中, 第 $1 \sim 5$ 条规则提升度均为 1, 第 $6 \sim 11$ 条规则提升度小于 1, 说明这组数据无强关联规则.

如果希望挖掘更多的关联规则, 可将支持度和置信度的阈值设置较小. 若满足支持度和最低置信度阈值, 则可认为 $X \to Y$ 为强关联规则. 上例中, 若将支持度和置信度的阈值分别设置为 0.2, 0.2, 则得到如下规则 (表 7.10).

表 7.10　关联规则 (域值: 支持度 = 0.2, 置信度 = 0.2)

规则	支持度	置信度	覆盖度	提升度
{}=>{鸡蛋}	0.333	0.333	1.000	1.000
{}=>{沙拉}	0.500	0.500	1.000	1.000
{}=>{火腿}	0.500	0.500	1.000	1.000
{}=>{啤酒}	0.667	0.667	1.000	1.000
{}=>{面包}	0.833	0.833	1.000	1.000
{}=>{牛奶}	0.833	0.833	1.000	1.000
{鸡蛋}=>{面包}	0.333	1.000	0.333	1.200
{面包}=>{鸡蛋}	0.333	0.400	0.833	1.200
{鸡蛋}=>{牛奶}	0.333	1.000	0.333	1.200
{牛奶}=>{鸡蛋}	0.333	0.400	0.833	1.200
{沙拉}=>{火腿}	0.333	0.667	0.500	1.333
{火腿}=>{沙拉}	0.333	0.667	0.500	1.333
{沙拉}=>{啤酒}	0.333	0.667	0.500	1.000
{啤酒}=>{沙拉}	0.333	0.500	0.667	1.000
{沙拉}=>{面包}	0.333	0.667	0.500	0.800
{面包}=>{沙拉}	0.333	0.400	0.833	0.800
{沙拉}=>{牛奶}	0.333	0.667	0.500	0.800
{牛奶}=>{沙拉}	0.333	0.400	0.833	0.800
{火腿}=>{啤酒}	0.333	0.667	0.500	1.000
{啤酒}=>{火腿}	0.333	0.500	0.667	1.000
{火腿}=>{面包}	0.333	0.667	0.500	0.800
{面包}=>{火腿}	0.333	0.400	0.833	0.800
{火腿}=>{牛奶}	0.333	0.667	0.500	0.800
{牛奶}=>{火腿}	0.333	0.400	0.833	0.800

规则	支持度	置信度	覆盖度	提升度
{啤酒}=>{面包}	0.500	0.750	0.667	0.900
{面包}=>{啤酒}	0.500	0.600	0.833	0.900
{啤酒}=>{牛奶}	0.500	0.750	0.667	0.900
{牛奶}=>{啤酒}	0.500	0.600	0.833	0.900
{面包}=>{牛奶}	0.667	0.800	0.833	0.960
{牛奶}=>{面包}	0.667	0.800	0.833	0.960
{鸡蛋, 面包}=>{牛奶}	0.333	1.000	0.333	1.200
{鸡蛋, 牛奶}=>{面包}	0.333	1.000	0.333	1.200
{面包, 牛奶}=>{鸡蛋}	0.333	0.500	0.667	1.500
{火腿, 沙拉}=>{啤酒}	0.333	1.000	0.333	1.500
{啤酒, 沙拉}=>{火腿}	0.333	1.000	0.333	2.000
{火腿, 啤酒}=>{沙拉}	0.333	1.000	0.333	2.000
{面包, 啤酒}=>{牛奶}	0.333	0.667	0.500	0.800
{牛奶, 啤酒}=>{面包}	0.333	0.667	0.500	0.800
{面包, 牛奶}=>{啤酒}	0.333	0.500	0.667	0.750

从中提取支持度大于 1 的规则, 得到 12 条强规则如表 7.11 所示.

表 7.11 强关联规则 (域值: 支持度 = 0.2, 置信度 = 0.2)

序号	规则	支持度	置信度	覆盖度	提升度
1	{鸡蛋}=>{面包}	0.333	1.000	0.333	1.200
2	{面包}=>{鸡蛋}	0.333	0.400	0.833	1.200
3	{鸡蛋}=>{牛奶}	0.333	1.000	0.333	1.200
4	{牛奶}=>{鸡蛋}	0.333	0.400	0.833	1.200
5	{沙拉}=>{火腿}	0.333	0.667	0.500	1.333
6	{火腿}=>{沙拉}	0.333	0.667	0.500	1.333
7	{鸡蛋, 面包}=>{牛奶}	0.333	1.000	0.333	1.200
8	{鸡蛋, 牛奶}=>{面包}	0.333	1.000	0.333	1.200
9	{面包, 牛奶}=>{鸡蛋}	0.333	0.500	0.667	1.500
10	{火腿, 沙拉}=>{啤酒}	0.333	1.000	0.333	1.500
11	{啤酒, 沙拉}=>{火腿}	0.333	1.000	0.333	2.000
12	{火腿, 啤酒}=>{沙拉}	0.333	1.000	0.333	2.000

7.3.2 关联规则的 Apriori 算法

关联分析的过程可以通过关联规则挖掘算法实现.

常见的关联规则挖掘算法有三种: Apriori 算法、基于划分的算法和 FP-growth 算法. 其中, Apriori 算法是目前影响力较大的布尔型关联规则挖掘算法 (王振武和徐慧, 2015), 此处主要介绍该算法.

Apriori 算法是最经典的挖掘频繁项集的算法, 其核心思想是通过连接产生候选项与其支持度, 然后通过剪枝生成频繁项集. Apriori 算法基于一个假设: 若某个集合是频繁项集, 那么它的任何非空子集 (扩展集) 也一定是频繁的, 如果一个项不频繁, 那么它的扩展项也不频繁. 比如: 如果 B 不频繁, 那么 $BC, BD, BCD, ABCD$

都不频繁. 在寻找频繁项集的时候, 就可以排除扫描 $BC, BD, BCD, ABCD$, 从而减少扫描工作.

计算过程采用逐层搜索的迭代方法, 步骤为:

首先, 通过扫描整个数据集, 累计数据集中每个项出现的次数, 并将累计次数大于或等于最小支持度的项进行记录, 获得第一层频繁项的集合, 例如用 $L_1(A, B, C, D)$ 表示第一层频繁项集.

对 L_1 的项进行组合, 得到扩展项候选集合, 如

$$L_2(AB, AC, AD, BC, BD, CD)$$

再根据最小支持度和置信度对候选项集 L_2 进行筛选, 找出大于或等于最小支持度的第二层频繁项集合, 假设为

$$L_2(AB, AC, BC, CD)$$

再对频繁项集合 L_2 进行扩展, 依据最小支持度找出第三层频繁项集合 L_3, 假设为

$$L_2(ABC, ABD, BCD)$$

如此一直迭代直至只剩一个频繁项集, 迭代结束.

其次, 计算关联规则. 根据置信度的阈值进行剪枝, 满足条件 (大于或等于某个阈值) 的频繁项集就是具有强关联规则的频繁项集. 验证提升度, 查看关联规则是否可用. 提升度大于 1 表示关联规则可用, 可认为是强关联规则.

7.4 案例分析

鸢尾花的外形特征相关关系

1. 案例学习要点

散点图矩阵、相关系数矩阵在相关关系分析中的应用.

2. 案例内容

运用 R 数据集 iris 分别绘制鸢尾花三个品种的散点图矩阵, 比较不同种类鸢尾花 4 个特征值之间的关系.

3. 案例过程及分析

1) 散点图矩阵

图 7.9 (a) 中, setosa 鸢尾花的花萼长度和花萼宽度的散点 (第 2 行第 1 列方块) 较为集中在拟合线附近, 呈现较为明显的线性相关关系.

　　图 7.9 (b) 图中, versicolor 鸢尾花的花瓣长度与花瓣宽度的散点 (第 4 行第 3 列方块) 在拟合线附近集中度较高, 呈现较为明显的线性相关关系; 其次是花萼长度与花瓣长度的相关性也相对较高.

　　图 7.9 (c) 图中, virginica 鸢尾花的花萼长度与花瓣长度的散点 (第 3 行第 1 列方块) 在拟合线附近集中度较高, 呈现较为明显的线性相关关系.

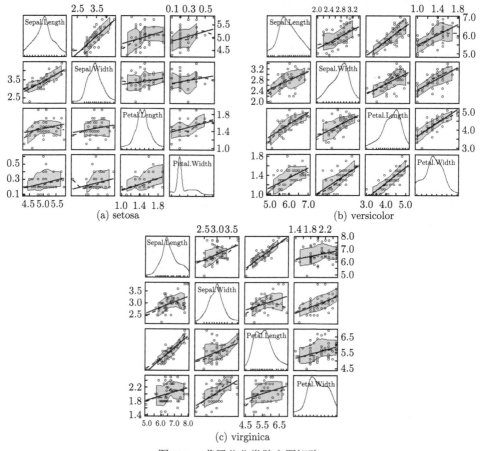

图 7.9　鸢尾花分类散点图矩阵

2) 相关系数矩阵

　　散点图能直观反映相关性强弱, 但不能提供具体相关程度值, 因此有必要计算三个品种的 4 个特征值之间的相关系数矩阵.

　　相关系数矩阵对角线是每个变量和自己的相关性, 其相关系数恒为 1. 其中, 上三角形和下三角形表示相同的相关关系. 表 7.12 ~ 表 7.15 分别列出鸢尾花四个特征的总体相关系数矩阵和分品种相关系数矩阵.

表 7.12　总体相关系数矩阵

	Sepal.Length	Sepal.Width	Petal.Length	Petal.Width
Sepal.Length	1.000	−0.118	0.872	0.818
Sepal.Width	−0.118	1.000	−0.428	−0.366
Petal.Length	0.872	−0.428	1.000	0.963
Petal.Width	0.818	−0.366	0.963	1.000

表 7.13　setosa 类的相关系数矩阵

	Sepal.Length	Sepal.Width	Petal.Length	Petal.Width
Sepal.Length	1.000	0.743	0.267	0.278
Sepal.Width	0.743	1.000	0.178	0.233
Petal.Length	0.267	0.178	1.000	0.332
Petal.Width	0.278	0.233	0.332	1.000

表 7.14　versicolor 类的相关系数矩阵

	Sepal.Length	Sepal.Width	Petal.Length	Petal.Width
Sepal.Length	1.000	0.526	0.754	0.546
Sepal.Width	0.526	1.000	0.561	0.664
Petal.Length	0.754	0.561	1.000	0.787
Petal.Width	0.546	0.664	0.787	1.000

表 7.15　virginica 类的相关系数矩阵

	Sepal.Length	Sepal.Width	Petal.Length	Petal.Width
Sepal.Length	1.000	0.457	0.864	0.281
Sepal.Width	0.457	1.000	0.401	0.538
Petal.Length	0.864	0.401	1.000	0.322
Petal.Width	0.281	0.538	0.322	1.000

　　上述相关系数矩阵表由具体系数构成, 但是仅通过数据很难比较各个品种的指标相关情况. 若绘制以下相关系数矩阵图 (图 7.10), 则可以快速掌握总体及各品种的相关情况.

　　图 7.10 通过 (a) ~ (d) 四个子图展示了四个指标之间相关关系特征, 右上三角的圆形面积大小代表相关系数的大小, 圆面积越大, 表示相关系数越大, 相应的相关系数在左下三角标出. 因此, 通过相关系数矩阵可以快速获得指标之间相关程度的直观信息.

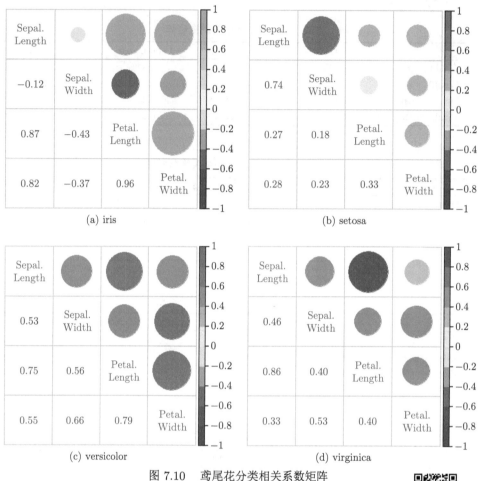

图 7.10　鸢尾花分类相关系数矩阵

（扫码获取彩图）

科技创新活动投入和产出的典型相关分析

1. 案例学习要点

典型相关分析的具体过程及应用.

2. 案例内容

对 2018 年全国 R&D 投入产出数据进行典型相关分析, 探究我国科技投入与产出之间的相关性程度.

3. 案例过程及分析

1) 数据准备

数据参见表 7.16.

表 7.16 2018 年全国 31 个省（自治区、直辖市）R&D 投入产出数据①

地区	基础研究人员 全时当量/人年	应用研究人员 全时当量/人年	试验发展人员 全时当量/人年	基础研究经费 内部支出/万元	应用研究经费 内部支出/万元	试验发展经费 内部支出/万元	三种专利 /项	科技论文 /篇	新产品销售收入/万元
北京	50047.5	70880.2	146431	2777757	4128265	11801679	106948	101170	17568452
天津	6175.2	13161.6	80153.6	236512.9	633594.3	4053890	41675	17440	12100448
河北	5751.1	19398.9	78125.9	131501.8	597293.5	4268620	35348	8977	4837950
山西	5507.7	9214.5	29872.4	94939.3	212984.5	1449898	11311	5757	1701794
内蒙古	2061	5216.7	17628.3	39469.5	187062.2	1065655	6271	1967	1540745
辽宁	11678.3	18466.4	65173.7	277265.3	853717.1	3469817	26495	22473	4463378
吉林	9723.1	12296.9	14356.6	162231.6	261580.1	726443.6	11090	14019	1429510
黑龙江	12350	8150	16654.8	243868.7	401989.7	704014.9	18221	17425	793283.6
上海	21700.6	28537.5	137910	1056893	1694452	10840677	72806	47371	11760238
江苏	17288.9	31848.8	511129.1	684846.2	1386830	22972616	227187	59837	88516811
浙江	10423.1	22296.4	425322.4	396966.4	689752.9	13370174	213805	26796	34170442
安徽	11808.8	14935.7	120408.1	422790.4	508762.2	5557988	58213	15633	14248099
福建	6556.7	16742.1	137622.7	248829.8	472767.6	5706338	68304	10429	15883464
江西	4854.9	8216.8	72183.4	109571.7	207961.6	2789373	33029	6392	6728488
山东	18680	34273.4	255385.5	489546.6	1112017	14831736	100522	27228	33502808
河南	5146.5	17877	143789.7	128166.9	711028.5	5875998	55407	12958	33568939
湖北	9081	22665.2	123799.3	305641.3	1081924	6832936	46369	31048	9483931
湖南	10103	18487	118365.6	227830.7	724941.2	5629957	37916	20393	13207548
广东	23613.6	61864.5	677269.3	1151815	2305296	23589859	332652	31836	1.87E+08

① 数据来源: 国家统计局社会科技和文化产业统计司, 科学技术部战略规划司. 中国科技统计年鉴 2019 [M]. 北京: 中国统计出版社.

续表

地区	基础研究人员 全时当量/人年	应用研究人员 全时当量/人年	试验发展人员 全时当量/人年	基础研究经费 内部支出/万元	应用研究经费 内部支出/万元	试验发展经费 内部支出/万元	三种专利 /项	科技论文 /篇	新产品销售 收入/万元
广西	7993.1	10576.5	21390.8	173696.8	173412.8	1101420	15270	4083	1296977
海南	1577.8	1829.8	4752.6	55102	59292.8	154328	2133	1101	202628.5
重庆	6215.2	14446.5	71311.1	209689.9	482467.9	3409936	34780	13154	17996612
四川	12377.4	26091.5	120379.8	401307	943738	6025768	64006	25119	14227446
贵州	4773.3	6057.2	22525.6	102724.4	198295.2	915125.5	12559	2149	1688095
云南	7920.5	9034.8	32713.9	196019.8	252704.8	1424252	14230	5119	898255
西藏	478.5	459.1	631.1	9279.5	8842.7	18942.3	420	53	0
陕西	10622.6	22418.3	63670.6	292570.4	1207416	3824215	34554	34595	4665646
甘肃	4536.6	6207.4	11469	158192.2	213396.5	598948	9672	7355	930680
青海	762.8	1201.6	2337.6	19139.3	40507.5	113304.3	1580	467	169209.6
宁夏	1752.7	1692.2	7634.2	27909	43106.1	384777.5	4244	566	611410.2
新疆	3427.4	4272.2	7322.5	71634.5	113329.7	458170.7	8094	2584	346370.9

投入包括 R&D 人员和经费投入, 分别用 $X_1, X_2, X_3, X_4, X_5, X_6$ 表示, 产出主要表现为专利、科技论文和销售收入, 用 Y_1, Y_2, Y_3 表示. 指标及其解释详见表 7.17 .

表 7.17 指标与解释

指标	解释
X_1	基础研究人员全时当量/人年
X_2	应用研究人员全时当量/人年
X_3	试验发展人员全时当量/人年
X_4	基础研究经费/万元
X_5	应用研究经费/万元
X_6	试验发展经费/万元
Y_1	发明专利申请数/项
Y_2	科技论文数/篇
Y_3	新产品销售收入/万元

2) 寻找典型变量

计算 X 组和 Y 组的典型相关系数, 结果如表 7.18 所示.

表 7.18 典型相关性

序号	典型相关系数	特征值	威尔克斯统计量	p 值
1	0.990	49.667	0.001	0.00
2	0.953	9.907	0.058	0.00
3	0.603	0.572	0.636	0.024

序号 1,2,3 表示 3 对典型相关变量, 典型相关系数表示其相关性. 其中, 第一对典型相关系数为 0.990, 威尔克斯 (Wilks) 统计量为 0.001, p 值为 0.000, 表明第一对典型变量在 0.05 的显著性水平下显著正相关; 第二个典型相关系数为 0.953, 威尔克斯统计量为 0.058, p 值为 0.000, 表明第二对典型变量在 0.05 的显著性水平下显著正相关; 第三对典型相关变量的 p 值为 0.024, 大于 0.001, 不具有统计学意义. 从整体上看, 前两对典型相关性较高, 因此, 主要对前两对典型相关变量 $(U_1, V_1), (U_2, V_2)$ 进行分析, 结果如表 7.19 所示.

表 7.19 R&D 投入产出标准化典型系数

变量	1	2	3
X_1	0.261	-0.566	2.367
X_2	0.514	0.849	-2.703
X_3	0.490	1.474	-0.489
X_4	0.281	1.170	0.272
X_5	1.076	-2.052	-0.991
X_6	0.125	-0.697	1.761
Y_1	0.123	1.206	2.316
Y_2	0.691	-1.254	-0.675
Y_3	0.348	0.094	-2.000

根据表 7.19, 前两对典型相关模型输出结果如下:

$$\begin{cases} U_1 = 0.261X_1 + 0.514X_2 + 0.490X_3 + 0.281X_4 + 1.076X_5 + 0.125X_6 \\ V_1 = 0.123Y_1 + 0.691Y_2 + 0.348Y_3 \end{cases}$$

$$(7.15)$$

$$\begin{cases} U_2 = -0.566X_1 + 0.849X_2 + 1.474X_3 + 1.170X_4 - 2.052X_5 - 0.697X_6 \\ V_2 = 1.206Y_1 - 1.254Y_2 + 0.094Y_3 \end{cases}$$

U_1 线性组合中, X_5 (应用研究经费) 占主要部分, 其权重系数为 1.076.

V_1 线性组合中, Y_2 (科技论文数) 占主要的部分, 其权重系数为 0.691; 其次是 Y_3 (新产品销售收入).

从第一对典型相关模型组合权重可以初步判断, 应用研究经费 (X_5) 与科技论文数 (Y_2)、新产品销售收入 (Y_3) 存在高度正相关, 应用研究人员全时当量 (X_2) 与科技论文 (Y_2) 和新产品销售收入 (Y_3) 存在负相关关系, 说明 R&D 投入中应用研究经费对于 R&D 投入起积极正向作用.

3) 典型载荷分析

典型载荷是指原始变量与典型变量之间的相关性. 其值越大, 表明两者之间相关性越强; 其值越小, 表明两者相关性越弱. 对 R&D 投入与 R&D 产出的原始变量和典型变量之间的相关性进行分析, 以佐证典型变量对原始变量的代表性.

公式 (7.16) 中 U 表示 R&D 投入的典型载荷, V 表示 R&D 产出的典型载荷. X_i, Y_i 前面的系数是典型载荷系数, 表示典型变量 U 对 R&D 投入原始变量, 以及典型变量 V 对 R&D 产出原始变量的代表性.

$$\begin{cases} U_1 = 0.855X_1 + 0.946X_2 + 0.822X_3 + 0.834X_4 + 0.911X_5 + 0.915X_6 \\ U_2 = -0.368X_1 - 0.123X_2 + 0.556X_3 - 0.370X_4 - 0.356X_5 + 0.317X_6 \\ U_3 = 0.111X_1 - 0.165X_2 + 0.000X_3 + 0.050X_4 - 0.104X_5 + 0.099X_6 \end{cases}$$

$$\begin{cases} V_1 = 0.889Y_1 + 0.919Y_2 + 0.731Y_3 \\ V_2 = 0.401Y_1 - 0.367Y_2 + 0.589Y_3 \\ V_3 = 0.175Y_1 + 0.143Y_2 - 0.345Y_3 \end{cases} \qquad (7.16)$$

表 7.20 中第一对典型变量 (U_1, V_1) 中 R&D 投入的 6 个自变量和 R&D 产出的 3 个因变量的载荷都比较大, 载荷系数除了新产品销售收入在 0.731 之外, 均在 0.822 以上. 说明 6 个自变量与 3 个因变量与第一对典型变量均存在较大的相关性, 典型变量与原始变量相关度较好, 可以提取第一对典型变量, 以其相关系数描述 R&D 投入和产出两组数据之间的相关度.

表 7.20 R&D 投入和产出的 3 对典型载荷系数表

变量	1	2	3
基础研究人员全时当量	0.855	−0.368	0.111
应用研究人员全时当量	0.946	−0.123	−0.165
试验发展人员全时当量	0.822	0.566	0.000
基础研究经费	0.834	−0.370	0.050
应用研究经费	0.911	−0.356	−0.104
试验发展经费	0.915	0.317	0.099
发明专利申请数	0.899	0.401	0.175
科技论文数	0.919	−0.367	0.143
新产品销售收入	0.731	0.589	−0.345

进一步分析, 第一对典型变量 U_1 中, 应用研究人员全时当量、应用研究经费、试验发展经费的载荷系数分别为 0.946, 0.911, 0.915, 说明典型变量 U 主要从这三个方面反映 R&D 投入水平; 第一对典型变量 V_1 中, 发明专利申请数、科技论文数与第一对典型变量 V_1 存在较强相关关系, 载荷系数均大于 0.826. 说明典型变量 V 主要从这两个方面反映 R&D 产出水平.

4) 交叉载荷分析

交叉载荷公式 (7.17) 中, V 表示 R&D 投入与产出典型变量的典型载荷, U 表示 R&D 产出与投入典型变量的典型载荷. X_i, Y_i 前面的系数是典型载荷系数, 表示典型变量 V 对 R&D 投入原始变量, 以及典型变量 U 对 R&D 产出变量的代表性. 如表 7.21 所示.

$$\begin{cases} V_1 = 0.846X_1 + 0.936X_2 + 0.814X_3 + 0.826X_4 + 0.902X_5 + 0.905X_6 \\ V_2 = -0.351X_1 - 0.118X_2 + 0.530X_3 - 0.352X_4 - 0.339X_5 + 0.302X_6 \\ V_3 = 0.067X_1 - 0.099X_2 + 0.000X_3 + 0.030X_4 - 0.063X_5 + 0.060X_6 \end{cases}$$

$$\begin{cases} U_1 = 0.890Y_1 + 0.910Y_2 + 0.724Y_3 \\ U_2 = 0.382Y_1 - 0.350Y_2 + 0.561Y_3 \\ U_3 = 0.106Y_1 + 0.086Y_2 - 0.208Y_3 \end{cases} \tag{7.17}$$

表 7.21 R&D 投入交叉载荷

变量	1	2	3
基础研究人员全时当量	0.846	−0.351	0.067
应用研究人员全时当量	0.936	−0.118	−0.099
试验发展人员全时当量	0.814	0.530	0.000
基础研究经费	0.826	−0.352	0.030
应用研究经费	0.902	−0.339	−0.063
试验发展经费	0.905	0.302	0.060
发明专利申请数	0.890	0.382	0.106
科技论文数	0.910	−0.350	0.086
新产品销售收入	0.724	0.561	−0.208

第一对典型变量 (U_1, V_1) 中 R&D 投入的 6 个自变量和 R&D 产出的 3 个因变量的交叉载荷都比较大, 载荷系数除了新产品销售收入在 0.724 之外, 其余均在 0.814 以上. 说明 6 个自变量与 3 个因变量和第一对典型变量均存在较大的相关性, 并且, R&D 投入变量中应用研究人员全时当量、应用研究经费、试验发展经费是影响产出的主要因素, R&D 产出中科技论文数受投入影响最大.

5) 典型冗余度分析

为了进一步分析原始变量的信息多大程度被典型变量所包含, 可进行典型冗余度分析. 冗余度分析的基本原理: 分析每组变量提取出的典型变量能解释该组样本总方差的比例, 从而测度典型变量所包含的原始信息量, 这个比例越高, 说明典型变量所包含的原始信息量越大.

根据表 7.22, 第一对典型变量 (U_1, V_1) 方差解释比例均相对较高: R&D 投入能够被 U_1 解释 77.7%, 能够被 V_1 解释 71.5%; R&D 产出能够被 U_1 解释 76.2%, 能够被 V_1 解释 72.9%. 第二、三对典型变量 (U_2, V_2), (U_3, V_3) 的方差解释比均偏低, 其中最高的解释比是 R&D 产出能被 V_2 解释 21.4%.

表 7.22   已解释的方差比例

典型变量	R&D 投入能够被 U 解释的部分	R&D 产出能够被 U 解释的部分	R&D 产出能够被 V 解释的部分	R&D 投入能够被 V 解释的部分
1	0.777	0.762	0.729	0.715
2	0.137	0.125	0.214	0.195
3	0.010	0.004	0.057	0.021

因此, 最终选择第一对典型变量.

Apriori 算法示例

1. 案例学习要点

关联分析的 Apriori 算法具体过程.

2. 案例内容

对假设数据进行关联分析, 示例 Apriori 算法的详细步骤.

3. 案例过程及分析

1) 数据准备

假设 9 个顾客对某商场 5 种商品的购买数据如表 7.23 所示.

表 7.23 假设交易数据

顾客编号	商品组合
1	1, 2, 5
2	2, 4
3	2, 3
4	1, 2, 4
5	1, 3
6	2, 3
7	1, 3
8	2, 3, 5
9	1, 2, 3

2) 计算频繁项集

设最小支持度 2/9, 即商品出现的累计数大于等于 2, 支持度大于等于 2/9, 最小置信度为 0.6. 首先, 根据 Apriori 算法计算频繁项集.

计算第一层频繁项集. 统计整个交易数据集中每种商品出现的次数, 那些出现次数大于或等于最小支持度的交易商品就是频繁 1 项集. 结果如表 7.24 所示.

表 7.24 第一层频繁项集计算

商品集	包含该商品的累计数
1	5
2	7
3	6
4	2
5	2

从累计数可以看出, 所有商品出现的累计数均大于等于 2, 支持度大于等于 2/9, 都属于频繁项集.

计算第二层频繁项候选集. 根据第一层频繁项集, 组合扩展集. 通过交易数据, 记录第二层频繁项候选集各组合的累计值. 结果见表 7.25.

表 7.25 第二层频繁项候选集

商品组合	包含该组合的累计数
{1, 2}	3
{1, 3}	3
{1, 4}	1
{1, 5}	1
{2, 3}	4
{2, 4}	2
{2, 5}	2
{3, 4}	0
{3, 5}	1
{4, 5}	0

根据最小支持度, 得到第二层频繁项集有如下几个组合: {1,2}, {1,3}, {2,3}, {2,4}, {2,5}.

计算第三层频繁项候选集. 进一步组合扩展集, 见表 7.26 第一列, 根据第二层频繁项集, 通过交易数据和最小支持度判断是否保留.

表 7.26　第三层频繁项候选集

商品组合	2 项子集	判断是否剪枝
{1, 2, 3}	{1, 2}, {1, 3}, {2, 3}	都属于频繁项集, 保留
{1, 2, 4}	{1, 2}, {1, 4}, {2, 4}	{1, 4} 不是频繁项集, 剪枝
{1, 2, 5}	{1, 2}, {1, 5}, {2, 5}	{1, 5} 不是频繁项集, 剪枝
{1, 3, 4}	{1, 3}, {1, 4}, {3, 4}	{1, 4}, {3, 4} 不是频繁项集, 剪枝
{1, 3, 5}	{1, 3}, {1, 5}, {3, 5}	{1, 5}, {3, 5} 不是频繁项集, 剪枝
{1, 4, 5}	{1, 4}, {1, 5}, {4, 5}	都不是频繁项集, 剪枝
{2, 3, 4}	{2, 3}, {2, 4}, {3, 4}	{3, 4} 不是频繁项集, 剪枝
{2, 3, 5}	{2, 3}, {2, 5}, {3, 5}	{3, 5} 不是频繁项集, 剪枝
{2, 4, 5}	{2, 4}, {2, 5}, {4, 5}	{4, 5} 不是频繁项集, 剪枝
{3, 4, 5}	{3, 4}, {3, 5}, {4, 5}	都不是频繁项集, 剪枝

至此, 第三层频繁项集只有 {1,2,3}, 计算频繁集过程结束.

3) 计算关联规则

根据频繁项集, 计算关联规则. 第三层频繁项集 {1,2,3} 的非空子集有 {1,2}, {1,3}, {2,3}, {1}, {2}, {3}, 计算各关联规则的置信度, 结果见表 7.27 所示.

表 7.27　关联规则计算

规则	置信度	是否强关联	规则	置信度	是否强关联
{1, 2} → {3}	33.3%	否	{1} → {2}	60%	是
{3} → {1, 2}	16.7%	否	{2} → {1}	42.8%	否
{1, 3} → {2}	33.3%	否	{1} → {3}	60%	是
{2} → {1, 3}	14.3%	否	{3} → {1}	50%	否
{2, 3} → {1}	25%	否	{2} → {3}	57.2%	否
{1} → {2, 3}	20%	否	{3} → {2}	66.7%	是

从关联规则可以看出, 本例存在 3 条关联规则, 进一步计算提升度, 确定商品间的相关关系, 详见表 7.28.

表 7.28　提升度计算

规则	提升度	相关性
{1} → {2}	1.89	正相关
{1} → {3}	2.20	正相关
{3} → {2}	2.097	正相关

表 7.28 中 3 条规则均为强关联规则.

4) 关联决策

根据表 7.28 可知, 如果顾客购买了 2 或 3 商品, 则会购买 1 商品, 购买了 3 商品, 也会购买 2 商品. 并且, "购买 2 商品再购买 1 商品" 的可能性是 "只购买了 1 商品" 的 1.89 倍; "购买 3 商品再购买 1 商品" 的可能性是 "只购买了 1 商品" 的 2.2 倍; "购买 2 商品再购买 3 商品" 的可能性是 "只购买了 3 商品" 的 2.097 倍. 因此, 可将 2 和 1, 3 和 1 或 2 和 3 进行捆绑促销.

7.5 R 软件应用

相关与关联分析

1. 目的

掌握相关系数、散点图和相关系数矩阵作图函数, 以及关联分析 Apriori 算法函数.

2. 内容

1) 计算相关系数

三种相关系数的软件计算可采用 cor() 函数, 基本形式为

```
cor(X,Y,method=c("pearson","kendall","spearman"))
```

X,Y 是两组分析指标观测值对象.

method 是拟使用的相关系数计算方法, 可选 "pearson"(皮尔逊), "spearman" (斯皮尔曼),"kendall"(肯德尔) 三种方法, 默认方法是 "pearson".

cor() 函数可以对数据框进行操作. 计算数据框中多个变量之间的相关关系. 基本形式为

```
cor(data,method=c("pearson","kendall","spearman"))
```

data 为数据框.

2) 绘制二维散点图

使用 plot() 函数绘制二维散点图的基本函数式为

```
plot(x,y,type=c("p","l","s","b","c",...),...)
```

参数及含义参见第 6 章 "绘制点图" 部分.

采用 ggplot() 函数绘制二维散点图的基本形式为

```
ggplot(data,aes(x,y))+geom_point(size,shape,color,fill)+...
```

图 7.1 的绘制代码如下.

```
ggplot(mtcars,aes(x=mpg,y=hp))+
  geom_point(size=5,shape=19,color="black",fill="black")+
  scale_y_continuous(breaks=seq(0,350,100))+ylim(0,350)
```

3) 绘制三维散点图

三维以上的散点图宜采用 ggplot() 进行绘制.
基本形式为

ggplot(data,aes(x=,y=,color=))+geom_point(size=,shape=)

data 是用于处理的数据对象, 参数 aes() 里面是对参与指标的设置, 一般 x,y 用于表示放在横轴和纵轴的指标, color 或 shape 用于设置点的颜色或形状用以表示第三个指标.

图 7.2 的绘制代码如下.

```
图(a)用点的形状来区别不同的树类型,代码为
ggplot(Orange,aes(x=circumference,y=age,shape=Tree))+
  geom_point(size=4,color="steelblue")
图(b)用点的颜色来区别不同的树类型,代码为
ggplot(Orange,aes(x=circumference,y=age,color=Tree))+
  geom_point(size=5,shape=18)
```

R 绘图系统可以调用的点形共 26 种, 如图 7.11 所示.

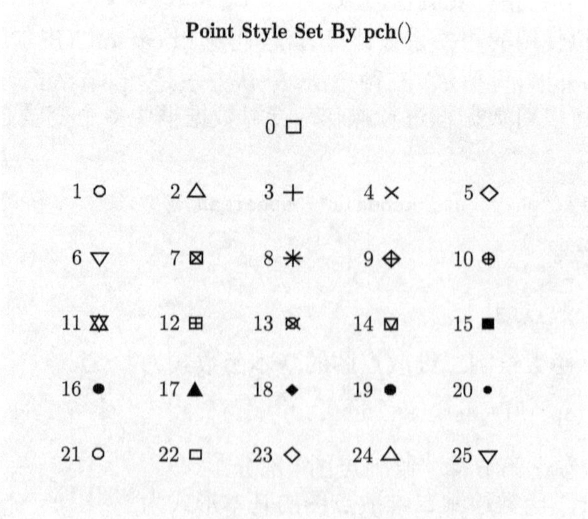

图 7.11　R 系统可以调用的点形及编号

绘制气泡图:

在 R 中可以利用 symbols() 函数绘制气泡图, 基本形式如下:

```
symbols(x,y,z,circle=z,inches=计量单位,fg=边界颜色,bg=背景填充色)
```

x, y, z: 分别表示向量形式的数据对象.

circle: 控制气泡大小的数据对象.

inches: 气泡的直径.

fg: 气泡的边界颜色.

bg: 气泡的背景填充色.

图 7.3 的绘制代码如下.

```
attach(mtcars)
symbols(mpg,hp,circles=cyl,inches=0.3,bg=rainbow(3))
```

使用 ggplot() 绘制气泡图的基本代码如下:

```
ggplot(data,aes(x,y,size,color))+geom_point()+theme_bw()+...
```

图 7.4 的绘制代码如下.

```
ggplot(mtcars,aes(x=mpg,y=rownames(mtcars),size=hp,color=mpg))+
  geom_point()+theme_bw()+
  scale_colour_gradient(low="red",high="green")+
    scale_size(range=c(1, 10))
```

4) 绘制散点图矩阵

采用 scatterplot.matrix() 函数绘制散点图矩阵, 先下载 car 包. 该函数可以简写为 spm, 基本形式为

```
spm(~x1+x2+...+xn,data,col)
```

data: 数据对象, 一般是数据框.

x1, x2, $\cdots$, xn: data 中要计算两两相关系数的指标.

col: 设置散点图的颜色.

图 7.5 的绘制代码如下.

```
library(car)
spm(~mpg+hp+wt+disp,data=mtcars,col="blue")
```

采用 R 的 paris() 函数绘制带相关系数的散点图矩阵, 其基本形式为

```
pairs(formula,data,lower.panel,upper.panel)
```

formula: 设置需要计算的指标, 如: $\sim$x1 + x2 +$\cdots$ + xn 形式.

data: 数据对象, 一般为数据框或矩阵.

lower.panel, upper.panel: 设置左下角和右上角矩阵区间的内容和格式.
或

```
pairs(data,main,pch,bg=c("red","green3","blue"))
```

data: 数据对象、数据框或矩阵.

main: 图标题, 自命名.

pch: 定义散点大小.

bg: 定义散点颜色.

图 7.6 的绘制代码如下.

```
panel.cor<-function(x,y,digits=2,prefix="",cex.cor,...)
{
  par(usr=c(0,1,0,1))
  r<-abs(cor(x,y))
  txt<-format(c(r,0.12),digits=digits)[1]
  if(missing(cex.cor))cex.cor<-0.4/strwidth(txt)
  text(0.5,0.5,txt,cex=cex.cor*r)
}
#计算矩阵右上角的相关系数

pairs(~~mpg+hp+wt+disp,data=mtcars,
      lower.panel=panel.smooth,
      upper.panel=panel.cor)
#绘制mpg、hp、wt、disp四个特征之间相关关系散点图, 设置左下角为带拟
   合曲线的散点, 右上角为相应的相关系数.
```

5) 绘制相关系数矩阵

采用 corrgram() 函数制作相关系数矩阵, 先下载 corrgram 和 seriation 包.
函数的基本形式如下:

```
corrgram(data,lower.panel,upper.panel,text.panel)
```

data: 数据对象, 数据框或矩阵.

lower.panel,upper.panel: 设置对角线下方和上方各自的形状.

text.panel: 设置对角线的文本, 默认为 panel.txt.

图 7.7 的绘制代码如下.

```
library(corrgram)
```

```
library(seriation)
corrgram(mtcars[,c(1,3,4,6)],lower.panel=panel.shade,
    upper.panel=panel.pie,text.panel=panel.txt)
```

采用 corrplot() 函数制作带相关系数的矩阵. 需要先计算相关系数矩阵, 将其作为处理对象. 函数的基本形式如下:

`cor.plot<-corrplot(corr,col,type,method,order,diag)`

corr: 需要可视化的相关系数矩阵, 一般用 cor() 函数先进行计算.

col: 设置图形颜色.

type: 表示图形的位置, 有两个选项, "lower" 表示画左下方, "upper" 表示画右上方.

method: 左下角相关性的可视化方式, 选项有 "circle", "square", "ellipse", "number", "shade", "color", "pie".

order: 是相关矩阵的排序方法, 选项有 "original", "AOE", "FPC", "hclust", "alphabet".

diag: 主对角线上是否显示相关系数的设置, FALSE 表示不显示, TRUE 表示显示.

图 7.8 的绘制代码如下.

```
library(corrplot)
mf_cor<-cor(E)#计算对象E的指标相关系数矩阵
col3<-colorRampPalette(c("blue","white","red"))#自定义指定梯度颜
    色
cor.plot<-corrplot(corr=mf_cor,col=col3(10),type="upper",tl.pos=
    "d",tl.cex=0.75)#画右上方图形,方法默认"圆形",tl.pos="d"表示添
    加对角线标签
cor.plot<-corrplot(corr=mf_cor,add=TRUE,type="lower",col=col3(10),
  method="number",order="original",diag=FALSE,tl.pos="n",cl.pos="n
    ")#画左下方图形,'col3()中的数字控制左下数字颜色,相关系数用
    "数字"表示,相关矩阵排序方法选"original"(按原始顺序不显示对角
    线),'tl.pos="n"表示不绘制文本标签,cl.pos="n"表示不绘制颜色标
    签.
```

6) 典型相关分析

采用 cancor() 函数或 CCA 包中的 cc()、yacca 包中的 cca() 函数进行典型相关分析, 典型相关系数检验的过程需要自定义函数.

典型相关分析代码如下.

```
TT<-read.csv(file="典型1.csv",header=T)#读入数据
test<-scale(TT)#标准化原始数据
#对标准化后的数据做典型相关分析,提取典型变量:
ca<-cancor(test[,1:4],test[,5:7])
U<-as.matrix(test[,1:4])%*%ca$xcoef
V<-as.matrix(test[,5:7])%*%ca$ycoef
#相关系数检验程序:
corcoef.test1<-function(r=ca$cor,n=8,p=4,q=3,alpha=0.1){
    m<-length(r);Q<-rep(0,m);lambda<-1#r为相关系数 n为样本个数　且n
        >p+q
    for(k in m:1){
    lambda<-lambda*(1-r[k]^2);#检验统计量
    Q[k]<--log(lambda)
    }
    s<-0;i<-m
    for(k in 1:m){
 }

s<-0;i<-m
 for(k in 1:m){
 Q[k]<-(n-k+1-1/2*(p+q+3)+s)*Q[k]
 chi<-1-pchisq(Q[k],(p-k+1)*(q-k+1))
 if(chi>alpha){
 i<-k-1;break
 }
 s<-s+1/r[k]^2
 }
 i
}
#输入相关系数r,样本个数n,两个随机向量的维数p和q,置信水平a,选择典型
    变量:
corcoef.test1(r=ca$cor,n=8,p=4,q=3,alpha=0.1)#程序输出值为应选的典
    型变量
[1]1
```

7) 关联分析

　　运用 arules 包的 arules() 函数进行关联分析. 关联分析的数据对象要求转换为集合形式, 一般采用 arules 包的 transactions() 函数进行转换, 也可以在读入数

据时, 使用 read.transactions() 函数将列表、数据框、矩阵等数据对象转换为适合进行关联分析的集合格式. 例如, 表 7.7 的示例数据经转换后形式为

items
[1]{鸡蛋, 面包, 牛奶, 啤酒}
[2]{火腿, 牛奶, 啤酒, 沙拉, 土豆}
[3]{烤肉, 面包, 牛奶, 啤酒}
[4]{火腿, 鸡蛋, 面包, 牛奶}
[5]{火腿, 面包, 啤酒, 沙拉}
[6]{面包, 牛奶, 沙拉}

apriori() 函数基本形式为

```
rules<-apriori(data,parameter=list(support,confidence))
```

data: 是经过转换的分析对象.

默认参数为: support=0.1, confidence=0.8.

表 7.8 的计算代码如下.

```
install.packages("arules")
library(arules)
a_list<-list(
     c("面包","牛奶","啤酒","鸡蛋"),
     c("牛奶","啤酒","土豆","沙拉","火腿"),
     c("面包","牛奶","啤酒","烤肉"),
     c("面包","牛奶","火腿","鸡蛋"),
     c("面包","沙拉","火腿","啤酒"),
     c("面包","牛奶","沙拉")
     )
trans1<-transactions(a_list)
rules<-apriori(trans1,parameter=list(support=0.5,confidence=0.5))
rules<-apriori(trans1,parameter=list(support=0.2,confidence=0.2))
inspect(rules)
```

思考与练习

1. 简述相关关系的含义及类型, 掌握三种相关系数公式.

2. 简述典型相关分析的基本原理, 掌握计算公式.

3. 掌握下列概念: 事务、项、项集、频繁项集、支持度、置信度、提升度、关联规则.

4. 简述提升度与置信度的关系.

5. R 软件应用练习.

(1) 调用 R 自带数据集 mtcars, 自选变量计算其皮尔逊相关系数;

(2) 对向量 X、Y 的下列元素排序计算其斯皮尔曼相关系数.

X={6, 7, 4, 5, 3, 2, 1};

Y={7, 4, 5, 6, 3, 1, 2};

(3) 对向量 X、Y 的下列元素取值计算肯德尔相关系数.

X={1, 1, 2, 2, 2, 2, 2, 3, 3, 3};

Y={1, 2, 1, 1, 2, 2, 3, 2, 3, 3};

(4) 根据表 7.29 数据, 运用 cancor() 函数以及相应代码, 进行科技投入和产出的典型相关分析.

表 7.29   某年全国部分地区 R&D 投入与产出原始数据

省份	基础研究人员全时当量/人年	应用研究人员全时当量/人年	试验发展人员全时当量/人年	基础研究经费/万元	试验发展经费/万元	国内外发明专利申请数/件	科技论文/篇	新产品销售收入/万元
北京	35933	59253	146991	1372366	2580388	7897716	67554	15844619
天津	5662	13864	80693	180320	535021	3565580	21946	18228710
河北	5043	12615	71888	79114	308879	2430558	7329	1994115
山西	3511	7400	38127	60430	182667	1306702	6025	473710
内蒙古	2527	4192	30562	35923	77922	1058032	1935	181415
辽宁	8392	15670	70824	157328	555940	3746053	25292	3852562
吉林	7686	12732	27591	117288	364760	714834	4549	1336505
黑龙江	10476	8159	44025	158646	257414	1231778	10338	655479
上海	15407	25524	124831	548726	1026727	6192394	39157	7950113
江苏	12299	23944	429919	436863	799200	13638403	141259	61542994

(5) 采用 Apriori 算法, 运用 arules 包相应函数及相应代码计算表 7.30 交易数据的关联规则.

表 7.30   习题数据

交易号码	商品
0	豆奶, 莴苣
1	莴苣, 尿布, 葡萄酒, 甜菜
2	莴苣, 尿布, 葡萄酒, 橙汁
3	莴苣, 豆奶, 尿布, 葡萄酒
4	莴苣, 豆奶, 尿布, 橙汁

第7章在线自测题

第 8 章 聚类分析

学习目标

- 掌握聚类分析的基本原理
- 掌握距离的计算方法 (欧氏距离、曼哈顿距离、马氏距离等)
- 掌握聚类的主要算法 (最短距离法、最长距离法等)
- 了解几种主要的聚类方法 (系统聚类、K-means 聚类、K-modes 聚类), 掌握系统聚类和 K-means 聚类方法

物以类聚, 人以群分. 人们可以通过一定的技术, 将具有相同或相似特征的数据, 归并到同一个类别. 聚类分析 (cluster analysis) 就是研究如何将没有分类标签的数据集, 按照一定规则, 分为若干个类别的过程. 本章介绍聚类分析的基本原理、基本步骤, 并主要介绍最为常用的系统聚类法、K-means 聚类法和 K-modes 聚类法.

8.1 聚类分析概述

在数据挖掘领域, 聚类分析是一种无监督学习算法. 聚类分析的基本原理是, 在未知类别的情况下, 通过特定算法发现数据对象的数据结构与特点, 按照一定的规则 (如相似性判别) 将数据对象划分成若干个相似类簇, 从而揭示样本之间内在共同特征和规律. 聚类分析在银行、零售、保险、医学、军事等诸多领域有着广泛的应用.

在聚类分析中, 数据之间的相似性是通过定义一个距离或者相似性系数来判别的. 从聚类对象来看, 聚类分析可以对样本聚类, 也可以对变量聚类. 当对样本聚类时, 一般计算样本之间的距离作为相似性判别, 称为样本聚类; 当对变量进行聚类时, 一般计算变量之间的相似系数作为相似性判别, 称为变量聚类. 变量聚类

时, 多以变量间相关系数作为相似度; 样本聚类时, 多以样本间的距离作为相似度.
以下主要介绍定义距离为相似度的样本聚类分析方法.

样本聚类分析的两个关键因素: 一是计算样本之间的距离; 二是选择聚类算
法. 相同的数据对象, 不同的距离或不同的聚类算法都会产生不同的聚类结果.

8.2 距离的计算方法

在聚类分析中, 距离表示数据对象间靠近的程度. 如果把具有多个变量的样
本看作是多维空间中的点, 则可以通过计算多维空间中各个点之间的距离进行样
本的相似度判断.

若以 d_{ij} 表示样本 i 和样本 j 之间的距离. 则 p 维空间中 n 个点 (样本) 之
间的距离构成一个 $n \times n$ 的距离矩阵 $D = (d_{ij})_{n \times p}$:

$$D = (d_{ij})_{n \times p} = \begin{bmatrix} d_{11} & d_{12} & \cdots & d_{1p} \\ d_{21} & d_{22} & \cdots & d_{2p} \\ \vdots & \vdots & & \vdots \\ d_{n1} & d_{n2} & \cdots & d_{np} \end{bmatrix}$$

注意, D 的左下三角区和右上三角区表示的点与点之间的距离是相同的.

距离矩阵的计算方法有多种, 常用如: 欧氏距离、马氏距离、相关距离、切比
雪夫距离、皮尔逊相似度、曼哈顿距离、幂距离、余弦相似度等等, 以下简要介绍
比较常用的欧氏距离、曼哈顿距离、明氏距离、兰氏距离、马氏距离、相关距离、
余弦相似度和汉明距离.

8.2.1 欧氏距离

欧氏距离也称欧几里得距离, 是指 n 维有限空间中两点之间的简单直线距离.
若设 $p_1 (x_1, y_1)$ 和 $p_2 (x_2, y_2)$ 分别表示二维平面中的某两个点, 则该两点之间的
欧氏距离计算公式为

$$d_{12} = \sqrt{(x_2 - x_1)^2 + (y_2 - y_1)^2} \tag{8.1}$$

若设 $p_i (x_{i1}, \cdots, x_{in})$ 和 $p_j (x_{j1}, \cdots, x_{jn})$ 分别表示 n 维空间的某两个点, 则
该两点之间的距离公式为

$$d_{ij} = \sqrt{\sum_{k=1}^{n} (x_{jk} - x_{ik})^2} \tag{8.2}$$

欧氏距离受数据量纲影响, 如果数据对象各变量的计量尺度不一致, 那么计
算欧氏距离前需要先将数据进行标准化处理. 欧氏距离没有考虑数据的相关性.

8.2.2 曼哈顿距离

曼哈顿距离也称为绝对距离、城市街区距离. 曼哈顿距离的命名来自于从规划为方形建筑区块的城市 (如美国曼哈顿) 间, 最短的行车路径计算, 是考虑方位坐标的总距离, 即两个点在标准坐标系上的绝对轴距总和.

在坐标平面上, 任意两个点 $p_1(x_1, y_1)$ 和 $p_2(x_2, y_2)$ 之间的曼哈顿距离为

$$d_{12} = |y_2 - y_1| + |x_2 - x_1| \tag{8.3}$$

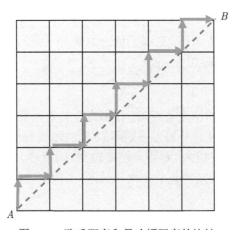

图 8.1 欧氏距离和曼哈顿距离的比较

图 8.1 中, 若从 A 点逐次移动到 B 点, 虚线代表欧氏距离, 带箭头的折线代表曼哈顿距离. 很明显, 同一空间相同两个点之间, 曼哈顿距离总是要大于欧氏距离.

8.2.3 明氏距离

对于坐标平面上的任意两个点 $p_1(x_1, y_1)$ 和 $p_2(x_2, y_2)$, 若引入幂次系数 q, 欧氏距离和曼哈顿距离的计算公式可以扩展如下:

$$d_{12}(q) = \left[|y_2 - y_1|^q + |x_2 - x_1|^q\right]^{\frac{1}{q}} \tag{8.4}$$

式 (8.4) 称为明氏距离 (闵可夫斯基距离, 或闵氏距离). 依据 q 的取值不同, 可测度两点之间的曲线距离. 可以发现, 欧氏距离和曼哈顿距离分别是明氏距离当 $q = 2$ 和 $q = 1$ 的情形.

对于 n 维空间的两个点 $p_i(x_{i1}, \cdots, x_{in})$ 和 $p_j(x_{j1}, \cdots, x_{jn})$, 明氏距离可表示为

$$d_{ij}(q) = \left[\sum_{k=1}^{n} |x_{jk} - x_{ik}|^q\right]^{\frac{1}{q}} \tag{8.5}$$

8.2.4 兰氏距离

兰氏距离由 Lance 和 Williams 最早提出, 故称为兰氏距离. 又称为堪培拉距离, 被认为是曼哈顿距离的加权版本.

对于 n 维空间中任意两个点 $p_i(x_{i1}, \cdots, x_{in})$ 和 $p_j(x_{j1}, \cdots, x_{jn})$, d_{ij} 表示它们之间的距离, 兰氏距离的计算公式为

$$d_{ij} = \sum_{k=1}^{n} \frac{|x_{jk} - x_{ik}|}{|x_{jk}| + |x_{ik}|} \tag{8.6}$$

兰氏距离对异常值不敏感, 克服了量纲的影响, 比较适合高度偏移的数据, 但也没有考虑指标间的相关性.

8.2.5 马氏距离

马氏距离表示数据的协方差距离, 利用协方差来衡量两个变量之间的相似性, 计算两个服从同一分布并且其协方差矩阵为 S 的随机变量之间的距离. 基本思想是, 如果数据集变量高度相关, 则协方差将较大, 除以较大的协方差将有效缩短距离, 则这种高度相关就通过较短的距离来体现; 如果不相关, 则协方差较小, 距离也就不会太短.

这种对变量进行计算的思路也可以用于计算两个样本点之间的距离. 对于坐标平面上的任意两个点 $p_1(x_1, y_1)$ 和 $p_2(x_2, y_2)$, 若其协方差阵为 S, 马氏距离表示为 d_m, 则有

$$d_m = \sqrt{(x_2 - x_1, y_2 - y_1)^{\mathrm{T}} S^{-1} (x_2 - x_1, y_2 - y_1)} \tag{8.7}$$

对于 n 维空间的任意两个点 $X(x_1, x_2, \cdots, x_n), Y(y_1, y_2, \cdots, y_n)$, 其协方差阵为 S, $(X - Y)$ 表示向量 $((x_1 - y_1), (x_2 - y_2), \cdots, (x_n - y_n))$, 则两个点之间马氏距离的计算公式为

$$d_m = \sqrt{(X - Y)^{\mathrm{T}} S^{-1} (X - Y)} \tag{8.8}$$

若协方差矩阵是单位矩阵 (各个样本向量之间独立同分布), (8.8) 式可为

$$d_m = \sqrt{(X - Y)^{\mathrm{T}} (X - Y)} = \sqrt{\sum_{i=1}^{n} (x_i - y_i)^2} \tag{8.9}$$

(8.9) 式就是欧氏距离公式. 因此, 马氏距离可以被看作广义欧氏距离, 适用于非独立数据对象.

8.2.6 相关距离

相关距离利用相关系数来衡量两个随机变量之间的相似性, 也不受数据量纲的影响. 若用 ρ_{xy} 表示两个随机变量 X, Y 之间的相关系数, 则 X 与 Y 之间相关距离计算公式为

$$d = 1 - \rho_{xy} \tag{8.10}$$

相关距离也适用于非独立的数据对象.

8.2.7 余弦相似度

余弦相似度利用两个向量夹角的余弦衡量两个向量方向的差异, 以此判断向量的相似度. 如果两个向量的点积与模的乘积比较近似, 则认为两个向量方向比较相似. 因此, 两个向量 a 和 b 的余弦相似度计算公式为

$$\cos\theta = \frac{a \cdot b}{\|a\| \cdot \|b\|} \tag{8.11}$$

同理, 两个 n 维向量 $a(x_1, x_2, \cdots, x_n)$ 和 $b(y_1, y_2, \cdots, y_n)$ 的余弦相似度为

$$\cos\theta = \frac{\sum\limits_{i=1}^{n} x_i y_i}{\sqrt{\sum\limits_{i=1}^{n} x_i^2}\sqrt{\sum\limits_{i=1}^{n} y_i^2}} \tag{8.12}$$

余弦相似度的取值在 $[-1, 1]$ 区间. 余弦相似度越接近 1, 表明向量间夹角越接近 0 度, 即两个向量方向越相似; 若余弦相似度等于 1, 即夹角等于 0, 则两个向量相等. 若余弦相似度为 -1, 表示两个向量方向完全相反.

余弦相似度注重向量在方向上的度量, 可以忽略数据量纲不同的影响.

8.2.8 汉明距离

汉明距离用于计算两个字符型数据的距离. 对于两个等长的二进制字符串 (或离散属性向量), 汉明距离是通过比较两个字符串中对应位置上不同的位数来度量它们之间的差异. 汉明距离等于不同位的数量.

假设有两个二进制字符串: 10110 和 10011, 计算它们之间的汉明距离.

(1) 比较两个字符串的第一个位 (最左侧的位):

第一个字符串的第一个位是 "1";

第二个字符串的第一个位是 "1".

两个字符串在第一个位上相同, 所以汉明距离计数为 0.

(2) 比较第二位:

第一个字符串的第二位是 "0";

第二个字符串的第二位是 "0".

两个字符串在第二位上也相同, 所以汉明距离计数保持为 0.

(3) 比较第三位:

第一个字符串的第三位是 "1";

第二个字符串的第三位是 "0".

这两个字符串在第三位上不同, 所以汉明距离计数增加 1.

(4) 比较第四位:

第一个字符串的第四位是 "1".

第二个字符串的第四位是 "1".

两个字符串在第四位上相同, 所以汉明距离计数仍然为 1.

(5) 比较第五位:

第一个字符串的第五位是 "0".

第二个字符串的第五位是 "1".

这两个字符串在最后一位上不同, 所以汉明距离计数再增加 1.

最终, 汉明计数器的值为 2, 因此, 汉明距离为 2, 表示这两个字符串在 2 个位置上不同.

8.3   聚 类 算 法

常见聚类算法主要分为层次聚类方法、划分聚类方法、密度聚类方法、网格聚类方法、模型聚类方法等. 限于篇幅, 以下主要介绍基于层次聚类的系统聚类法和基于划分聚类的 K-means 聚类、K-modes 聚类方法.

8.3.1   系统聚类方法

系统聚类是基于层次的聚类方法. 其基本原理是, 若将各个待分类样本分别视为初始簇类, 则可按照距离原则将相近者分层合并, 多次迭代后所有样本合并成一个大类, 最终根据共同父节点对待聚样本进行聚类划分. 过程如下.

第一步: 先计算待聚类样本 (变量) 之间的距离, 每次将距离最近的点合并到同一个类, 距离的计算方法可以用欧氏距离、马氏距离等.

第二步: 计算类与类之间的距离, 将距离最近的类合并为一个大类, 不断重复这个过程, 直到最后所有样本 (变量) 合成一个类.

系统聚类算法中, 类与类之间的聚类算法主要有如下几种.

①最短距离法 (single): 计算两个类中最靠近的两个对象间的距离为簇间距离.

②最长距离法 (complete): 计算两个类中离得最远的两个对象间的距离为簇间距离.

③类平均法 (average): 计算两个类中样本 (变量) 两两之间的平均平方距离为簇间距离.

④重心法 (centroid): 计算两个类重心之间的距离 (对样本分类来说, 类重心就是该类样本的均值) 为簇间距离, 又称质心法.

⑤中间距离法 (median): 计算两个类中介于最远和最近的样本 (变量) 之间的距离为簇间距离.

⑥离差平方和法 (Ward 法, ward.D 或 ward.D2): 采用样本离差平方和作为簇间距离, 如果分类正确, 类内部的离差平方和应当较小, 类与类之间的离差平方和应当较大.

第三步: 通过聚类结果谱系图进行聚类判断.

例如, 假设有一组数据 (表 8.1), 采用系统聚类方法对它进行聚类.

表 8.1   示例数据 (一)

序号	P_1	P_2
1	15	17
2	17	11
3	13	12
4	16	15
5	16	16

系统聚类过程如下.

(1) 运用欧氏距离公式, 计算距离矩阵, 每个初始样本各自为一类, 用 C 表示. 结果如表 8.2 所示.

表 8.2   距离计算结果

	C_1	C_2	C_3	C_4	C_5
C_1	0	6.32	5.39	2.24	1.41
C_2		0	4.12	4.12	5.10
C_3			0	4.24	5.00
C_4				0	1.00
C_5					0

(2) 按照最短距离法 (图 8.2) 进行第一层合并. 可知 C_4 和 C_5 之间距离最短, 为 1.00, 因此将 C_4 和 C_5 合为一类, 令其为 C_6. 结果见表 8.3 所示.

图 8.2   最短距离示意图

表 8.3　第一层合并结果

	C_1	C_2	C_3	C_4	C_5
C_1	0	6.32	5.39	2.24	1.41
C_2		0	4.12	4.12	5.10
C_3			0	4.24	5.00
C_6				0	0.00
$C_6 = \{C_4, C_5\}$				

根据最短距离法的基本思想, 比较各个类与 C_6 的距离, 寻找最小值:

$$D(i, j) = \min\left\{ D(p, j), D(q, j) \right\}$$

求出与 C_6 最近的距离是 $C_1(1.41)$:

$$D(6, 1) = \min\left\{ D(4, 1), D(5, 1) \right\} = \{2.24, 1.41\} = 1.41$$

$$D(6, 2) = \min\left\{ D(4, 2), D(5, 2) \right\} = \{4.12, 5.10\} = 4.12$$

$$D(6, 3) = \min\left\{ D(4, 3), D(5, 3) \right\} = \{4.24, 5.00\} = 4.24$$

(3) 将 C_1 与 C_6 合并为 C_7. 结果见表 8.4 所示.

表 8.4　第二层合并结果

	C_1	C_2	C_3	C_4	C_5
C_2		0	4.12	4.12	5.10
C_3			0	4.24	5.00
C_7				0	0.00
$C_7 = \{C_1, C_4, C_5\}$				

应用公式, 求出与 C_7 最近的距离是 $C_2(4.12)$:

$$D(7, 2) = \min\left\{ D(4, 2), D(5, 2), D(1, 2) \right\} = \{4.12, 5.10, 6.32\} = 4.12$$

$$D(7, 3) = \min\left\{ D(4, 3), D(5, 3), D(1, 3) \right\} = \{4.24, 5.00, 5.39\} = 4.24$$

(4) 将 C_2 与 C_7 合并为 C_8, 剩余的一个初始类 C_3 自然与 C_8 合并, 最后形成一个大类, 聚类过程结束 (表 8.5).

表 8.5　第三层合并结果

	C_1	C_2	C_3	C_4	C_5
C_3			0	4.24	5.00
C_8				0	0.00
$C_8 = \{C_1, C_2, C_4, C_5\}$				

(5) 上述聚类谱系图如图 8.3 所示.

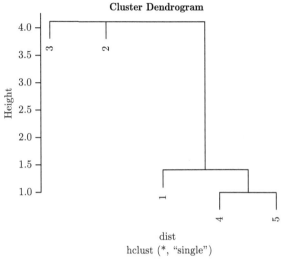

图 8.3　系统聚类谱系图

结合前面的聚类过程和聚类谱系图, 横轴代表聚的类别, 纵轴代表类簇之间的距离. 可按照从下到上、从左到右的顺序从谱系图中进行系统聚类. 共同父节点的子树样本可被聚为一类. 划分的过程可以通过刀切法寻找共同子树, 见图 8.4 的虚线部分.

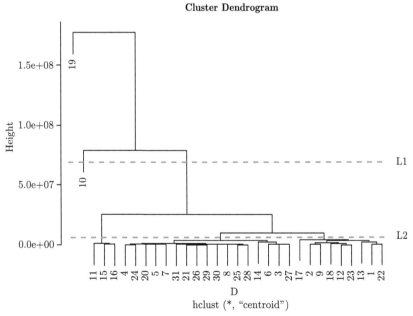

图 8.4　系统聚类谱系图切分类簇示意

图 8.4 中, 虚线 L1 所切割的共同子树有 3 棵, 故可分为 3 个类簇, 分类较粗; 虚线 L2 所切割的共同子树有 5 棵, 故可分为 5 个类簇, 分类较细. 可见, 系统聚类的类簇划分结果并不唯一, 可由研究者结合实际背景进行选择.

除此之外, 当样本量比较大时, 采用不同聚类算法会得到不相同的聚类谱系, 其聚类结果也是不唯一的. 图 8.5(a)~(f) 是使用 6 种不同聚类算法对 R 自带数据集 iris(鸢尾花数据) 进行系统聚类的结果.

图 8.5(a) 是采用最长距离算法的聚类谱系图.

图 8.5(b) 是采用最短距离算法的聚类谱系图.

图 8.5(c) 是重心法算法的聚类谱系图.

图 8.5(d) 是采用类平均算法的聚类谱系图.

图 8.5(e) 是采用离差平方和算法的聚类谱系图.

图 8.5(f) 是采用中间距离算法的聚类谱系图.

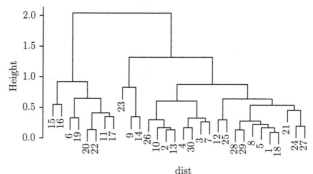

(a) 最长距离算法聚类谱系图

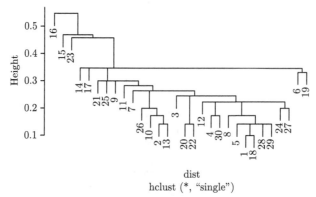

(b) 最短距离算法聚类谱系图

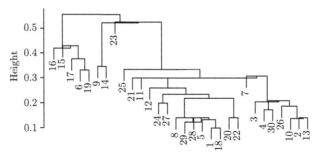

(c) 重心法算法聚类谱系图

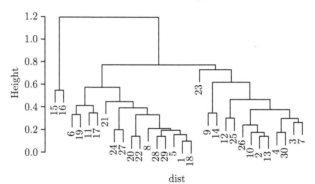

(d) 类平均算法聚类谱系图

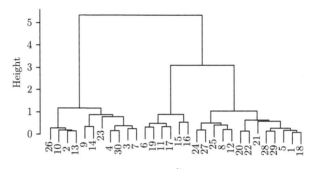

(e) 离差平方和算法聚类谱系图

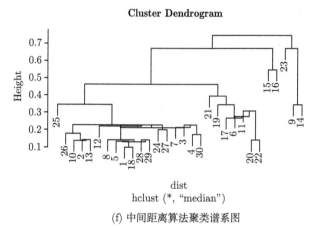

(f) 中间距离算法聚类谱系图

图 8.5　6 种不同聚类算法系统聚类结果

由此可见, 即便采用相同的距离计算方法, 系统聚类也可以由于对类簇进行不同粗细程度划分标准, 或采用不同的类簇聚类算法而获得不同的类簇划分, 其分类结果不唯一. 因此, 如果没有比较明确的数据特征或者聚类指向, 建议采用划分聚类方法.

8.3.2　K-means 聚类法

K-means 聚类又称为 K-均值聚类方法, 属于划分聚类方法. 主要依据距离对待分类对象进行划分. 这个过程通过构造一个迭代过程优化目标函数来进行. 当优化到目标函数的最小值或极小值时, 可以得到数据集的一些不相交的子集, 通常认为此刻每个子集就是一个聚类. K-means(K-均值) 聚类、K-modes(K-众数) 聚类、K-mediods (K-中心值) 聚类方法等是这类聚类方法的代表.

K-means 聚类法的基本思想是: 对于待分类样本集, 计算均值作为聚类中心, 按照样本与质点之间的距离大小, 将样本集划分为不同类簇, 使得簇内的样本距离尽可能小, 簇间样本的距离尽可能大.

具体步骤:

第一步, 事先确定要分的类数目, 如 K 类;

第二步, 随机选择 n 个样本计算 K 个均值作为初始聚类中心;

第三步, 计算各个样本到各初始聚类中心的距离, 把它划到距离聚类中心值最近的类簇;

第四步, 在各类簇内计算新的均值作为新的聚类中心;

第五步, 重复前面步骤, 直至聚类中心不发生变化时, 或到达最大迭代次数, 为最终聚类结果.

以下以一组简单数据为例说明 K-means 聚类的基本原理.

假设有 5 个样本数据, 其取值如表 8.6 所示, 其分布如图 8.6 所示.

表 8.6   示例数据 (二)

	X_1	X_2
1	5	7
2	4	1
3	3	2
4	6	5
5	6	6

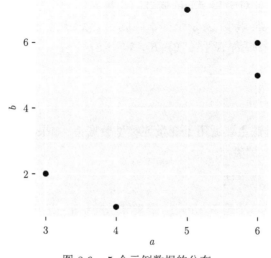

图 8.6   5 个示例数据的分布

假设 $K = 2$, 首先任意设置两个中心: $K_1(4.8, 4.2)$, $K_2(3, 2)$, 采用欧氏距离公式计算各个点分别与两个中心的距离如表 8.7 所示 (保留三位小数).

表 8.7   中心距离计算结果

	$K_1(4.8,4.2)$	$K_2(3,2)$
d_1	2.807	5.385
d_2	3.298	1.414
d_3	2.844	0.000
d_4	1.442	4.242
d_5	2.163	5.000

比较表中各对距离, 依据最短距离原则, 将第 1, 4, 5 个样本归到 K_1 类, 将第 2, 3 个样本归到 K_2 类.

对新形成的两个簇类 K_1, K_2, 进行第二次迭代. 分别计算两个新类簇的均值为第二次迭代的新中心, 为 $K_1(5.7, 6)$, $K_2(3.5, 1.5)$. 采用欧氏距离计算各个点分别与两个新中心的距离如表 8.8 所示 (保留三位小数).

表 8.8　新中心距离计算结果

	$K_1(5.7,6)$	$K_2(3.5,1.5)$
d_1	1.221	5.701
d_2	5.281	0.707
d_3	4.826	0.707
d_4	1.044	4.301
d_5	0.300	5.148

比较表 8.8 中各对距离 d_i, 依据最短距离原则, 分类的结果仍然是将第 1, 4, 5 个样本归到 K_1 类, 将第 2, 3 个样本归到 K_2 类, 聚类的类簇不再发生变化, 迭代结束, 最终聚类中心为 $K_1(5.7,6)$, $K_2(3.5,1.5)$.

聚类结果:

第 1 类: 1, 4, 5;

第 2 类: 2, 3.

K-means 聚类法主要适用于变量连续型数据集, 如果样本变量是定性数据时, 则适用于 K-modes 聚类法.

8.3.3　K-modes 聚类法

K-modes 聚类算法是 K-means 聚类算法的扩展, 适用于离散型数据集, 故常用于处理定性变量的聚类问题.

K-modes 聚类算法的基本原理、步骤及距离算法都与 K-均值聚类相同, 主要区别在于: 一是中心的选取方式不同, 二是距离的计算方法不同.

K-modes 聚类的中心是基于众数 (mode) 的概念. 在 K-modes 中, 每个簇的中心是该簇中最频繁出现的值, 即众数. 因为 K-modes 处理的是离散数据, 而不是连续数据, 所以使用众数来表示簇的中心更合适. 具体来说, 对于每个簇, K-modes 会计算每个特征 (属性) 的众数, 然后将这些众数组合在一起以形成中心. 这个中心代表了该簇的特征组合. 在 K-means 中, 中心是特征的平均值, 但在 K-modes 中, 中心是特征的众数. 这种方法对于处理具有离散属性的数据非常有用, 因为在这种情况下, 平均值通常没有实际意义, 而众数更能反映数据的特征.

K-modes 聚类使用汉明距离来度量数据点之间的相似性, 然后根据距离来将数据点分为不同的簇. 中心选取的标准仍然是绝对误差判断: 如果某样本点成为中心后, 其余样本与它的距离绝对误差能小于原中心所造成的绝对误差, 意味着能提高类簇内部紧密度, 则该样本点就成为类簇的新中心.

汉明距离公式的计算原理是: 在 K-modes 中, 计算两个数据点之间的汉明距离时, 对于两个数据点 A 和 B, 将它们的属性值按照属性顺序逐一比较. 对于每个属性, 如果 A 和 B 的属性值不相等, 增加 1 单位汉明距离计数器的值. 最终的汉明距离即为计数器的值, 表示 A 和 B 之间的距离.

以下示例 K-modes 算法的具体过程.

设有 N 个样本, M 个离散型属性, 类的个数设为 K.

第一步: 从样本中随机选取 K 个聚类中心: $C_1, C_2, \cdots, C_K$, 其中 C_i 是 M 维向量.

第二步: 计算任意一个样本点 $x_j (j = 1, 2, \cdots, N)$ 与 K 个中心之间的汉明距离, 然后进行比较.

第三步: 将 x_j 归到与其距离最近的类中. 当全部样本都归入相应类后, 共分为 K 类.

第四步: 选择各类中的众数作为新的类中心, 重新确定类中心.

第五步: 重复上述步骤三和步骤四, 当总距离不再降低时, 聚类过程结束, 获得最终聚类结果.

设有 8 个样本, 3 个分类变量 A, B, C, 其取值分别为 0,1, 见表 8.9 所示.

表 8.9　示例数据 (三)

样本序号	A	B	C
1	1	1	0
2	0	1	1
3	1	1	1
4	0	1	1
5	1	0	0
6	1	1	1
7	0	0	1
8	1	1	1

若初始分为 3 类, 随机选择 3 个中心, $m_1(0, 0, 1), m_2(0, 1, 1), m_3(1, 1, 1)$, 分别计算各个样本距离三个中心的汉明距离, 结果如表 8.10 所示.

表 8.10　汉明距离计算结果

样本序号	$m_1(0,0,1)$	$m_2(0,1,1)$	$m_3(1,1,1)$
1	3	2	1
2	1	0	1
3	2	1	0
4	1	0	1
5	3	3	2
6	2	1	0
7	0	2	2
8	2	1	0

根据表 8.10 的距离, 可将第 7 号样本归入第 1 类, 第 2, 4 号样本归入第 2 类, 第 1,3,5,6,8 号样本归入第 3 类. 第 1 类只有一个样本, 中心没有发生变化, 第 2 类的众数为 $(0,1,1)$, 第 3 类的众数为 $(1,1,1)$, 均没有发生变化, 因此汉明距离没有变化, 说明这个结果可以作为最终聚类结果.

聚类结果为

第 1 类: 7;

第 2 类: 2,4;

第 3 类: 1,3,5,6,8.

本例数据比较特殊, 第 5 和 7 号样本都可以单独成一类, 也可与其他类合并. 比如, 若设原始中心为 $m_1(1,1,1), m_2(0,1,1), m_3(1,0,0)$, 则聚类结果为

第 1 类: 1,3,6,8;

第 2 类: 2,4,7;

第 3 类: 5.

若产生新的中心, 汉明距离有变化, 则重新根据最短距离原则进行分类.

需要注意的是, 如果数据量较大, 新中点的计算将使得 K-modes 聚类算法所需时间较长, 因此该法不适合于较大规模数据.

8.4　最佳 K 值的两种确定方法

与层次划分法相比较, 多数基于划分的聚类算法较为高效, 但需要事先给定一个聚类数目. 因此如何确定最佳的聚类数目 K 成为划分聚类算法的一个重要问题.

目前主要有两种方法可以辅助确定最佳聚类簇数: 肘部法 (elbow) 和轮廓系数法. 下面以 K-means 算法为例进行介绍.

8.4.1　肘部法

肘方法的基本原理是: 基于 K-means 聚类是以最小化各样本点与质点平方误差作为判别标准, 如果每个簇的质点与簇内样本点的平方误差和越低, 代表簇内成员越紧密, 反之, 则代表簇内结构越松散.

一般情况, 误差平方和会随着类别的增加而降低, 但对于具有一定区分度的数据, 误差平方和在达到某个临界点时会出现明显拐点, 也即 "肘" 点, 下降幅度转为变缓, 表明簇数的增加不再带来误差平方和的明显减少, 也即增加分类无法带来更多回报, 应停止增加类别, 认为对应的 K 值为聚类性能最好的聚类簇数.

肘部法的求解思路为: 可以重复训练多个 K-means 模型, 选取不同的 K 值, 计算簇内误差平方和 (sum of the squared errors, SSE), 绘制 SSE 关于 K 的曲线, 选择曲线最显著的拐点对应的值为合理的簇数.

若 K 为设定聚类簇数, 设 c_i 代表聚类的某个簇, p 为簇中某个样本点, m_i 为该簇的质点 (在 K-means 聚类中为均值, 在 K-mediods 聚类和 K-modes 聚类中, 分别为类中心值和类众数), 则 SSE 的计算公式为

$$\text{SSE} = \sum_{i=1}^{k} \sum_{p \in c_i} (p - m_i)^2 \qquad (8.13)$$

为计算方便, 在 K-means 聚类中, $\sum_{p \in c_i} (p - m_i)^2$ 部分以方差替代. 下面以鸢尾花数据 (iris) 为例, 介绍 K-means 聚类中采用肘部法寻找最佳聚类簇数的具体过程.

重复训练 15 个 K-means 模型, 分别计算不同 K 值对应的 SSE(此处以方差替代). 例如, $K = 4$ 时, 4 个类的均值和方差分别如表 8.11 所示.

表 8.11　$K = 4$ 的类均值和类方差

类别/类总方差	类均值				类方差
	Sepal.Length	Sepal.Width	Petal.Length	Petal.Width	
1	5.53	2.64	3.96	1.23	9.75
2	5.01	3.43	1.46	0.25	15.15
3	7.02	3.10	5.92	2.16	15.35
4	6.26	2.88	4.89	1.67	17.01
类总方差					57.26

按照此方法, 分别计算 $K = 1, 2, \cdots, 10$ 个情形的类总方差, 将类簇数目 K 设为横轴, 簇内方差和设为纵轴, 绘制肘部图如图 8.7 所示.

根据图 8.7, 可知曲线在 $K = 2$ 或 $K = 3$ 后变为较平缓, 因此选取 $K = 2$ 或 $K = 3$ 为最佳聚类簇数.

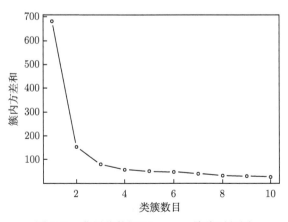

图 8.7　鸢尾花数据 K-means 聚类肘部图

图 8.8 是 $K = 2$ 时, 对鸢尾花数据的聚类结果, 图中分为红色和黑色两个簇类.

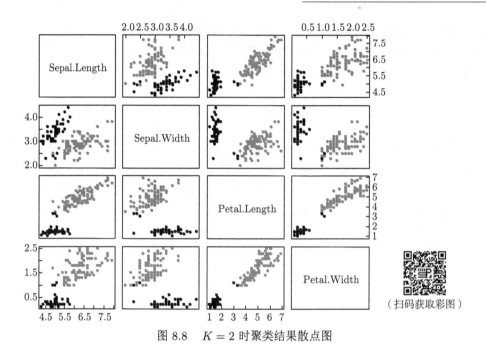

（扫码获取彩图）

图 8.8　$K = 2$ 时聚类结果散点图

图 8.9 是 $K = 3$ 时, 对鸢尾花数据进行聚类的结果图示. 图中按照聚类类别对散点图矩阵标注颜色, 分为黑色、红色和绿色三类.

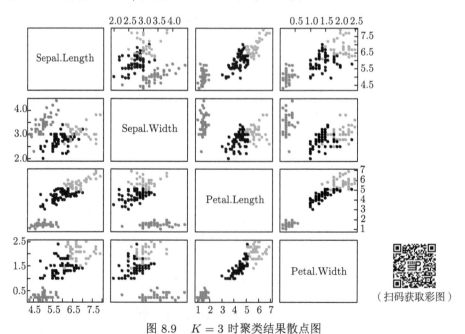

（扫码获取彩图）

图 8.9　$K = 3$ 时聚类结果散点图

从图 8.8 和图 8.9 中看到, $K = 2$ 的簇间界限比 $K = 3$ 的簇间界限更为清晰. 当然, 图示有一定视觉局限性, 还可以通过轮廓系数进一步判断.

8.4.2 轮廓系数法

轮廓系数 (silhouette coefficient) 结合聚类的簇内凝聚度 (cohesion) 和簇间分离度 (separation), 用于评估聚类的效果. 具体计算方法如下:

任意设定一个 K 值, 进行初始聚类. 对于第 i 个样本 x_i, 计算该点与本簇类其他点的平均距离, 表示簇内的凝聚度, 记作 a_i, 称为簇内不相似度, 用于测度簇内的凝聚度. a_i 越小, 表示簇内样本越紧密.

选取 x_i 外的任意一个簇 b, 计算 x_i 与 b 中所有点的平均距离, 用此法遍历所有其他簇, 找到最近的这个平均距离, 记作 b_i, 称为簇间不相似度, 用于测度簇之间分离度. b_i 越大, 表示簇间样本越分离, 类别轮廓越清晰.

对于样本 x_i, 轮廓系数计算公式为

$$s_i = \frac{b_i - a_i}{\max(a_i, b_i)} \tag{8.14}$$

根据公式 (8.14), 轮廓系数的计算方式如下:

$$s_i = \begin{cases} 1 - \dfrac{a_i}{b_i}, & a_i < b_i \\[2mm] 0, & a_i = b_i \\[2mm] \dfrac{b_i}{a_i} - 1, & a_i > b_i \end{cases} \tag{8.15}$$

s_i 取值范围为 $[-1, 1]$. 若 s_i 小于 0, 当 $a_i > b_i$ 时, 说明 x_i 与其簇内元素的平均距离大于最近的其他簇, 如果 a_i 足够大, 或 b_i 趋于 0, 则 s_i 接近 -1, 表明两个簇类没有分界, 而是交织在一起, 簇内距离大于簇间距离, 聚类效果不好; 当 $a_i < b_i$ 时, 表明簇内距离小于簇间距离, 如果 a_i 趋于 0, 或者 b_i 足够大, 那么 s_i 趋近 1, 说明聚类效果比较好.

计算所有 x_i 的轮廓系数, 求出平均值即为当前 K 的平均轮廓系数 S_K, 取多个 K 值进行聚类, 计算各平均轮廓系数, 最后选取轮廓系数最大的值对应的 K 作为最终的聚类数目.

对前述 iris 数据的 K-means 聚类情形, 运用公式 (8.15) 依次计算 $K = 2, 3, \cdots, 10$ 的轮廓系数, 结果如表 8.12 所示.

表 8.12 中, 当 $K = 2$ 时轮廓系数大于其他所有 K 值对应的轮廓系数值, 表明该例中聚类簇数分为 2 类效果较好. 如图 8.10 所示.

表 8.12　不同 K 值的轮廓系数

K	轮廓系数 (保留三位小数)
2	0.681
3	0.517
4	0.410
5	0.450
6	0.360
7	0.446
8	0.337
9	0.343
10	0.305

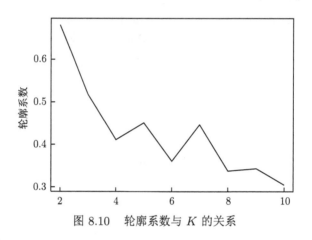

图 8.10　轮廓系数与 K 的关系

　　需要注意的是, K 值有时候需要根据应用场景选取, 方差或轮廓系数仅作为参考, 不能完全依据评估参数选取.

8.5　案 例 分 析

⊗ 红酒质量数据的聚类分析 ⊗

1. 案例学习要点

系统聚类、K-means 聚类的应用; 最佳 K 值的确定.

2. 案例内容

运用红酒质量数据集, 根据其 11 个指标, 对红酒质量进行聚类分析. 并以质量评分指标作为参考系列, 对聚类结果进行验证. 比较系统聚类和 K-means 聚类的特点.

3. 案例过程及分析

1) 数据介绍

红酒质量数据集 (wine quality dataset) 来自 Kaggle 竞赛数据, 包含了关于红酒的化学属性以及质量评分的信息. 该数据集包含 1143 个样本, 12 个检测指标.

数据集部分数据截图如图 8.11.

	A	B	C	D	E	F	G	H	I	J	K	L	M
1	fixed acidity	volatile acidity	citric acid	residual sugar	chlorides	free sulfur dioxide	total sulfur dioxide	density	pH	sulphates	alcohol	quality	Id
2	7.4	0.7	0	1.9	0.076	11	34	0.9978	3.51	0.56	9.4	5	0
3	7.8	0.88	0	2.6	0.098	25	67	0.9968	3.2	0.68	9.8	5	1
4	7.8	0.76	0.04	2.3	0.092	15	54	0.997	3.26	0.65	9.8	5	2
5	11.2	0.28	0.56	1.9	0.075	17	60	0.998	3.16	0.58	9.8	6	3
6	7.4	0.7	0	1.9	0.076	11	34	0.9978	3.51	0.56	9.4	5	4
7	7.4	0.66	0	1.8	0.075	13	40	0.9978	3.51	0.56	9.4	5	5
8	7.9	0.6	0.06	1.6	0.069	15	59	0.9964	3.3	0.46	9.4	5	6
9	7.3	0.65	0	1.2	0.065	15	21	0.9946	3.39	0.47	10	7	7
10	7.8	0.58	0.02	2	0.073	9	18	0.9968	3.36	0.57	9.5	7	8
11	6.7	0.58	0.08	1.8	0.097	15	65	0.9959	3.28	0.54	9.2	5	10
12	5.6	0.615	0	1.6	0.089	16	59	0.9943	3.58	0.52	9.9	5	12
13	7.8	0.61	0.29	1.6	0.114	9	29	0.9974	3.26	1.56	9.1	5	13
14	8.5	0.28	0.56	1.8	0.092	35	103	0.9969	3.3	0.75	10.5	7	16
15	7.9	0.32	0.51	1.8	0.341	17	56	0.9969	3.04	1.08	9.2	6	19
16	7.6	0.39	0.31	2.3	0.082	23	71	0.9982	3.52	0.65	9.7	5	21
17	7.9	0.43	0.21	1.6	0.106	10	37	0.9966	3.17	0.91	9.5	5	22
18	8.5	0.49	0.11	2.3	0.084	9	67	0.9968	3.17	0.53	9.4	5	23
19	6.9	0.4	0.14	2.4	0.085	21	40	0.9968	3.43	0.63	9.7	6	24
20	6.3	0.39	0.16	1.4	0.08	11	23	0.9955	3.34	0.56	9.3	5	25

WineQT

图 8.11 红酒质量部分数据截图

其中, 指标含义如下:

fixed acidity: 固定酸度, 酒中的非挥发性酸的含量, 以克/升 (g/L) 为单位.

volatile acidity: 挥发性酸度, 酒中的挥发性酸的含量, 以克/升 (g/L) 为单位.

citric acid: 柠檬酸, 酒中的柠檬酸含量, 以克/升 (g/L) 为单位.

residual sugar: 残糖, 未发酵糖分的含量, 以克/升 (g/L) 为单位.

chlorides: 氯化物, 酒中的氯化物含量, 以克/升 (g/L) 为单位.

free sulfur dioxide: 游离二氧化硫, 游离态二氧化硫的含量, 以毫克/升 (mg/L) 为单位.

total sulfur dioxide: 总二氧化硫, 总二氧化硫的含量, 以毫克/升 (mg/L) 为单位.

density: 密度, 酒的密度, 通常以克/升 (g/L) 为单位.

pH: pH 值, 酒的酸碱度水平.

sulphates: 硫酸盐, 酒中的硫酸盐含量, 以克/升 (g/L) 为单位.

alcohol: 酒精度, 酒中的酒精含量, 以百分比 (%) 为单位.

quality: 质量评分, 酒的质量评分, 通常在 0 到 10 的范围内.

2) 系统聚类

挑选数据集前 50 个样本, 根据前 11 个化学指标对这 50 个样本进行系统聚类. 结果见谱系图 8.12.

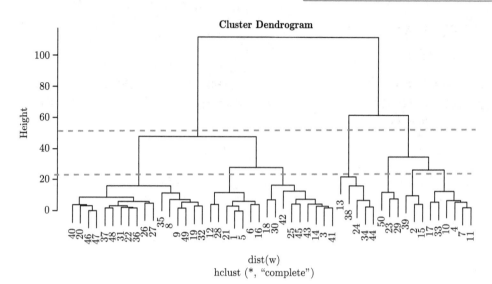

图 8.12　系统聚类谱系图

根据图 8.12, 用刀切法可以有两种分类: 一种是分为 3 类或 4 类, 另一种是分为 7 类. 根据谱系图和切线, 可以从图中直接获得样本的归类. 例如, 若分三类, 则第一类有 33 个样本, 第二类有 12 个样本, 第三类有 5 个样本.

采用 K-means 聚类对所有样本进行聚类.

先用肘部法和轮廓系数法确定 K 值.

肘部法的结果如图 8.13 所示.

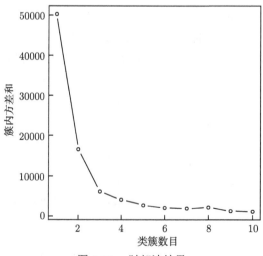

图 8.13　肘部法结果

从肘部法看, $K = 3$ 为最优类簇数目.

运用公式 (8.15) 依次计算 $K = 2, 3, \cdots, 10$ 的轮廓系数, 结果如表 8.13 所示.

表 8.13 轮廓系数

K 值	轮廓系数 (保留三位小数)
2	0.559
3	0.595
4	0.530
5	0.431
6	0.354
7	0.528
8	0.410
9	0.388
10	0.425

根据表 8.13, 轮廓系数值最高对应的 $K = 3$, 即聚 3 类为最优类簇.

因此, 本例选 3 类为最佳类簇. K-means 聚类结果为: 第一类有 23 个样本 (第 1,5,8,9,12,16,19,20,21,22,26,27,28,31, 32,35, 36,37,40,46,47, 48,49 号) 样本, 第二类有 19 个样本 (第 2,3,4,6,7,10,11,14,15,17,18,25,30,33,39,41,42,43,45 号), 第三类有 8 个样本 (第 13,23,24,29,34,38,44,50 号). 各类各指标的聚类中心值见表 8.14 所示.

表 8.14 聚类中心值

	fixed.acidity 固定酸度	volatile.acidity 挥发性酸度	citric.acid 柠檬酸	residual.sugar 残糖
1	7.604348	0.5895652	0.1256522	2.360870
2	7.494737	0.5289474	0.1894737	2.147368
3	7.812500	0.5943750	0.3262500	2.662500

	chlorides 氯化物	free.sulfur.dioxide 游离二氧化硫	total.sulfur.dioxide 总二氧化硫	density 密度
1	0.09017391	8.00000	20.69565	0.9966478
2	0.09747368	16.57895	56.73684	0.9966000
3	0.09150000	21.12500	103.00000	0.9967500

	pH pH 值	sulphates 硫酸盐	alcohol 酒精度
1	3.339565	0.6891304	9.843478
2	3.359474	0.6036842	9.763158
3	3.265000	0.6575000	9.787500

结论: 由于聚类是无监督算法, 根据系统聚类和 K-means 聚类所得类簇数目并无对错之分, 因此, 聚类算法的结果是不唯一的. 尽管通过肘部法和轮廓系数法, 总可以获得统计意义的最佳聚类簇数目, 应用中还是应该结合研究目的、研究背景和数据特征, 综合选择最优聚类簇数.

8.6   R 软件应用

聚类函数的应用

1. 目的

掌握三种主要聚类算法 (系统聚类、K-means 聚类、K-modes 聚类) 的函数及相应代码.

2. 内容

1) 距离计算

可使用 dist() 函数计算距离, 此函数的一般形式为

```
dist(data,method,diag,upper)
```

data: 待处理数据对象.

method: 为距离计算方法, 包括 "euclidean"(欧氏距离),"manhattan"(曼哈顿距离), "maximum"(最大距离), "minkowski"(明氏距离) 等.

diag: 逻辑值, 选择是否包括对角元素.

upper: 逻辑值, 选择是否需要上三角元素.

表 8.2 的距离计算代码为

```
x1<-c(15,17,13,16,16)
x2<-c(17,11,12,15,16)
plot(x1,x2)
X<-data.frame(x1,x2)
dist<-round(dist(X,method="euclidean",diag=T,upper=F),3)
```

2) 系统聚类

采用 hclust() 函数进行系统聚类, 基本形式为

```
hclust(d,method)
```

d: 为已计算的距离矩阵.

method: 选择类簇聚类方法, 可选 "single", "complete", "average", "centroid", "median", "ward".

图 8.5(a)∼(f) 的聚类代码如下.

```
dist<-dist(iris[(1:30),-5],method="euclidean",diag=T,upper=F)

he<-hclust(dist,"complete")#最长距离法
cbind(he$merge,he$height)
plot(he)

he<-hclust(dist,"single")#最短距离法
cbind(he$merge,he$height)
plot(he)

he<-hclust(dist,"centroid")#重心法
cbind(he$merge,he$height)
plot(he)

he<-hclust(dist,"average")#类平均法
cbind(he$merge,he$height)
plot(he)

he<-hclust(dist,"ward.D")#离差平方和法
cbind(he$merge,he$height)
plot(he)

he<-hclust(dist,"median")#中间距离法
cbind(he$merge,he$height)
plot(he)
```

3) K-means 聚类

运用 kmeans() 函数可以进行 K-means 聚类运算. 函数基本形式为

```
kmeans(x, centers, iter.max = 10,...)
```

x: 数据对象, 数据框或矩阵;

centers: 设置聚类簇数 K;

iter.max = 10: 允许最大数目的迭代, 默认为 10.

鸢尾花数据当 $K = 2$ 和 $K = 3$ 时, 聚类代码分别如下.

```
X<-iris[,-5]
km<- kmeans(iris[,-5], center=2,iter.max=10)
km<- kmeans(iris[,-5], center=3,iter.max=10)
```

4)K-modes 聚类

可直接运用函数 kmodes() 进行 K-modes 聚类所, 其所属 R 语言包: klaR, 其基本形式为

```
kmodes(data, modes, iter.max=10, weighted=FALSE)
```

data: 矩阵或数据框形式的分类数据.

modes: 类的个数, 同时在 data 中选取一组随机的 (不同的) 行作为初始模式.

iter.max: 允许的最大迭代数目, 默认为 10.

weighted: 设置是否对距离进行加权.

表 8.10 的聚类参考代码如下.

```
install.packages("klaR")
library(klaR)
kmodes(animal_data, 3, iter.max=10, weighted=FALSE)
```

5) 肘部法

应用软件时, 可计算方差作为肘部系数, 表 8.11 和图 8.7~ 图 8.9 的计算代码如下.

```
mydata<-iris[,-5]
wss<-(nrow(mydata)-1)*sum(apply(mydata,2,var))
for (i in 2:10)
  wss[i]<-sum(kmeans(mydata,centers=i)$withinss)
 plot(1:10, wss, type="b",
 xlab="类簇数目",
  ylab="簇内方差和")
km<-kmeans(mydata,centers=2)
plot(mydata,col=km$cluster,pch=19,cex=0.9)#打印散点图矩阵
km<-kmeans(mydata,centers=3)
plot(mydata,col=km$cluster,pch=19,cex=0.9)#打印散点图矩阵
```

6) 轮廓系数法

用 silhouette() 函数可计算轮廓系数, 需先下载 R 的 cluster 和 fpc 包. 表 8.12 和图 8.10 的计算代码如下.

```
iris_data<-iris[,1:4]   # 仅使用前四列特征
# 创建一个空的列表, 用于存储每个K值的轮廓系数
silhouette_scores <- vector("list", length = 10)
```

```
# 设置尝试的K值范围
k_values<-2:10
for (k in k_values) {
    kmeans_result<-kmeans(iris_data, centers=k)
    silhouette_score<-silhouette(kmeans_result$cluster,dist(
        iris_data))
    s<-data.frame(silhouette_score)
    silhouette_scores[[k]]<-mean(s$sil_width)
}

# 打印每个K值下的轮廓系数
cat("Silhouette Scores for Different K Values:\n")
for (k in k_values) {
  cat(silhouette_scores[[k]],"\n")
}
```

思考与练习

1. 阐述系统聚类法的基本思想.

2. 阐述 K-means 聚类法的基本思想.

3. 阐述 K-modes 聚类法的基本思想.

4. 阐述肘部法和轮廓系数法的基本原理.

5. R 软件应用练习.

自选 R 数据集:

(1) 运用 hclust() 函数及相应代码进行系统聚类.

(2) 运用 kmeans() 函数及相应代码进行 K-means 聚类.

(3) 运用肘部法和轮廓系数法选择 K 值, 并进行比较.

(4) 运用 kmodes () 函数及相应代码进行 K-modes 聚类.

第8章在线自测题

第9章　综合指数分析

学习目标
- 掌握专家评分法的原理和计算过程
- 掌握层次分析法的原理、计算过程和一致性检验
- 掌握熵权法的原理和计算公式
- 掌握变异系数法的原理和计算公式
- 掌握主成分赋权方法的原理和计算过程
- 掌握 TOPSIS 法的原理和计算公式
- 掌握灰色关联法的原理和计算公式

　　综合指数分析是研究者对具有多个属性的研究对象, 设计指标体系, 采用特定的方法, 提取指标的共同信息, 测度研究对象总体特征的过程. 基本思路是将多个指标按照各自权重进行加权综合, 形成包含了各个指标的信息的少量或一个综合指数, 可以对研究对象进行较为全面的比较、评价和分析. 综合指数分析法是目前发展比较成熟的一种综合指标分析方法, 在社会经济活动中有着非常广泛的应用 (胡永宏和贺思辉, 2000; 郭亚军, 2007).

9.1　综合指数分析概述

　　综合指数分析以一个综合指标代替多个具体指标实现对研究对象的综合测度, 其关键环节是构造模型计算综合指标值. 目前, 有多种综合指数模型, 如: 加权平均模型、主成分模型、层次分析模型等. 这些模型的共同点都是通过给各指标赋予一定权重, 采用公式计算总指标值. 区别在于权重的确定各不相同, 有的是专家主观赋权, 有的是客观数据赋权, 有的则是两者兼顾.

　　专家主观赋权是由相关领域的专业人士, 根据专业知识和经验, 对每个具体

指标在综合指数中的重要性做出判断的过程. 该方法多以评分形式对各个专家的各项评分进行加权形成总评分, 进而获得总指数得分. 由于此类方法的评价结果容易受到评价者个人知识、经验以及态度的影响而出现偏倚, 实践中逐渐发展出较多依据实际数据计算指标权重或直接计算综合指数的多种数理模型, 通过综合指数表现被评价对象的综合水平, 应用于排序、进行评价等许多实际工作.

因此, 根据权重的确定方式, 将综合指数构建方法大致分为三类: 以专家赋权为主的综合指数分析、以数据特征赋权为主的综合指数分析和两者组合的综合指数分析.

9.2　以专家赋权为主的综合指数分析

以专家赋权为主的综合指数分析是通过专家对指标重要性的评价, 构造指标权重, 再计算综合指数的分析方法. 比较常见的具体方法包括专家评分法、德尔菲法、层次分析法等.

9.2.1　专家评分法

专家评分法是在研究者对某个评价对象的若干个评价指标, 制订出评价标准的基础上, 由多名专家凭专业知识和经验, 依据评价标准给出各指标完成情况的评价分值, 最后计算各个分值的综合值进行评价的过程.

计算综合分值包含两个过程:

首先, 计算每个专家对各个指标进行评分后的总分值; 其次, 综合每个专家的总分值形成综合分值.

这两个过程的基本计算过程可以采用加法式、乘法式与乘加混合式三种方法.

(1) 加法式.

加法式是将评价对象各指标所得分值相加得到综合指数值的方法. 此法用于计算彼此相互独立的指标评分.

计算公式为

$$W = \sum_{i=1}^{n} W_i \tag{9.1}$$

公式 (9.1) 的符号含义分两种情况说明.

①该公式用于专家对评价对象各指标进行评分时, 各符号含义为

W: 表示评价对象综合指数值;

W_i: 表示评价对象的第 i 项指标得分值;

n: 表示指标项数.

②该公式用于综合各个专家的评分值时, 各符号含义为

W: 表示评价对象综合指数值;

W_i: 表示第 i 名专家给出的总分值;

n: 表示专家人数.

如果考虑到某项指标或某位专家的重要程度, 可以设置权重反映其影响力大小, 计算公式为

$$W = \sum_{i=1}^{n} A_i W_i \qquad (9.2)$$

A_i: 表示某项指标或某位专家的权重.

(2) 乘法式.

将各项评价指标所得分值相乘, 乘积大小为总分值.

计算公式为

$$W = \prod_{i=1}^{n} W_i \qquad (9.3)$$

公式 (9.3) 的符号含义分两种情况说明.

①该公式用于专家对评价对象各指标进行评分时, 各符号含义为

W: 表示评价对象综合指数值;

W_i: 表示评价对象的第 i 项指标得分值;

n: 表示指标项数.

②该公式用于综合各个专家的评分值时, 各符号含义为

W: 表示评价对象综合指数值;

W_i: 表示第 i 名专家给出的总分值;

n: 表示专家人数.

该公式一般用于计算前后之间有密切联系的项, 其中某一项不合格将导致所有项都不合格的情形, 常见如一票否决制、前后段合格率等.

(3) 乘加混合式.

加法式和乘法式可以根据情况搭配使用, 如果计算对象具有明显的层级关系, 例如计算对象可分为 m 组, 其中第 i 组含有 n 个项, 则可采用乘加混合式, 具体如下:

①组内相加, 组间相乘式:

$$W = \prod_{i=1}^{m} \sum_{j=1}^{n} W_{ij} \qquad (9.4)$$

②组内相乘, 组间相加式:

$$W = \sum_{i=1}^{m} \prod_{j=1}^{n} W_{ij} \qquad (9.5)$$

③组内相乘, 组间加权相加式:

$$W = \sum_{i=1}^{m} A_i \prod_{j=1}^{n} W_{ij} \tag{9.6}$$

其中

W_{ij}: 表示第 i 组 j 项指标分值.

A_i: 表示某项 (组) 指标或某位专家的权重.

9.2.2   德尔菲法

德尔菲法是在 20 世纪 50 年代最初由兰德公司①为解决某个军事问题提出的一种专家评分方法. 具体做法是: 组织专家小组, 通过反复收集专家意见, 从专家组中构建一致评分. 德尔菲法的操作步骤是:

①组建专家小组;

②向各个专家分配评价任务;

③多轮汇总、总结并反馈专家意见;

④最终汇总专家意见完成评分.

该评分法以专家意见为主, 因此对专家的挑选成为关键因素. 同时, 由于要经过多轮汇总反馈, 过程较长, 可能会有专家中途退出, 影响评分结果, 因此只能根据具体情况选择使用.

9.2.3   层次分析法

层次分析法是以具有层级关系的定性数据为研究对象的综合指数模型, 它与专家评分和德尔菲法相同之处是, 各指标权重仍然由专家决定; 不同之处是, 层次分析法综合指数值的计算考虑到了指标的层级关系, 因此通过专家判断, 对定性问题进行量化分析. 它是在涉及有形与无形因素的递阶层次结构内研究多准则决策问题的方法 (萨蒂, 1998).

层次分析法的基本思想是: 将研究的总目标进行层次化分析, 根据因素间的关联性和隶属关系将每个因素按照不同层次聚集组合, 形成从目标到方案的多层次结构. 再根据专家对每层各因素间的重要性判断, 构造出判断矩阵, 最终确定各方案对目标的相对权重, 最后整合为综合指数. 因此, 该方法主要适用于不易完全定量分析的定性问题.

层次分析过程包括如下环节.

---

① 兰德公司 (RAND Corporation) 是美国的一所非盈利咨询机构. 成立之初主要为美国军方提供咨询服务, 后发展为其他政府以及盈利性团体提供咨询服务.

1. 建立递阶层次结构模型

以某地区科技创新能力综合分析为例, 建立一个包含三层次的创新能力模型. 其中, 第一层次 "科技创新能力" 是总目标: 对创新能力的综合度量, 称为目标层, 它由第二层次 "创新环境" 和 "创新产出" 两个因素构成, 第二层次称为准则层, 由 "科技服务"、"教育机构"、"研发投入"、"基础设施" 和 "科技政策" 等第三层次具体因素构成, 第三层次称为决策层或措施层.

具体如图 9.1 所示.

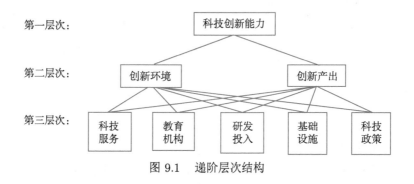

图 9.1 递阶层次结构

2. 对递阶层次进行排序

将某一层元素对相邻上一层元素的相对重要程度进行排序, 并构造成对比较矩阵 (采用成对比较法和 1~9 标度构造成对比较阵), 两两比较重要性, 形成专家判定基础.

用元素 A 与 B 相比较, 成对比较的 1~9 级标度为:

A 与 B 相比, 若有同等重要性, 则选用 1 标度;

A 与 B 相比, 若 A 比 B 稍微重要, 则选用 3 标度;

A 与 B 相比, 若 A 比 B 明显重要, 则选用 5 标度;

A 与 B 相比, 若 A 比 B 非常重要, 则选用 7 标度;

A 与 B 相比, 若 A 比 B 极端重要, 则选用 9 标度;

居于上述两相邻判断的中间值则选用 2,4,6,8 标度.

用 B 与 A 相比时, 则从上述标度的倒数 $1, \frac{1}{3}, \frac{1}{5}, \frac{1}{7}, \frac{1}{9}$ 中取值, 形成成对比较矩阵.

以图 9.1 为例, 考察第三层 5 个元素对第二层 "创新环境" 指标的影响程度, 构建成对比较矩阵形式如表 9.1 所示.

表 9.1　成对比较矩阵

创新环境	研发投入	教育机构	科技服务	基础设施	科技政策
研发投入	1	1	5	6	7
教育机构	1	1	5	3	5
科技服务	1/5	1/5	1	1/5	1/7
基础设施	1/6	1/3	5	1	1/3
科技政策	1/7	1/5	7	3	1

注: 表中数据皆为假设.

3. 计算权向量

采用几何平均法对表 9.1 中的各行进行乘法式计算, 开 5 次根取平均值作为分量, 再进行归一化处理, 得到权向量 X 如表 9.2 所示.

表 9.2　权向量表

X	重要性
研发投入	0.412630983
教育机构	0.335740583
科技服务	0.036391957
基础设施	0.087935429
科技政策	0.127301048

表 9.2 中的重要性即为每个元素对创新环境指标的重要性程度, 视为权重. 若设 "研发投入"、"教育机构"、"科技服务"、"基础设施" 和 "科技政策" 分别为 x_1, x_2, x_3, x_4, x_5, 则创新环境综合指数模型可表达为 (保留 3 位小数)

$$X_1 = 0.413x_1 + 0.336x_2 + 0.037x_3 + 0.088x_4 + 0.127x_5$$

其中, 每个自变量的系数就是该变量所代表的指标对于上一级指数的权重, 因此又称为权向量.

将上述步骤应用于创新产出指标, 得到 X_2 的权向量. 其指数模型为

$$X_2 = 0.525x_1 + 0.278x_2 + 0.034x_3 + 0.043x_4 + 0.121x_5$$

4. 计算综合指数

将 X_1 和 X_2 的各变量系数进行加总归一化, 得到创新能力综合指数模型为

$$X = 0.469x_1 + 0.307x_2 + 0.035x_3 + 0.066x_4 + 0.124x_5$$

可知, 其中 x_1(研发投入) 的权重最大, 其次是 x_2(教育机构), 说明这两者是影响创新能力的主要因素.

5. 进行一致性检验

由于成对比较矩阵由专家评分构成, 需要考虑评分的可靠性. 如果专家评分前后是一致的, 则构造的成对比较矩阵应是正互反矩阵, 即, 矩阵中 $a_{ij} > 0$, 且满足关系 $a_{ij} \times a_{ji} = 1$; 若有关系 $a_{ij} \times a_{jk} = a_{ik}$, 则称成对比较矩阵为一致性矩阵.

如果专家评分前后不一致引起的判断矩阵不一致, 则成对比较矩阵不满足一致性, 会导致评价结果出现较大偏差.

因此在计算权重模型后应进行一致性检验. 其检验指标为

$$\text{CR} = \frac{\text{CI}}{\text{RI}} \tag{9.7}$$

其中, CI 称为一致性指标, 通过计算判断矩阵的最大特征值 $(\lambda_{\max})$, 可以得到一致性指标 CI. 其计算公式为

$$\text{CI} = \frac{\lambda_{\max} - n}{n - 1} \tag{9.8}$$

n 是矩阵的维数, $\lambda_{\max}$ 为判断矩阵的最大特征根, 这个值越接近 n, 判断矩阵的一致性就越好.

RI 是随机一致性指标. 根据判断矩阵的维数 n, 从随机一致性指标表 (表 9.3) 中查找对应的 RI 值.[①]

表 9.3　一致性指标对照表

n	1	2	3	4	5	6	7	8	9	10
RI	0	0	0.58	0.9	0.12	1.24	1.32	1.41	1.45	1.49
n	11	12	13	14	15					
RI	1.51	1.48	1.56	1.57	1.59					

若 CR < 0.1, 可认为判断矩阵具有一致性; 否则应对判断矩阵进行修正. 修正的方法主要是调整判断矩阵, 比如, 使判断矩阵各行成倍数关系等.

综上, 层次分析法适用于具有明显层次结构, 指标之间能够分出重要性差异的分析对象, 在难以直接准确计量决策结果的场合, 对定性判断的量化分析具有重要的应用价值.

应用层次分析法时, 需注意两个问题: 第一, 需要严格审慎选择专业人士作为专家, 因为成对比较矩阵标度的确定过程中, 主要以专家判断为主; 第二, 层次不宜过多, 如果子层目标过多, 判断矩阵容易发生不一致, 造成指标之间的重要性混乱.

---

① T.L. 萨蒂. 1988. 层次分析法——在资源分配、管理和冲突分析中的应用 [M]. 许树柏, 等译. 北京: 煤炭工业出版社: 26.

以专家赋权为主的综合指数分析法能够充分发挥实际领域专家的作用, 能对定性指标进行定量分析. 不足之处是评价结果容易受到专家个人视野的局限, 如果专家的选择或判断出现偏误, 则会导致评价结果失真, 因此应用上有一定局限性. 随着数据分析技术的发展, 逐渐形成了多种以数据特征为基础的数理评价方法, 特点是基于数据特征对指标进行赋权, 是对专家赋权法的有益补充.

9.3 以数据特征赋权为主的综合指数分析

以数据特征为基础确定指标权重的综合指数分析方法, 主要通过构建模型探索数据之间的关系并确定指标权重, 据此计算综合评价指数. 常见以下几类方法.

9.3.1 熵权法

熵权法是根据指标观测值的变异性大小来确定指标权重的方法. "熵" 的含义是: 熵在物理学上表示任何一种能量在空间中分布的均匀程度, 当一个系统的能量分布越均匀时, 该系统的熵值就越大; 能量分布越不均匀时, 该系统的熵值就越小.

熵权法的基本思想是通过指标观测值的熵值确定指标权重. 熵值用于衡量指标观测值的分布, 如果某指标观测数据的离散程度越大, 其熵值就越小, 说明该指标包含的信息越多, 在总体中能起较大的影响作用, 则该指标权重越大; 如果某指标观测数据的离散程度越小, 分布越均匀, 其熵值就越大, 说明该指标包含的变异信息越少, 对总体变化的影响较小, 则该指标权重就越小. 其分析及计算步骤如下.

(1) 根据研究目标构建指标体系, 获取观测数据, 形成观测数据矩阵.

假设有 m 个观测对象, n 个指标, 则观测数据矩阵形式如下:

$$\begin{bmatrix} x_{11} & \cdots & x_{1n} \\ \vdots & & \vdots \\ x_{m1} & \cdots & x_{mn} \end{bmatrix}$$

矩阵的行代表观测对象, 称为样本; 列代表指标, 称为变量.

(2) 数据标准化处理.

如果各指标的计量单位不同, 会导致指标值量纲不相同不可比, 需进行矩阵数据标准化处理. 一般采用极值标准化方法, 并进行数据同向化处理. 若用 x'_{ij} 表示标准化后的数据, 则正向指标 (数据越大越好指标) 极值标准化公式为

$$x'_{ij} = \frac{x_{ij} - \min(x_{1j}, \cdots, x_{mj})}{\max(x_{1j}, \cdots, x_{mj}) - \min(x_{1j}, \cdots, x_{mj})}, \quad i = 1, \cdots, m, \ j = 1, \cdots, n$$

(9.9)

对于负向指标 (数据越小越好指标), 其极值标准化公式为

$$x'_{ij} = \frac{\max(x_{1j}, \cdots, x_{mj}) - x_{ij}}{\max(x_{1j}, \cdots, x_{mj}) - \min(x_{1j}, \cdots, x_{mj})}, \quad i = 1, \cdots, m, j = 1, \cdots, n \tag{9.10}$$

(3) 计算特征比重.

特征比重是指某项指标下某个观测对象的值占该指标总值的比重, 反映指标观测值的分布特征, 若用 p_{ij} 表示指标的特征比重, 则计算公式为

$$p_{ij} = \frac{x'_{ij}}{\sum\limits_{i=1}^{m} x'_{ij}}, \quad j = 1, \cdots, n \tag{9.11}$$

(4) 计算熵值.

根据各观测值特征比重 p_{ij} 计算第 j 项指标熵值 e_j, 计算公式为

$$e_j = -\frac{1}{\ln(m)} \sum_{i=1}^{m} p_{ij} \ln(p_{ij}), \quad j = 1, \cdots, n \tag{9.12}$$

公式 (9.12) 表达各指标观测值的平均分布, 用于衡量熵的大小. 分布越不均衡, 熵值越小; 反之, 则熵值越大.

(5) 计算信息熵冗余度.

信息熵冗余度又称 "信息剩余度", 是指每个指标可能有的最大信息量与其包含的实际信息量之差. 由于熵值最大值为 1, 因此, 信息熵冗余度公式为

$$d_j = 1 - e_j, \quad j = 1, \cdots, n \tag{9.13}$$

d_j 表示信息熵冗余度. 信息熵越小, 冗余度越大, 说明信息剩余度越大, 指标权重也将越大.

(6) 计算指标权重.

通过信息熵冗余度计算各指标权重: 信息冗余度 d_j 越大, 权重也就越大. 若用 w_j 表示第 j 个指标的权重, 计算公式为

$$w_j = \frac{d_j}{\sum d_j}, \quad j = 1, \cdots, n \tag{9.14}$$

(7) 计算各样本得分, 进行综合评分.

将权重与观测数据相乘, 可得到各样本得分 s_i, 即为各样本的综合指数, 用于进行比较和排序评价:

$$s_i = \sum_{j=1}^{n} w_j x'_{ij}, \quad i = 1, \cdots, m \tag{9.15}$$

熵权法适用于指标观测值分布不均衡的研究对象.

9.3.2　变异系数法

与熵权法通过计算熵值来确定权重不同, 变异系数法通过计算指标观测值的变异系数确定指标权重.

变异系数法的基本思想是: 变异系数是衡量数据相对离散程度的指标, 观测值分布越不均衡的指标, 其变异系数越大, 表示其中包含的信息量越大, 对总体变化的影响也将越大, 因此应赋予更大的权重. 其分析及计算步骤如下.

(1) 根据研究目标构建评价指标体系, 获取观测数据.

(2) 假设有 m 个观测对象, n 个评价指标, 分别计算每个指标观测值的平均值和标准差, 分别用 μ_j 和 σ_j 表示第 j 个指标观测值的平均值和标准差.

(3) 根据变异系数公式计算每个指标的变异系数 V_j, 计算公式如下:

$$V_j = \frac{\sigma_j}{\mu_j}, \quad j = 1, 2, \cdots, n \tag{9.16}$$

(4) 通过对 V_j 进行归一化计算每个指标的权重 w_j. 变异系数越大的指标, 其权重将会越大.

$$w_j = \frac{V_j}{\sum V_j}, \quad j = 1, 2, \cdots, n \tag{9.17}$$

(5) 根据权重计算各样本综合指数.

将权重与观测数据相乘, 可得到各样本得分 s_i, 即为各样本综合指数, 应用于进行比较和排序评价.

$$s_i = \sum_{j=1}^{n} w_j x'_{ij}, \quad i = 1, \cdots, m \tag{9.18}$$

变异系数法也适用于指标观测值分布不均衡的情况.

9.3.3　主成分分析法

主成分分析的基本原理是通过少数几个主成分表现多个变量间结构关系, 代替多个变量进行运算或分析的过程. 即从原始变量中通过正交变换, 重新组合成少数几个主成分, 使它们既保留原始变量的信息, 又彼此间互不相关, 达到对数据进行降维的目的. 通常数学上的处理就是将原来 p 个指标进行线性组合, 形成新的不相关的综合指标, 称为主成分 (何晓群, 2019; Freedman et al., 1997). 由于主成分包含了原始指标的信息, 因此可用于综合指数分析.

设有 p 个变量: $X = (x_1, x_2, \cdots, x_p)$, 可以构造 p 个线性组合向量 Y.

$$Y = (y_1, y_2, \cdots, y_p)$$

其中

$$y_i = u_{ij}x_j \quad (i = 1, 2, \cdots, p, \ j = 1, 2, \cdots, p)$$

u_{ij} 表示 y_i 和 x_j 的线性组合系数.

主成分分析就是要找到其中一个或极少数几个线性组合 Y_i, 在对原始数据集的方差解释性最大的同时, 相互之间不相关, 并且能代表所有的原始变量.

分析步骤:

(1) 计算原始变量之间的相关关系, 进行 KMO 检验, 看数据是否适合采用主成分分析方法.

主成分综合评价适用于指标值之间存在相关关系的数据对象. 分析之前可以进行 KMO 检验和巴特利特 (Bartlett) 球体检验, 判断数据是否适合进行主成分分析.

KMO 检验是 Kaiser, Meyer 和 Olkin 提出的抽样适合性检验[①]. 该检验是对原始变量之间的简单相关系数和偏相关系数的相对大小进行检验. KMO 计算公式如下[②]:

$$\text{KMO} = \frac{\sum\sum_{i \neq j} r_{ij}^2}{\sum\sum_{i \neq j} r_{ij}^2 + \sum\sum_{i \neq j} \rho_{ij}^2} \tag{9.19}$$

r_{ij} 表示变量之间的简单相关系数, ρ_{ij} 表示变量之间的偏相关系数. KMO 统计量取值在 0 和 1 之间. 偏相关系数越小, KMO 的值越接近于 1, 存在公共因子的可能性越大, 主成分分析结果的解释性也就越强. 一般, 当 KMO 值小于 0.5 时数据不适合应用主成分分析方法, 而应改用其他方法.

巴特利特球体检验是用于检验数据的分布是否呈球形分布, 如果变量之间是相互独立的, 那 n 个变量就应分别分布于 n 维相互垂直的线上, 数据分布就大致构成一个球体. 当巴特利特球体检验的 p 值小于等于 0.01 时, 认为变量之间不独立, 而是具有一定相关性, 可以进行主成分 (因子) 分析.

可以参照表 9.4 的参考值进行判断.

(2) 对原始数据进行标准化处理, 计算特征值和特征向量.

可采用极值标准化方法对数据进行标准化处理.

设有 n 个样本, p 个变量, 其中 $p < n$, 记原始数据矩阵为 $M_{n \times p}$, 记标准化后的数据矩阵为 $X_{n \times p}$, 计算 $X_{n \times p}$ 的相关系数阵, 其记为 $R_{n \times p}$, 计算 $R_{n \times p}$ 的特征值和特征向量.

① 陈希镇. 2016. 现代统计分析方法的理论和应用 [M]. 北京: 国防工业出版社: 222.

② 张红坡, 张海峰, 等. 2012. SPSS 统计分析实用宝典 [M]. 北京: 清华大学出版社: 267.

表 9.4　KMO 检验的判别参考标准[1]

检测类别	值的范围	主成分 分析适合情况
KMO	大于 0.9	非常适合
	0.8~0.9	很适合
	0.7~0.8	适合
	0.6~0.7	勉强适合
	0.5~0.6	效果较差
	小于 0.5	不适合
巴特利特 P 值	小于等于 0.01	适合

(3) 确定主成分个数.

计算 $R_{n \times p}$ 方差贡献率和累积方差贡献率, 方差贡献率表示每一个主成分代表原始数据信息总量的百分比. 设有 p 个主成分, 一般情况, 若前 $m(m < p)$ 个主成分累积方差贡献率大于 80%, 则取这 m 个主成分.

(4) 求各主成分值. 将选取的 m 个主成分对应的载荷系数 b_{ij} 作为各主成分线性组合的系数, 与对应的原始变量表示为线性组合, 获得各主成分值, 其计算模型为

$$\text{PC}_i = b_{ij}x_{kj} \quad (i = 1, 2, \cdots, m, k = 1, 2, \cdots, n, j = 1, 2, \cdots, p) \quad (9.20)$$

载荷系数 b_{ij} 表示各主成分和原始变量数据之间的相关系数, 该值的绝对数越大, 表示该主成分对相应原始变量的代表性越强; x_j 为原始变量.

如果主成分分析的目的是降维, 到这一步便可获得降维后的新综合指标 $\text{PC}_i(i = 1, 2, \cdots, m)$, 它们包含了所有的原始变量信息. 如果要对原始变量进行综合指数计算, 则需要进一步获得主成分综合得分.

(5) 计算主成分值, 进行综合评价.

以各主成分的方差贡献率为权重, 将其与各样本主成分值进行线性组合, 可得到各个样本的综合主成分值, 即为其综合指数. 计算模型如下:

$$C_k = \sum \frac{\lambda_i}{\sum \lambda_i} \cdot \text{PC}_i \quad (k = 1, 2, \cdots, n, i = 1, 2, \cdots, m) \quad (9.21)$$

其中 $C_k (k = 1, 2, \cdots, n)$ 表示各样本的综合主成分值, $\lambda_i (i = 1, 2, \cdots, m)$ 表示各主成分值对应的特征值.

需要注意的是, 应用主成分方法要求指标间相关度较高, 主成分与各指标之间应满足线性关系; 并且样本个数不能太少, 经验值是样本个数应该是指标个数的 5 倍.

---

[1] Kaiser H F, Rice J, Litte J, Mark I. 1974. Educational and Psychological Measurement[J], American Psychological Association, 34(1): 111-117.

9.3.4   TOPSIS 方法

TOPSIS 方法来自英文全称: technique for order preference by similarity to ideal solution, 可翻译为逼近理想解排序法, 是一种系统内相对最优方案评价法. 此方法的主要思想是目标取向优选, 即依据各样本与理想序列的相对距离计分, 从而评价样本的优劣.

理想序列中最优序列是由各指标观测值中的最大值组成, 最劣序列是由各指标观测值中的最小值组成, 构成了内部比较的两个不同方向参照维度. 这样做能够避免当数据过于集中时, 单一方向评价可能产生的不全面的评价结果. 比如考核成绩, 若满分 100 分, 最高分 98 分, 第 2 名 95 分, 其余 90 分. 如果只有一个最优参照维度, 如 100 分, 则 90 分为第 3 名, 但这却掩盖了同时它是倒数第一的另一个真实情况, 所得评价结论就不够全面, 易产生误导. 因此采用正理想解和负理想解作为核心概念.

具体做法是: 在研究样本中选取一个最优样本 (理想解) 或最劣样本 (负理想解) 为目标作为参考序列, 计算每一个样本与参考列的距离, 根据距离远近评价各个样本. 分析过程如下.

(1) 建立指标体系.

根据研究目的, 熟悉研究领域背景, 选取评价指标, 构建评价指标体系.

(2) 进行指标观测值同向化处理.

观测值越大越好的指标称为正向指标, 如收入、利润等; 观测值越小越好的指标称为负向指标, 如患病率、污染度等. 由于 TOPSIS 法使用距离尺度来度量样本差距, 若某些指标值越大越好, 同时另一些指标值越小越好, 则会造成尺度混乱, 因此要将指标做同向化处理. 由于多数分析指标是正向指标, 一般多采取取倒数等方式将负向指标转换为正向指标.

(3) 建立特征矩阵.

设有 k 个评价对象, 每个对象有 p 个评价指标. 由各指标观测值构建特征矩阵, 形式为

$$
\begin{bmatrix}
x_{11} & \cdots & x_{1j} & \cdots & x_{1p} \\
\vdots & & \vdots & & \vdots \\
x_{i1} & \cdots & x_{ij} & \cdots & x_{ip} \\
\vdots & & \vdots & & \vdots \\
x_{k1} & \cdots & x_{kj} & \cdots & x_{kp}
\end{bmatrix}
\quad (i = 1, 2, \cdots, k; j = 1, 2, \cdots, p)
$$

采用公式 (9.22) 对特征矩阵进行归一化规范化处理, 得到规范化元素 r_{ij}, 建

立关于元素 r_{ij} 的规范化矩阵.

$$r_{ij} = \frac{x_{ij}}{\sqrt{\sum\limits_{i=1}^{k} x_{ij}^2}} \quad (i = 1, 2, \cdots, k, j = 1, 2, \cdots, p) \tag{9.22}$$

$$\begin{bmatrix} r_{11} & \cdots & r_{1j} & \cdots & r_{1p} \\ \vdots & & \vdots & & \vdots \\ r_{i1} & \cdots & r_{ij} & \cdots & r_{ip} \\ \vdots & & \vdots & & \vdots \\ r_{k1} & \cdots & r_{kj} & \cdots & r_{kp} \end{bmatrix} \quad (i = 1, 2, \cdots, k; j = 1, 2, \cdots, p)$$

如果需要体现不同指标的重要性, 可以对各指标进行加权处理, 对每个评价指标 j 确定权重 w_j, 建立权重规范化矩阵, 如公式 (9.23) 所示, 其中, v_{ij} 称为权重规范化值.

$$v_{ij} = w_j r_{ij} \quad (i = 1, 2, \cdots, k, j = 1, 2, \cdots, p) \tag{9.23}$$

$$V = \begin{bmatrix} v_{11} & \cdots & v_{1j} & \cdots & v_{1p} \\ \vdots & & \vdots & & \vdots \\ v_{i1} & \cdots & v_{ij} & \cdots & v_{ip} \\ \vdots & & \vdots & & \vdots \\ v_{k1} & \cdots & v_{kj} & \cdots & v_{kp} \end{bmatrix} \quad (i = 1, 2, \cdots, k; j = 1, 2, \cdots, p)$$

(4) 选取目标向量.

在规范化矩阵中, 由每列指标观测值的最大值构成最优目标向量 V^+:

$$V^+ = \left(v_1^+, v_2^+, \cdots, v_p^+\right)$$

和每列指标观测值的最小值构成最劣目标向量:

$$V^- = \left(v_1^-, v_2^-, \cdots, v_p^-\right)$$

观测值越靠近最优目标, 其评估结果越好; 观测值越靠近最劣目标, 其评估结果越不好.

(5) 计算各评价对象与最优目标和最劣目标的距离.

评价对象各观测值与最优目标 V^+ 的距离为 D^+, 与最劣目标 V^- 的距离为 D^-, 一般采用欧氏距离公式计算, 公式如下:

$$D^+ = \sqrt{\sum_{j=1}^{p} \left(v_{ij} - v_j^+\right)^2} \quad (i = 1, 2, \cdots, k) \tag{9.24}$$

或

$$D^- = \sqrt{\sum_{j=1}^{p} \left(v_{ij} - v_j^-\right)^2} \quad (i = 1, 2, \cdots, k) \tag{9.25}$$

D^+ 值越小, 评价对象观测值距离最优目标越近, 评价结果越理想; D^- 值越小, 评价目标观测值距离最劣目标越近, 评价结果越不理想. 综合考虑这两方面因素, 计算贴近度指标 C_i 反映观测值与目标的相对接近度, 作为最终评价结果:

$$C_i = \frac{D_i^+}{D_i^+ + D_i^-} \quad (i = 1, 2, \cdots, k) \tag{9.26}$$

或

$$C_i = \frac{D_i^-}{D_i^+ + D_i^-} \quad (i = 1, 2, \cdots, k) \tag{9.27}$$

其中, $0 \leqslant C_i \leqslant 1$, 因此 C_i 可作为权重计算依据.

根据 (9.26) 式计算结果, C_i 值越小, 表示评价对象越接近理想目标, 当 $C_i = 0$ 时, 评价对象就是最优对象; $C_i = 1$ 时, 评价对象就是最劣对象.

根据 (9.27) 式计算结果, C_i 值越小, 表示评价对象越接近最劣目标, 当 $C_i = 0$ 时, 评价对象就是最劣对象; $C_i = 1$ 时, 评价对象就是最优对象.

(6) 依据 C_i 值计算权重, 若以公式 (9.27) 计算, 则 C_i 值越大权重越大, 若以公式 (9.26) 计算, 则 C_i 值越小权重越大.

(7) 选用加权模型计算样本的综合指数值.

TOPSIS 法对数据的分布、数量以及指标间相关关系没有严格的要求, 分析结果容易理解, 操作性强, 同时保留了数据的原始信息, 适用于数据对象中含有理想参考序列的情况. 其不足之处是: ①如果存在距离并列 (与最优或最劣距离相等) 的情况, 没有提供选择方案; ②由于是相对于组内的最优或最劣进行评价, 因此, 其评价结论有一定局限性, 不能反映评价对象系统之外的情况.

9.3.5   灰色关联分析法

灰色关联分析法通过计算各指标观测值与目标值之间相似程度, 评价各样本发展程度, 以此确定其综合指数. 与 TOPSIS 方法很相似, 灰色关联评价法也是一种相对最优的系统性评价方法, 不过它只设置了最优参考序列, 未考虑最劣参照序列. 其基本思想是: 选取一组理想化样本作为参考向量, 计算关联度表示各组观测值与目标值的相似性, 若关联度高就表明该样本与目标值的相似程度高, 它的评价结果就越好, 否则就较差. 同时, 也可以根据关联度衡量各指标在总体中的相对重要性, 从而确定指标权重, 或进行变量的影响因素分析.

灰色关联分析的核心是目标向量的确定和关联度的计算. 其基本分析步骤是:

(1) 根据研究目的, 选取评价指标, 构建评价指标体系.

(2) 必要时进行指标观测值同向化 (一般为正向化)、数据无量纲化 (标准化) 处理. 无量纲处理方法有两类: 初值法或均值法.

假设有 m 个观测样本, 每个样本有 n 个评价指标, 每个指标观测值记为 x_{ij}, 对于动态发展数据, 初值法的含义是将各指标的每个观测值与其第 1 个观测值的比值作为标准化值, 计算公式为

$$x'_{ij} = \frac{x_{ij}}{x_{1j}}, \quad i = 1, 2, \cdots, m, j = 1, 2, \cdots, n \tag{9.28}$$

其中, i 表示第 i 个样本, j 表示第 j 个评价指标, x_{1j} 表示第 j 个指标的顺序第 1 个观测值.

对于非动态发展数据, 均值法的含义是将各指标的每个观测值与其观测值均值的比值作为标准化值, 计算公式为

$$x'_{ij} = \frac{x_{ij}}{\bar{x}_j}, \quad i = 1, 2, \cdots, m, \ j = 1, 2, \cdots, n \tag{9.29}$$

$\bar{x}_j$ 表示第 j 个指标的观测值均值.

(3) 确定目标向量.

目标向量是用于与观测值进行比较的标准向量. 可以挑选各指标序列中的最优值构成目标向量, 也可以设置评价对象数据之外的标准值作为目标向量.

以挑选评价对象各指标序列中最优值构成列目标向量为例, 设 X 向量为样本序列, 假设共 5 个样本; Y 向量为指标序列, 假设共 4 个指标, 则目标向量 $y_0(k)$ 如表 9.5 所示, 代表各样本序列的评价参照序列.

表 9.5 确定目标向量示例

	Y_1	Y_2	Y_3	Y_4
X_1	1	0	5	6
X_2	2	1	5	3
X_3	10	0	8	5
X_4	4	2	5	1
X_5	9	5	7	3
目标向量 ($y_0(k)$)	10	5	8	6

(4) 计算关联系数.

分别计算每个样本序列与其参照序列对应元素的关联系数, 计算公式为

$$\xi_i(k) = \frac{\min\limits_{i}\min\limits_{k} \Delta_i(k) + \rho \max\limits_{i}\max\limits_{k} \Delta_i(k)}{\Delta_i(k) + \rho \max\limits_{i}\max\limits_{k} \Delta_i(k)}, \quad i = 1, 2, \cdots, m, k = 1, 2, \cdots, n$$

$$\tag{9.30}$$

其中 m 表示观测样本数, n 表示评价指标数, 若以 $x_i(k)$ 表示第 k 个指标的第 i 个观测样本, $y_0(k)$ 表示目标向量.

$$\Delta_i(k) = |y_0(k) - x_i(k)| \tag{9.31}$$

$$0 < \xi_i(k) \leqslant 1$$

ρ 为分辨系数, $0 < \rho < 1$. ρ 越小, 关联系数间差异越大, 区分能力越强. 通常 ρ 取 0.5.

根据式 (9.31) 计算表 9.5 各观测值的关联系数, 见表 9.6.

表 9.6　关联系数值

	Y_1	Y_2	Y_3	Y_4
X_1	0.33	0.47	0.60	1.00
X_2	0.36	0.53	0.60	0.60
X_3	1.00	0.47	1.00	0.82
X_4	0.43	0.60	0.60	0.47
X_5	0.82	1.00	0.82	0.60

(5) 计算灰色关联度, 确定指标权重.

灰色关联度是指各样本或指标的平均关联系数, 称为样本关联度或指标关联度. 计算样本关联度公式为

$$r_i = \frac{1}{n} \sum_{k=1}^{n} \xi_i(k), \quad i = 1, 2, \cdots, m \tag{9.32}$$

r_i 表示第 i 个样本的各指标观测值与相应目标值的平均关联程度, 对所有 i 的取值结果进行排序, 得出评价结果: r_i 值越大, 表示该样本发展越接近目标值, 其发展状况越好. 若以 X_i 代表第 i 个样本, 根据表 9.6 计算的 r_i 值如表 9.7 所示.

表 9.7　样本的关联度及其排序

	r_i 值	样本排序	
X_1	0.61	X_3	1
X_2	0.52	X_5	2
X_3	0.83	X_1	3
X_4	0.53	X_4	4
X_5	0.81	X_2	5

如果分析的目的是要确定各指标的重要程度, 可以计算各指标序列的平均关联系数作为指标关联度, 计算公式为

$$r_k = \frac{1}{m} \sum_{i=1}^{m} \xi_i(k), \quad k = 1, 2, \cdots, n \tag{9.33}$$

式 (9.33) 表示第 k 个指标的各样本观测值与目标值的平均关联程度, 对所有 k 的取值结果进行排序, 得出指标评价结果: r_k 值越大, 表示该指标的发展程度越接近目标值, 其影响力越大. 根据表 9.6 计算的 r_k 值如表 9.8 所示.

表 9.8　指标的灰色关联度及其排序

	r_k 值	指标权重	指标重要性排序	
Y_1	0.59	0.22	Y_3	1
Y_2	0.62	0.24	Y_4	2
Y_3	0.72	0.28	Y_2	3
Y_4	0.70	0.26	Y_1	4

灰色关联分析与 TOPSIS 法较为类似, 对数据的分布、样本数量以及指标之间相关关系没有严格的要求, 可以直接对样本进行排序评价. 但由于对具有相同接近度的评价对象, 仍然没有提供对其进行区别排序的方法, 因此较适宜于与其他方法配合使用.

9.4　案 例 分 析

⟨%⟩ 高技术产业创新能力综合评价 ⟨%⟩

1. 案例学习要点

综合指标体系设计; 熵权法、变异系数法、主成分分析法、TOPSIS 法、灰色关联分析法构建综合指数模型的具体过程.

2. 案例内容

采用《中国科技统计年鉴 2019》的高技术产业有关数据, 计算全国 31 个省 (自治区、直辖市) 的高技术产业创新综合指数, 并进行排序评价.

3. 案例过程及分析

具体数据表参见 "数据集/2018 年全国 31 个地区高技术产业投入产出数据、数据集/2018 年全国 31 个地区高技术产业创新环境数据".

1) 构建评价指标体系

高技术产业的创新能力主要体现为技术创新能力. 包括两个核心内容: 一是创新成果的产出能力, 二是创新成果的市场价值实现能力. 围绕这两个核心内容, 并参照国家创新能力评价指标体系[①], 构建高技术产业技术创新综合指数体系. 该

---

① 由中国科学技术发展战略研究院开发, 并从 2011 年起每年发布《国家创新指数》系列报告.

指标体系由创新投入指数、创新产出指数和创新环境指数 3 个一级指标, 19 个二级指标组成, 具体如图 9.2 和表 9.9 所示.

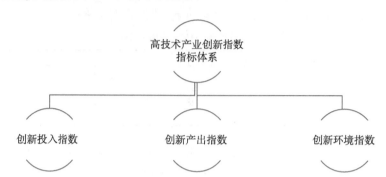

图 9.2 高技术产业创新能力评价一级指标

依据图 9.2 指标体系, 设置二级指标如表 9.9 所示.

表 9.9 高技术产业创新能力评价指标体系

一级指标	二级指标	单位
创新投入指数	R&D 经费内部支出	万元
	R&D 经费投入强度	%
	R&D 经费投入占全国比重	%
	R&D 人力投入占全国比重	%
创新产出指数	有效发明专利数	件
	高新产业园区实缴税费	万元
	新产品销售收入	万元
	新产品出口收入	万元
创新环境指数	高等教育学校数	所
	科技馆数量	个
	科技馆当年参观人数	万人次
	科普专题活动次数	次
	科技企业孵化器数量	个
	平均每个科技企业孵化器内企业总数	个
	平均每个科技企业孵化器获风险投资额	千元
	众创空间数量	个
	平均每个众创空间服务企业或团队数	个
	平均每个众创空间获投资数	千元
	平均每个众创空间吸纳就业人数	人

表 9.9 部分指标说明:

(1) 创新投入指数.

创新投入包括经费和人力投入, 创新投入指数是 R&D 经费内部支出、R&D 经费投入强度、R&D 经费投入占全国比重、R&D 人力投入占全国比重四个指标的综合值, 主要表现 R&D 经费的绝对投入和相对投入规模. 其中:

R&D 经费内部支出, 指各地区高技术产业用于本单位进行 R&D 活动的经费支出.

R&D 经费投入强度, 指各地区高技术产业 R&D 经费内部支出占当地地区 GDP 总额的比重.

R&D 经费投入占全国比重, 指各地区高技术产业 R&D 经费内部支出占全国高技术产业 R&D 经费内部支出总额的比重.

R&D 人力投入占全国比重, 指各地区高技术产业 R&D 人员全时当量占全国高技术产业 R&D 人员全时当量总额的比重.

(2) 创新产出指数.

创新产出指数是反映高技术产业技术产出和经济产出的综合性指标. 在三种专利 (发明、实用新型、外观设计) 中, 发明专利的创新程度是最高的, 并且有效发明专利数是已授予的尚在有效期内的专利权拥有数量, 比专利申请数更能体现创新能力, 因此采用有效发明专利数指标表示技术产出; 经济产出采用新产品销售收入、新产品出口和高新产业园区实缴税费表示, 反映高技术行业在技术创新和市场价值实现两个方面的绩效. 其中:

有效发明专利数, 指截至报告期末, 专利权处于有效保护期的发明专利数①. 因为不是所有专利权都能保护至有效期满终止, 因此, 有效专利数比专利授权量更能反映权利人对专利权的实际拥有量, 其中有效发明专利数是衡量自主创新能力和市场竞争力的最重要指标.

高新产业园区实缴税费, 指截至报告期末, 各地高新技术产业园区当年实际向财政部门上缴的税费 (按当年价计), 反映高技术企业的创新经济效益.

新产品, 是指采用新技术原理、新设计生产或材料工艺等环节有明显改进的产品, 须经政府有关部门认定并在有效期内生产, 反映高技术企业的技术创新成果.

(3) 创新环境指数.

创新环境指数是反映为高技术企业提供创新服务的社会环境情况的综合指标. 包括高等教育资源、科学普及资源、科技企业孵化器、众创空间等科技服务机构. 其中:

高等教育资源, 主要指高等教育学校 (机构) 数, 包括全日制和非全日制、国有及民办大专及以上院校.

科技企业孵化器, 通过为新创办的科技型中小企业提供实体空间和基础设施, 提供一系列创业服务支持, 提高创业成功率, 培育和扶植科技型中小企业.

众创空间, 主要为创业者提供低成本、便利化的工作空间、社交空间和资源共享空间等, 是小微企业的创业公共服务平台.

---

① 我国现行《中华人民共和国专利法》第 42 条规定, 发明专利权的期限为 20 年.

科技企业孵化器和众创空间都是国家创新体系的重要组成部分.

2) 创新投入综合指数计算

表 9.9 中 4 个表示高技术产业创新投入指标的符号设置为:

x_1: 高技术产业 R&D 经费内部支出;

x_2: 高技术产业 R&D 经费投入强度;

x_3: 高技术产业 R&D 经费投入占全国比重;

x_4: 高技术产业 R&D 人力投入占全国比重.

对数据进行 KMO 相关性检验. 通过对偏相关系数矩阵的检验, 总体 MSA 值 (measures of sampling adequacy) 为 0.84, 各变量 MSA 值均大于 0.6, 说明四个指标之间存在较强相关性, 可以采用主成分方法构建高技术产业创新投入指数.

```
KMO检验结果:
Kaiser-Meyer-Olkin factor adequacy
Call: KMO(r=cor(a[, -1]))
Overall MSA=0.84
MSA for each item =
        高技术产业R.D经费内部支出              高技术产业R.D经费投入强度
                  0.74                              1.00
    高技术产业R.D经费投入占全国比重          高技术产业R.D人力投入占全国比重
                  0.74                              1.00
```

主成分综合评价过程:

第一步, 对原始数据做标准化变换.

由于各指标量纲不同, 因此先对每个指标观测值进行标准化处理, 消除量纲差异, 然后再进行主成分分析. 标准化后数据见表 9.10.

表 9.10   2018 年各地区高技术产业创新投入指标[①](标准化数据)

地区	高技术产业 R&D 经费内部支出	高技术产业 R&D 经费投入强度	高技术产业 R&D 经费投入占全国比重	高技术产业 R&D 人力投入占全国比重
北京	0.155	1.036	0.158	−0.012
天津	−0.193	0.529	−0.19	−0.196
河北	−0.318	−0.531	−0.316	−0.235
山西	−0.488	−0.782	−0.485	−0.456
内蒙古	−0.503	−0.868	−0.500	−0.577
辽宁	−0.384	−0.512	−0.381	−0.374

① 数据来源: 国家统计局社会科技和文化产业统计司, 科学技术部战略规划司. 中国科技统计年鉴 2019. 北京: 中国统计出版社.

续表

地区	高技术产业 R&D 经费 内部支出	高技术产业 R&D 经费 投入强度	高技术产业 R&D 经费投入 占全国比重	高技术产业 R&D 人力投入 占全国比重
吉林	−0.485	−0.750	−0.482	−0.518
黑龙江	−0.447	−0.563	−0.444	−0.438
上海	0.226	1.049	0.228	0.030
江苏	1.674	1.104	1.674	2.184
浙江	0.696	0.944	0.697	1.173
安徽	−0.122	0.237	−0.12	−0.087
福建	0.189	0.848	0.191	0.177
江西	−0.324	−0.152	−0.321	−0.286
山东	0.790	0.465	0.792	0.669
河南	−0.143	−0.334	−0.141	−0.110
湖北	0.059	0.351	0.061	−0.077
湖南	−0.128	−0.051	−0.125	0.079
广东	4.705	3.899	4.702	4.370
广西	−0.505	−0.91	−0.502	−0.557
海南	−0.528	−0.727	−0.525	−0.578
重庆	−0.287	0.040	−0.284	−0.297
四川	0.043	0.259	0.046	0.092
贵州	−0.428	−0.348	−0.498	−0.457
云南	−0.501	−0.864	−0.498	−0.532
西藏	−0.548	−1.088	−0.545	−0.598
陕西	−0.100	0.643	−0.097	−0.083
甘肃	−0.521	−0.800	−0.518	−0.563
青海	−0.539	−0.800	−0.536	−0.591
宁夏	−0.519	−0.389	−0.516	−0.569
新疆	−0.526	−0.937	−0.523	−0.584

第二步, 对标准化后数据进行主成分分析.

第三步, 提取主成分.

根据提取主成分的基本原则: 累积方差贡献率达到 80% 以上, 特征值大于 1, 本例第 1 个主成分特征值为 1.9581593, 方差贡献率达到 0.9585969, 即, 第 1 个主成分就能解释约 96% 的数据变异, 是一个比较理想的结果, 因此保留第 1 个主成分即可. 图 9.3 主成分方差碎石图也表现了这个特征.

碎石图是按从大到小顺序排列主成分特征值的主成分方差图. 选取主成分的理想图是有一条陡曲线, 后跟一条缓直线. 图 9.3 基本反映了这样的理想图形. 根据碎石图提取主成分的原则是, 提取陡曲线与缓曲线拐点处之前的主成分. 因此, 很明显本例应提取第 1 个主成分.

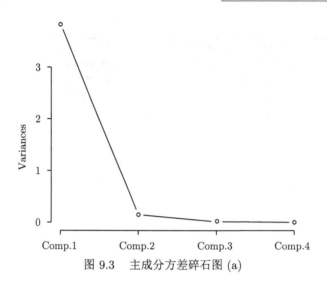

图 9.3　主成分方差碎石图 (a)

第四步, 分析主成分线性关系, 确定指标权重. 主成分运行结果中 Loadings 第 1 列表示第 1 主成分与原始指标的线性组合系数, 第 2 列表示第 2 主成分与原指标的线性组合系数, 依次类推. 由于本例只提取第 1 主成分, 因此第 1 主成分与原指标有如下线性关系:

$$PC_1 = 0.507x_1 + 0.481x_2 + 0.507x_3 + 0.504x_4$$

采用归一化方法计算各指标权重如下:

$$w_{x_1} = \frac{0.507}{0.507 + 0.481 + 0.507 + 0.504} \approx 0.254$$

$$w_{x_2} = \frac{0.481}{0.507 + 0.481 + 0.507 + 0.504} \approx 0.240$$

$$w_{x_3} = \frac{0.507}{0.507 + 0.481 + 0.507 + 0.504} \approx 0.254$$

$$w_{x_4} = \frac{0.504}{0.507 + 0.481 + 0.507 + 0.504} \approx 0.252$$

得到创新投入综合评价模型为

$$C = 0.254x_1 + 0.240x_2 + 0.254x_3 + 0.252x_4 \tag{9.34}$$

根据模型, 对各地区高技术产业投入标准化数据计算投入综合指数, 结果如表 9.11 所示.

表 9.11 各地区高技术产业创新投入综合指数排名

地区	投入综合指数	排名	地区	投入综合指数	排名
广东	5.426	1	河北	0.653	17
江苏	2.666	2	辽宁	0.589	18
浙江	1.876	3	贵州	0.566	19
山东	1.682	4	黑龙江	0.528	20
上海	1.375	5	宁夏	0.500	21
福建	1.345	6	山西	0.450	22
北京	1.325	7	吉林	0.444	23
四川	1.108	8	海南	0.412	24
湖北	1.095	9	云南	0.405	25
陕西	1.083	10	甘肃	0.402	26
天津	0.980	11	内蒙古	0.392	27
安徽	0.973	12	青海	0.386	28
湖南	0.943	13	广西	0.386	29
河南	0.820	14	新疆	0.361	30
重庆	0.790	15	西藏	0.311	31
江西	0.728	16			

从表 9.11 中可知, 创新投入指数的平均值为 1, 共有 10 个地区在平均水平之上, 其中, 广东和江苏两省的该项指数显著高于此平均水平, 排名前 6 位均为东部沿海地区, 东部沿海地区是高技术产业资源投入的集中区域.

主成分分析计算结果如下.

```
Importance of components:
                        Comp.1      Comp.2      Comp.3         Comp.4
Standard deviation    1.9581593  0.3855132  0.130025735  9.232615e-03
Proportion of Variance 0.9585969 0.0371551 0.004226673  2.131029e-05
Cumulative Proportion  0.9585969 0.9957520 0.999978690  1.000000e+00


Loadings:
                              Comp.1 Comp.2 Comp.3 Comp.4
高技术产业R&D经费内部支出       0.507  0.253  0.422  0.708
高技术产业R&D经费投入强度       0.481 -0.875
高技术产业R&D经费投入占全国比重 0.507  0.254  0.423 -0.707
高技术产业R&D人力投入占全国比重 0.504  0.325 -0.800
```

Comp.1~Comp.4: 表示产生的 4 个主成分;

Standard deviation 表示各主成分的标准差, 作为特征值;

Proportion of Variance 表示各主成分的方差比例, 可看作是它们的方差贡献率;

Cumulative Proportion 表示各主成分的累积方差贡献率.

Loadings 表示主成分的载荷, 也就是各主成分与原始指标之间线性关系系数.

3) 创新产出综合指数计算

表 9.9 中反映各地区高技术产业创新产出能力指标的符号表示为:

y_1: 有效发明专利数;

y_2: 高新产业园区实缴税费;

y_3: 新产品销售收入;

y_4: 新产品出口.

对数据进行 KMO 检验, 得到总体 MSA 值为 0.71, 同时各变量 MSA 值均大于 0.6, 说明四个指标之间仍然存在相关性, 尽管该组数据中各产出指标之间的相关性比投入指标的相关性略低, 检验结果表明, 可以采用主成分方法对各地区高技术产业产出情况进行综合评价.

KMO 检验结果为

```
Kaiser-Meyer-Olkin factor adequacy
Call: KMO(r=cor(b[,-1]))
Overall MSA=0.71
MSA for each item =
     有效发明专利数          高新产业园区实缴税费          新产品销售收入
        0.85                    0.64                    0.64
        新产品出口
        0.70
```

对原始数据进行标准化变换, 结果见表 9.12 所示.

表 9.12　2018 年各地区高技术产业创新产出指标 (标准化数据)

地区	有效发明专利数	高新产业园区实缴税费	新产品销售收入	新产品出口
北京	0.211	3.557	0.008	−0.301
天津	−0.173	−0.607	−0.144	−0.035
河北	−0.264	−0.534	−0.345	−0.364
山西	−0.328	−0.836	−0.432	−0.408
内蒙古	−0.333	−0.788	−0.437	−0.405
辽宁	−0.218	−0.413	−0.356	−0.375
吉林	−0.323	0.755	−0.440	−0.406
黑龙江	−0.314	−0.444	−0.458	−0.410
上海	0.095	1.101	−0.153	−0.027
江苏	0.692	1.528	1.978	1.552
浙江	0.090	0.417	0.469	0.103
安徽	−0.07	0.035	−0.084	−0.207
福建	−0.138	−0.452	−0.039	0.073
江西	−0.261	−0.380	−0.293	−0.354
山东	0.153	0.803	0.451	0.034
河南	−0.255	−0.433	0.452	1.525

续表

地区	有效发明专利数	高新产业园区实缴税费	新产品销售收入	新产品出口
湖北	−0.129	0.671	−0.216	−0.331
湖南	−0.242	−0.124	−0.113	−0.289
广东	5.245	1.748	4.711	4.688
广西	−0.319	−0.498	−0.444	−0.378
海南	−0.333	−0.881	−0.474	−0.412
重庆	−0.290	−0.495	0.020	0.345
四川	0.044	−0.216	−0.085	−0.371
贵州	−0.282	−0.389	−0.433	−0.409
云南	−0.323	−0.04	−0.455	−0.410
西藏	−0.352	−0.969	−0.480	−0.412
陕西	−0.204	1.013	−0.350	−0.402
甘肃	−0.34	−0.593	−0.454	−0.387
青海	−0.352	−0.963	−0.475	−0.412
宁夏	−0.346	−0.962	−0.463	−0.402
新疆	−0.343	−0.610	−0.470	−0.412

数据来源: 国家统计局社会科技和文化产业统计司, 科学技术部战略规划司. 中国科技统计年鉴 2019. 北京: 中国统计出版社: 143-144.

　　对标准化数据进行主成分分析. 结果表明共产生 4 个主成分: Comp.1~Comp.4, 从累积方差贡献率来看, 可以保留第 1 个主成分, 也可以保留第 1 个和第 2 个主成分. 本例考虑保留前 2 个主成分, 这是因为第 1 主成分方差贡献率不足 80%, 同时载荷系数表明第 2 主成分主要解释 "高新产业园区实缴税费" 指标, 与第 1 主成分配合, 两者共可解释约 97% 的数据变异. 图 9.4 主成分方差碎石图 (b) 也显示应保留前 2 个主成分.

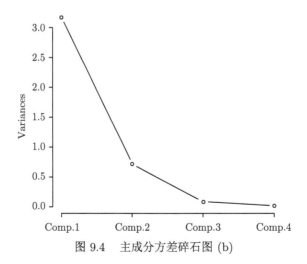

图 9.4 主成分方差碎石图 (b)

前 2 个主成分的线性关系如下:

$$PC_1 = 0.541y_1 + 0.340y_2 + 0.553y_3 + 0.553y_4$$

$$PC_2 = 0.156y_1 - 0.934y_2 + 0.146y_3 + 0.286y_4$$

根据方差贡献率计算 PC_1 和 PC_2 的权重如下:

$$w_{Pc_1} = \frac{0.7911871}{0.7911871 + 0.1815196} \approx 0.813$$

$$w_{Pc_2} = \frac{0.1815196}{0.7911871 + 0.1815196} \approx 0.187$$

根据主成分的权重对两主成分进行加权综合, 得到综合主成分如下:

$$PC = 0.469y_1 + 0.102y_2 + 0.477y_3 + 0.503y_4$$

对综合主成分系数进行归一化处理, 得到各指标权重如下:

$$w_{x_1} = \frac{0.469}{0.469 + 0.102 + 0.477 + 0.503} \approx 0.302$$

$$w_{x_2} = \frac{0.102}{0.469 + 0.102 + 0.477 + 0.503} \approx 0.066$$

$$w_{x_3} = \frac{0.477}{0.469 + 0.102 + 0.477 + 0.503} \approx 0.308$$

$$w_{x_4} = \frac{0.503}{0.469 + 0.102 + 0.477 + 0.503} \approx 0.324$$

得到主成分综合评价模型如下:

$$PC = 0.302y_1 + 0.066y_2 + 0.308y_3 + 0.324y_4 \tag{9.35}$$

根据模型对各地区高技术产业产出标准化数据计算产出综合指数并排序, 结果如表 9.13 所示.

根据表 9.13 可知, 我国各地区高技术产业创新产出的综合发展水平也很不平衡, 共有 7 个地区高于全国平均水平 (全国平均创新产出指数为 0.999), 其中广东、江苏的该项指数显著高于全国平均水平以及其他地区; 东部沿海地区是创新产出较高的地区; 在中西部地区中, 河南、重庆、安徽、四川等地区在该项指数上表现较好, 但都低于全国平均水平.

表 9.13 各地区高技术产业创新产出综合指数排名

地区	创新产出综合指数	排名	地区	创新产出综合指数	排名
广东	5.669	1	吉林	0.685	17
江苏	2.422	2	辽宁	0.676	18
河南	1.528	3	河北	0.661	19
山东	1.249	4	云南	0.627	20
浙江	1.233	5	贵州	0.623	21
北京	1.203	6	广西	0.612	22
上海	1.045	7	黑龙江	0.602	23
重庆	0.998	8	甘肃	0.593	24
福建	0.940	9	内蒙古	0.582	25
安徽	0.888	10	山西	0.581	26
四川	0.853	11	新疆	0.578	27
天津	0.852	12	海南	0.562	28
湖北	0.832	13	宁夏	0.559	29
湖南	0.790	14	青海	0.550	30
陕西	0.767	15	西藏	0.548	31
江西	0.691	16			

```
Importance of components:
                       Comp.1      Comp.2      Comp.3      Comp.4
Standard deviation     1.7789740   0.8521023   0.29569695  0.147433341
Proportion of Variance 0.7911871   0.1815196   0.02185917  0.005434148
Cumulative Proportion  0.7911871   0.9727067   0.99456585  1.000000000

Loadings:
             Comp.1 Comp.2 Comp.3 Comp.4
有效发明专利数     0.541  0.156  0.795  0.227
高新产业园区实缴税费 0.340  -0.934
新产品销售收入     0.553  0.146  -0.176 -0.801
新产品出口       0.535  0.286  -0.577 0.547
```

从上述主成分分析过程中可看到: 在创新投入综合分析中, 第 1 主成分贡献占绝对优势, 因子载荷系数表明其他指标的相关性较为均衡, 因此各指标所分配的权重也较为相近; 在创新产出综合分析中, 前 2 个主成分构成的综合主成分与各指标的相关性具有差异, 因此表现在各指标权重上, 也呈现较明显的差别. 结果表明, 应用主成分方法确定的指标权重能够反映该指标在总体水平中的贡献.

4) 创新环境综合指数

表 9.9 中 11 个创新指标反映创新活动社会经济环境指标的符号表示为:

z_1: 高等教育学校数;

z_2: 科技馆数量;

z_3: 科技馆当年参观人数;

z_4: 科普专题活动次数;

z_5: 科技企业孵化器数量;

z_6: 平均每个科技企业孵化器内企业总数;

z_7: 平均每个科技企业孵化器获风险投资额;

z_8: 众创空间数量;

z_9: 平均每个众创空间服务企业或团队数;

z_{10}: 平均每个众创空间获投资数;

z_{11}: 平均每个众创空间吸纳就业人数.

对原始数据各指标观测值进行 KMO 检验, KMO 值为 0.63, 表明该组数据不太适合采用主成分评价方法. 因此, 以下分别采用熵权法、变异系数法、TOPSIS 和灰色关联方法对该组数据进行综合分析.

由于这 11 个指标的量纲各不同, 先对它们进行极值标准化处理 (数据表略). 运用箱线图 (图 9.5) 对极值标准化前后的数据分布情况进行对比, 可以看到标准化处理之后的数据分布比原始数据分布的均衡性改善了很多, 指标之间具有了可比性. 不过, 各指标观测值的地区分布仍然具有明显差异.

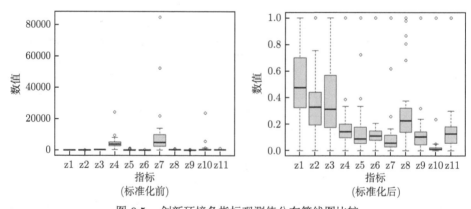

图 9.5　创新环境各指标观测值分布箱线图比较

(1) 熵权法.

对标准化后数据计算特征比重, 得到特征值矩阵; 对特征矩阵计算各指标的熵值向量 e_j; 计算各指标的冗余度 d_j 和权重 w_j. 结果如表 9.14 所示.

表 9.14 熵权法计算创新服务指标权重结果

	熵值 e_j	冗余度 d_j	指标权重 w_j
高等教育学校数 z_1	0.951	0.049	0.030
科技馆数量 z_2	0.938	0.062	0.038
科技馆当年参观人数 z_3	0.928	0.072	0.044
科普专题活动次数 z_4	0.896	0.104	0.064
科技企业孵化器数量 z_5	0.837	0.163	0.099
平均每个科技企业孵化器内企业总数 z_6	0.897	0.103	0.063
平均每个科技企业孵化器获风险投资额 z_7	0.776	0.224	0.137
众创空间数量 z_8	0.885	0.115	0.070
平均每个众创空间服务企业或团队数 z_9	0.850	0.150	0.092
平均每个众创空间获投资数 z_{10}	0.516	0.484	0.296
平均每个众创空间吸纳就业人数 z_{11}	0.889	0.111	0.068

根据表 9.14 的指标权重 w_j, 构建各地区的创新环境综合指数模型, 令 IECI 表示创新环境综合指数, 该模型为

$$\text{IECI (熵权)} = 0.030z_1 + 0.038z_2 + 0.044z_3 + 0.064z_4 + 0.099z_5 + 0.063z_6$$

$$+ 0.137z_7 + 0.070z_8 + 0.092z_9 + 0.296z_{10} + 0.068z_{11}$$

运用该模型计算得到各地区创新环境综合评价结果, 详见表 9.15 所示.

表 9.15 创新环境综合指数 (熵权法)

地区	创新环境指数	排名	地区	创新环境指数	排名
北京	19.01	1	天津	1.02	17
上海	9.41	2	新疆	0.93	18
陕西	3.85	3	山东	0.90	19
湖南	3.10	4	重庆	0.84	20
江苏	2.75	5	贵州	0.77	21
浙江	2.72	6	山西	0.65	22
广东	2.71	7	黑龙江	0.64	23
湖北	2.08	8	河北	0.62	24
四川	1.95	9	甘肃	0.61	25
福建	1.88	10	云南	0.59	26
海南	1.51	11	吉林	0.54	27
河南	1.21	12	内蒙古	0.49	28
广西	1.14	13	宁夏	0.34	29
辽宁	1.08	14	青海	0.20	30
江西	1.07	15	西藏	0.09	31
安徽	1.03	16			

根据表 9.15 可知, 2018 年创新环境指数 IECI 的全国平均值为 1.943, 共有

北京等 10 个地区在平均水平之上, 其中, 北京、上海两个直辖市的创新服务环境最好, 排名第 1, 2, 排名前 7 位的地区均为东部沿海地区. 此外, 部分中西部地区在该项指标上表现较好, 例如湖北、四川两省排名均进入全国前 10 名.

(2) 变异系数法.

由于变异系数是标准差和均值的比值, 消除了指标量纲, 因此该算法不需要事先对数据进行标准化处理. 直接计算各指标变异系数, 进行加权综合, 得到创新环境综合指数模型为

$$\text{IECI (变异系数)} = 0.040z_1 + 0.054z_2 + 0.058z_3 + 0.079z_4 + 0.107z_5 + 0.078z_6$$
$$+ 0.140z_7 + 0.071z_8 + 0.051z_9 + 0.260z_{10} + 0.060z_{11}$$

运用该模型计算各个样本的创新环境指数值并进行排序比较, 结果见表 9.16 所示.

表 9.16　创新环境综合指数 (变异系数法)

地区	创新环境指数	排名	地区	创新环境指数	排名
北京	18.45	1	天津	1.08	17
上海	9.48	2	新疆	1.01	18
陕西	3.98	3	山东	0.97	19
湖南	3.45	4	重庆	0.88	20
江苏	2.93	5	贵州	0.82	21
浙江	2.87	6	山西	0.68	22
广东	2.78	7	黑龙江	0.68	23
湖北	2.15	8	河北	0.68	24
四川	2.04	9	甘肃	0.67	25
福建	1.96	10	云南	0.66	26
海南	1.55	11	吉林	0.56	27
河南	1.27	12	内蒙古	0.51	28
广西	1.21	13	宁夏	0.35	29
辽宁	1.14	14	青海	0.20	30
江西	1.12	15	西藏	0.08	31
安徽	1.10	16			

比较变异系数方法的评价结果与熵权法的结果, 发现部分地区排名有所差异, 这是由于两种不同的计算方法导致.

(3) TOPSIS 法.

因为需要从内部挑选目标向量, TOPSIS 法需要对数据进行标准化处理. 对原始数据进行归一化矩阵化处理后, 分别选择各指标观测值的最优序列和最劣序列构建理想序列, 结果如表 9.17 所示.

计算原始数据各列数据与最优序列和最劣序列的距离, 计算及分析结果见表 9.18 所示.

表 9.17   目标向量

指标	最优目标 (V^+)	最劣目标 (V^-)
高等教育学校数 z_1	167.00	7.00
科技馆数量 z_2	49.000	0.00
科技馆当年参观人数 z_3	618.77	0.00
科普专题活动次数 z_4	24139.00	262.00
科技企业孵化器数量 z_5	962.00	1.00
平均每个科技企业孵化器内企业总数 z_6	383.83	13.00
平均每个科技企业孵化器获风险投资额 z_7	84576.66	0.000
众创空间数量 z_8	716.00	20.00
平均每个众创空间服务企业或团队数 z_9	271.82	35.85
平均每个众创空间获投资数 z_{10}	23748.35	44.39
平均每个众创空间吸纳就业人数 z_{11}	1207.44	94.62

表 9.18   与目标向量的距离

地区	与最优序列距离 (D^+)	与最劣序列距离 (D^-)
北京	20696.92	87903.91
天津	85668.42	5913.83
河北	88427.78	4218.77
山西	87528.32	3687.67
内蒙古	88858.45	2365.24
辽宁	85314.48	6107.40
吉林	88318.01	2788.65
黑龙江	88472.16	2900.77
上海	40557.38	53096.90
江苏	76196.52	16403.03
浙江	76291.07	15802.88
安徽	85640.11	6037.24
福建	80290.82	11100.39
江西	85705.23	5774.38
山东	86935.19	4967.72
河南	85096.13	6417.27
湖北	80824.76	10691.63
湖南	79491.10	25331.84
广东	76901.74	14481.52
广西	84409.97	7082.87
海南	81677.55	10025.91
重庆	87486.81	4111.61
四川	80467.17	11201.90
贵州	87016.48	4517.43

续表

地区	与最优序列距离 (D^+)	与最劣序列距离 (D^-)
云南	88991.54	6082.51
西藏	91008.09	168.13
陕西	68918.44	22796.19
甘肃	88304.37	3878.60
青海	90628.86	559.47
宁夏	89941.66	1225.71
新疆	86125.15	5979.60

其中, 观测值与最优距离值越小, 评价越好; 与最劣距离值越小, 评价越差. 将两个距离值加总, 比较最优距离值和最劣距离值在其中所占比重, 进行归一化计算相对接近度 (贴合度), 按照贴合度进行排名, 表 9.19 显示两个公式计算结果排名一致.

表 9.19　创新环境综合指数 (TOPSIS 法)

地区	与最劣目标贴合度 (降序)	评价排序	地区	与最优目标贴合度 (升序)	评价排序
北京	0.809	1	北京	0.191	1
上海	0.567	2	上海	0.433	2
陕西	0.249	3	陕西	0.751	3
湖南	0.242	4	湖南	0.758	4
江苏	0.177	5	江苏	0.823	5
浙江	0.172	6	浙江	0.828	6
广东	0.158	7	广东	0.842	7
四川	0.122	8	四川	0.878	8
福建	0.121	9	福建	0.879	9
湖北	0.117	10	湖北	0.883	10
海南	0.109	11	海南	0.891	11
广西	0.077	12	广西	0.923	12
河南	0.070	13	河南	0.930	13
辽宁	0.067	14	辽宁	0.933	14
安徽	0.066	15	安徽	0.934	15
新疆	0.065	16	新疆	0.935	16
天津	0.065	17	天津	0.935	17
云南	0.064	18	云南	0.936	18
江西	0.063	19	江西	0.937	19
山东	0.054	20	山东	0.946	20
贵州	0.049	21	贵州	0.951	21
河北	0.046	22	河北	0.954	22

地区	与最劣目标贴合度 (降序)	评价排序	地区	与最优目标贴合度 (升序)	评价排序
重庆	0.045	23	重庆	0.955	23
甘肃	0.042	24	甘肃	0.958	24
山西	0.040	25	山西	0.960	25
黑龙江	0.032	26	黑龙江	0.968	26
吉林	0.031	27	吉林	0.969	27
内蒙古	0.026	28	内蒙古	0.974	28
宁夏	0.013	29	宁夏	0.987	29
青海	0.006	30	青海	0.994	30
西藏	0.002	31	西藏	0.998	31

(4) 灰色关联法.

根据 9.3.5 节所述方法及步骤, 计算创新环境指数及地区排名见表 9.20 所示.

表 9.20   创新环境综合指数 (灰色关联法)

地区	创新环境指数	排名	地区	创新环境指数	排名
北京	0.864	1	江西	0.687	17
广东	0.770	2	重庆	0.685	18
江苏	0.747	3	黑龙江	0.683	19
上海	0.738	4	云南	0.682	20
山东	0.730	5	内蒙古	0.679	21
浙江	0.726	6	新疆	0.677	22
湖南	0.725	7	山西	0.676	23
湖北	0.723	8	广西	0.674	24
海南	0.704	9	天津	0.674	25
河南	0.703	10	甘肃	0.673	26
陕西	0.702	11	贵州	0.672	27
福建	0.700	12	吉林	0.671	28
四川	0.700	13	宁夏	0.663	29
河北	0.696	14	青海	0.662	30
安徽	0.694	15	西藏	0.653	31
辽宁	0.694	16			

(5) 几种方法的一致性检验和综合.

对表 9.15、表 9.16、表 9.19 和表 9.20 的综合指数进行比较, 见表 9.21, 可以看到由于各种计算方法不同, 各地区排序结果有一定差异. 这些差异是否显著? 如何从这几种不同结果中获得最终评价结果? 需要对它们进行一致性检验, 以判断是否可以从中获得综合性评价结论.

表 9.21   四种方法的创新环境指数排序比较

地区	熵权法	变异系数法	TOPSIS 法	灰色关联法	秩次和	综合排序
北京	1	1	1	1	4	1
上海	2	2	2	4	9	2
陕西	3	3	3	11	16	5
湖南	4	4	4	7	17	4
江苏	5	5	5	3	24	3
浙江	6	6	6	6	18	7
广东	7	7	7	2	41	6
湖北	8	8	10	8	31	8
四川	9	9	8	13	45	9
福建	10	10	9	12	36	10
海南	11	11	11	9	47	11
河南	12	12	13	10	46	12
广西	13	13	12	24	50	14
辽宁	14	14	14	16	56	13
江西	15	15	19	17	58	17
安徽	16	16	15	15	63	15
天津	17	17	17	25	66	19
新疆	18	18	16	22	78	18
山东	19	19	20	5	66	16
重庆	20	20	23	18	87	20
贵州	21	21	21	27	82	23
山西	22	22	25	23	84	24
黑龙江	23	26	26	19	86	25
河北	24	23	22	14	96	21
甘肃	25	25	24	26	99	26
云南	26	24	18	20	102	22
吉林	27	27	27	27	105	27
内蒙古	28	28	28	28	112	28
宁夏	29	29	29	29	116	29
青海	30	30	30	30	120	30
西藏	31	31	31	31	124	31

采用肯德尔协调系数 W 检验法, 计算肯德尔协调系数 $W = 0.941$, 接近于 1, 初步可以判断这四种方法具有较高的一致性. 由于 $k = 31 > 7$, 可再进行卡方值检验: 计算卡方值 $\chi^2 = 113$, 根据 χ^2 临界值表, 可知该值在 0.1% 的水平上显著, 因此拒绝原假设, 而认为各种综合评价方法的排名具有一致性.

因此可以判断这四种方法所得结果具有高度一致性. 可以采用序号总评法进行综合排序, 根据 "秩次和" 指标值, 最终排序结果为表 9.21 的 "综合排序" 栏.

以综合排序为参照列, 分别计算四种评价方法的评价结果与综合排序的斯皮尔曼相关系数, 进行相似性评价, 可以看到四种方法的评价结果分别与综合排序的相似性程度如表 9.22 所示.

表 9.22 与 "综合排序" 的相关性比较

	与 "综合排序" 的斯皮尔曼相关系数	相关性排名
熵权法	0.986	2
变异系数法	0.990	1
TOPSIS 法	0.982	3
灰色关联法	0.909	4

表 9.22 的比较结果可知, 变异系数法的评价结果与综合排序结果最为接近, 结合本例数据呈现的不均衡性特征, 说明变异系数法较为适合于本例数据.

9.5 R 软件应用

综合指数计算

1. 目的

掌握以下计算函数以及自定义函数: 极值标准化、KMO 检验、主成分分析、熵权法、灰色关联法.

2. 内容

(1)KMO 检验采用 KMO() 函数, 需要先下载 psych 包. 函数没有更多参数, 基本形式简单, 为

KMO(r)

r: 为相关系数矩阵.

(2) 极值标准化代码为

```
function1<-function(x){
        for(i in 1:length(x)){
x[i]=(max(x)-x[i])/(max(x)-min(x))
 }
 return(x)
 }
```

案例部分的极值标准化自定义代码如下.

```
d<-read.csv(file="5环境.csv",header=T)
function1<-function(x){
 for(i in 1:length(x)){
x[i]=(max(x)-x[i])/(max(x)-min(x))
 }
 return(x)
 }
 d<-apply(d[,c(2:12)],2,function1)
```

(3) 主成分分析.

主成分分析采用 princomp() 函数, 是 R 自带的 stats 包中的函数, 函数的基本形式为

princomp(x, cor=FALSE, scores=TRUE, ...)

x: 为数据对象, 可以是矩阵或数据框.

cor: 逻辑值, 选择使用相关矩阵还是协方差矩阵计算特征值. cor = FALSE 为默认值, 表示用协方差矩阵计算; cor = TRUE 表示用相关矩阵计算.

scores: 逻辑值, 选择是否计算每个主成分的得分.

案例中创新投入和产出综合指数的主成分分析代码如下.

```
a1<-round(scale(a[,-1]),3)#标准化原始数据（删除第1列地区名，结果保
    留3位小数）
pa1 <- princomp(a1,cor=TRUE)#进行主成分分析，参数为默认值
summary(pa1,loadings=TRUE)# 提取主成分信息
screeplot(pa1,type="lines")#绘制主成分的碎石图
```

(4) 熵权法.

按照熵权法公式和分析步骤, 自定义代码如下[①]:

```
step1 <- function(x)
{
  t<- c(x)
  for(i in 1:length(x))
    t[i] = x[i]/sum(x[])
  return(t)
}
p1<- apply(p,2,step1)#计算特征比重
```

---

① 代码参考 https://blog.csdn.net/yawei_liu1688/article/details/78745612.

```
step2 <- function(x)
{
  t <- c(x)
  for(i in 1:length(x)){
    if(x[i] == 0){
      t[i] = 0
    }else{
      t[i] = x[i] * log(x[i])
    }
  }
  return(t)
}
p2 <- apply(p1,2,step2)
k <- 1/log(length(p2[,1]))
e <- -k * colSums(p2)#计算熵值
d<-1-e#计算冗余度
w <- d/sum(d)#计算权重
```

表 9.15 "创新环境综合指数" 熵权法分析过程的 R 代码如下.

```
d<-read.csv(file="5环境.csv",header=T)#读入数据
abb <- function(x){
  (x-min(x))/(max(x)-min(x))
}
p <- apply(ab[,c(-1)],2,abb)#极值标准化

step1 <- function(x)
{
  t<- c(x)
  for(i in 1:length(x))
    t[i] = x[i]/sum(x[])
  return(t)
}
p1<- apply(p,2,step1)#计算特征比重
step2 <- function(x)
{
  t <- c(x)
  for(i in 1:length(x)){
    if(x[i]==0){
      t[i]=0
```

```
   }else{
     t[i]=x[i]*log(x[i])
   }
 }
 return(t)
}
p2 <- apply(p1,2,step2)
k <- 1/log(length(p2[,1]))
e <- -k * colSums(p2)#计算熵值
d<-1-e#计算冗余度
w <- d/sum(d)#计算权重
```

(5) 灰色关联法.

按照灰色关联法公式和分析步骤, 自定义代码如下[①].

```
rm<-m-1
hd<-matrix(nrow=rm,ncol=n)
for(i in 1:rm){
  for(j in 1:n){
    hd[i,j]<- abs(h1[i,j]-h1[31,j])
  }
}#计算各观测值与参考序列的距离

max=hd[which.max(hd)] #计算最大距离
min=hd[which.min(hd)] #计算最小距离

p<-0.5 #系数p定为0.5
hdxs<-matrix(nrow=rm,ncol=n)
for (i in 1:nrow(hd)){
  for (j in 1:ncol(hd)){
    hdxs[i,j]<-(min+max*p)/(hd[i,j]+max*p)
  }
}#计算关联系数

rowSums(hdxs)/n#计算各地区关联度
```

表 9.20“创新环境综合指数” 灰色关联计算过程代码如下.

---

① 代码参考网址 https://zhuanlan.zhihu.com/p/28085564.

```
step1 <- function(x)
{
  t<- c(x)
  for(i in 1:length(x))
    t[i] = x[i]/sum(x[])
  return(t)
}
h1<- apply(h,2,step1)#对数据对象h进行归一化处理

h1<-data.frame(h1)
h1[31,]<- apply(h1,2,max)#将各指标观测值最大值为参考序列: 第31行
#计算各观测值与参考序列的距离:
rm<-m-1
hd<-matrix(nrow=rm,ncol=n)
for(i in 1:rm){
  for(j in 1:n){
    hd[i,j]<- abs(h1[i,j]-h1[31,j])
  }
}
#计算最大距离和最小距离
max=hd[which.max(hd)]
min=hd[which.min(hd)]
#计算关联系数
p<-0.5 #系数p定为0.5
hdxs<-matrix(nrow=rm,ncol=n)
for (i in 1:nrow(hd)){
  for (j in 1:ncol(hd)){
    hdxs[i,j]<-(min+max*p)/(hd[i,j]+max*p)
  }
}
gld<-rowSums(hdxs)/7#计算各地区关联度
```

思考与练习

1. 简述层次分析法的基本原理和分析步骤. 并试对下例进行层次分析 (一致性矩阵可以自己设定).

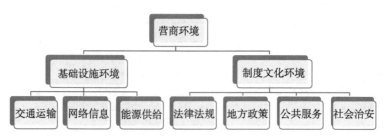

2. 简述熵权法的基本原理和分析步骤.

3. 简述变异系数法的基本原理和分析步骤.

4. 简述主成分评价法的基本原理和分析步骤.

5. 简述 TOPSIS 评价法的基本原理和分析步骤.

6. 简述灰色关联评价法的基本原理和分析步骤.

7. R 软件应用练习.

使用表 9.23 数据, 分别采用熵权法、变异系数法、主成分评价法、TOPSIS 评价法、灰色关联评价法的 R 函数或代码, 对以下地区科技成果进行综合评价.

表 9.23　2019 年部分地区 R&D 成果数据

省份	国内专利授权数 (件)	新产品销售收入 (万元)	技术市场成交额 (万元)	商标核准注册 (件)
云南	22324	9395500	827040	91901
贵州	24729	8188302	2271758	62033
重庆	43872	43654109	566518	117711
四川	82066	42118322	12119539	225104
陕西	44101	25660429	14673473	101488
广西	22687	18382401	775572	69572
甘肃	14894	5527138	1964171	28474
青海	3046	1233887	90969	10101
宁夏	5555	4476886	149033	13674
西藏	1020	230104	9577	9532
新疆	8652	5571410	78214	38522
北京	131716	52201988	56952843	474645
天津	57799	38466201	9092549	56538
河北	57809	64847324	3811904	197054
山西	16598	19892632	1095227	47756
内蒙古	11059	11274431	224793	54247
辽宁	40037	42835981	5575904	95524
吉林	15579	26275923	4741327	57058
黑龙江	19989	7336240	2328823	70128

参 考 文 献

本桥智光. 2021. 数据预处理从入门到实战: 基于 SQL、R、Python[M]. 陈涛, 译. 北京: 人民
  邮电出版社.

朝乐门. 2016. 数据科学 [M]. 北京: 清华大学出版社.

陈为, 沈则潜, 陶煜波, 等. 2019. 数据可视化 [M]. 北京: 电子工业出版社.

郭亚军. 2007. 综合评价理论、方法及应用 [M]. 北京: 科学出版社.

何晓群. 2019. 多元统计分析 [M]. 5 版. 北京: 中国人民大学出版社.

胡永宏, 贺思辉. 2000. 综合评价方法 [M]. 北京: 科学出版社.

贾俊平. 2003. 描述统计 [M]. 北京: 中国人民大学出版社.

蓝星宇. 2023. 数据可视化设计指南 [M]. 北京: 中国工信出版社集团. 北京: 电子工业出版社.

萨蒂 T L. 1998. 层次分析法——在资源分配、管理和冲突分析中的应用 [M]. 许树柏, 等译. 北
  京: 煤炭工业出版社.

王汉生. 2017. 数据思维: 从数据分析到商业价值 [M]. 北京: 中国人民大学出版社.

王振武, 徐慧. 2015. 数据挖掘算法原理与实现 [M]. 北京: 清华大学出版社.

徐国祥. 2009. 统计指数理论及应用 [M]. 北京: 中国统计出版社.

徐宗本, 唐年胜, 程学旗. 2022. 数据科学——它的内涵、方法、意义与发展 [M]. 北京: 科学出
  版社.

薛薇. 2016. R 语言数据挖掘 [M]. 北京: 中国人民大学出版社.

袁卫, 刘超. 2011. 统计学——思想、方法与应用 [M]. 2 版. 北京: 中国人民大学出版社.

Chang W. 2014. R 数据可视化手册 [M]. 肖楠, 邓一硕, 魏太云, 译. 北京: 人民邮电出版社.

Freedman D, Pisani R, Purves R, et al. 1997. 统计学 [M]. 魏宗舒, 等译. 北京: 中国统计出
  版社.

Grus J. 2016. 数据科学入门 [M]. 高蓉, 韩波, 译. 北京: 人民邮电出版社.

Kabacoff R I. 2016. R 语言实战 [M]. 2 版. 王小宁, 刘撷芯, 黄俊文, 等译. 北京: 人民邮电出
  版社.

Tukey J W. 1977. Exploratory Data Analysis[M]. Don Mills: Addison-Wesley Publishing
  Com-pany,

附　　录

◈ R 内置 datasets 包数据集简要说明 ◈

1. AirPassengers: Monthly Airline Passenger Numbers 1949-1960/1949-1960 年航空旅客每月航空旅客数目

2. BJsales: Sales Data with Leading Indicator/销售数据与领先指标

3. BJsales.lead (BJsales): Sales Data with Leading Indicator/销售数据与领先指标

4. BOD: Biochemical Oxygen Demand/生化需氧量

5. CO2: Carbon Dioxide Uptake in Grass Plants/草本植物对二氧化碳的吸收

6. ChickWeight: Weight versus age of chicks on different diets/不同饮食方式下雏鸡的体重与年龄的关系

7. DNase: Elisa assay of DNase/脱氧核糖核酸酶 (DNase) Elisa 法测定

8. EuStockMarkets: Daily Closing Prices of Major European Stock Indices, 1991-1998/欧洲股票市场主要欧洲股票的每日收盘价指标,1991-1998

9. Formaldehyde: Determination of Formaldehyde/甲醛的测定

10. HairEyeColor: Hair and Eye Color of Statistics Students/统计学学生的头发和眼睛的颜色

11. Harman23.cor: Harman Example 2.3 /Harman 例 2.3 相关系数

12. Harman74.cor: Harman Example 7.4 /Harman 例 7.4 相关系数

13. Indometh: Pharmacokinetics of Indomethacin/吲哚美辛的药代动力学

14. InsectSprays: Effectiveness of Insect Sprays/昆虫喷雾剂的效果

15. JohnsonJohnson: Quarterly Earnings per Johnson & Johnson Share/强生公司每股季度收益

16. LakeHuron: Level of Lake Huron 1875-1972/1875-1972 年休伦湖的水位

17. LifeCycleSavings: Intercountry Life-Cycle Savings Data/国家间生命周期储蓄数据

18. Loblolly: Growth of Loblolly pine trees/火炬松的生长

19. Nile: Flow of the River Nile/尼罗河的流动

20. Orange: Growth of Orange Trees/橘子树的生长

21. OrchardSprays: Potency of Orchard Sprays/果园喷雾剂的效力

22. PlantGrowth: Results from an Experiment on Plant Growth/植物生长实验结果

23. Puromycin: Reaction Velocity of an Enzymatic Reaction/酶促反应的速度

24. Seatbelts: Road Casualties in Great Britain 1969-1984/英国 1969-1984 年道路伤亡统计 (安全带)

25. Theoph: Pharmacokinetics of Theophylline/茶碱的药动学研究

26. Titanic: Survival of passengers on the Titanic/泰坦尼克号的幸存乘客

27. ToothGrowth: The Effect of Vitamin C on Tooth Growth in Guinea Pigs/维生素 C 对豚鼠牙齿生长的影响

28. UCBAdmissions: Student Admissions at UC Berkeley/加州大学伯克利分校的招生工作

29. UKDriverDeaths: Road Casualties in Great Britain 1969-1984/英国 1969-1984 年道路伤亡统计 (司机伤亡)

30. UKgas: UK Quarterly Gas Consumption/英国季度天然气消费量

31. USAccDeaths: Accidental Deaths in the US 1973-1978/美国 1973-1978 年意外死亡人数

32. USArrests: Violent Crime Rates by US State/美国各州的逮捕暴力犯罪率

33. USJudgeRatings: Lawyers' Ratings of State Judges in the US Superior Court/律师对美国高等法院州法官的评价

34. USPersonalExpenditure: Personal Expenditure Data/美国个人支出数据

35. UScitiesD: Distances Between European Cities and Between US Cities/美国城市与欧洲城市之间的距离

36. VADeaths: Death Rates in Virginia (1940) 弗吉尼亚州的死亡率 (1940 年)

37. WWWusage: Internet Usage per Minute 每分钟互联网使用率

38. WorldPhones: The World's Telephones 世界的电话

39. ability.cov: Ability and Intelligence Tests 能力与智力测验

40. airmiles: assenger Miles on Commercial US Airlines, 1937-1960/1937 - 1960 美国商业航空公司的乘客里程

41. airquality: New York Air Quality Measurements/纽约空气质量测量

42. anscombe: Anscombe's Quartet of "Identical" Simple Linear Regressions 回归分析数据

43. attenu: The Joyner-Boore Attenuation Data/ Joyner-Boore 衰减数据

44. attitude:/The Chatterjee-Price Attitude Data/Chatterjee 价格态度数据

45. austres: Quarterly Time Series of the Number of Australian Residents/澳大利亚居民季度时间序列

46. beaver1 (beavers): Body Temperature Series of Two Beavers /两只海狸的体温序 1

47. beaver2 (beavers): Body Temperature Series of Two Beavers/两只海狸的体温序 2

48. cars: Speed and Stopping Distances of Cars/汽车的速度和停车距离

49. chickwts: Chicken Weights by Feed Type/按饲料类型的鸡体重

50. co2: Mauna Loa Atmospheric CO2 Concentration/莫纳罗亚大气二氧化碳浓度

51. crimtab: Student's 3000 Criminals Data/3000 名学生罪犯数据

52. discoveries: Yearly Numbers of Important Discoveries/每年的重要发现数量

53. esoph: Smoking, Alcohol and (O)esophageal Cancer/吸烟、饮酒和食管癌

54. euro: Conversion Rates of Euro Currencies 欧元货币兑换率

55. euro.cross (euro): Conversion Rates of Euro Currencies 欧元货币兑换率

56. eurodist: Distances Between European Cities and Between US Cities/欧洲城市与美国城市之间的距离

57. faithful: Old Faithful Geyser Data/老忠实间歇泉数据

58. fdeaths (UKLungDeaths): Monthly Deaths from Lung Diseases in the UK 英国每月死于肺部疾病的人数

59. freeny: Freeny's Revenue Data /收益数据

60. freeny.x (freeny): Freeny's Revenue Data/ 收益数据 x

61. freeny.y (freeny): Freeny's Revenue Data/ 收益数据 y

62. infert: Infertility after Spontaneous and Induced Abortion 自然流产和人工流产后不孕

63. iris: Edgar Anderson's Iris Data/埃德加安德森的鸢尾花数据

64. iris3: Edgar Anderson's Iris Data/埃德加安德森的鸢尾花数据 3

65. islands: Areas of the World's Major Landmasses/世界主要陆地的区域

66. ldeaths (UKLungDeaths): Monthly Deaths from Lung Diseases in the UK/英国每月死于肺部疾病的人数

67. lh: Luteinizing Hormone in Blood Samples/血液样本中的黄体生成素

68. Longley: Longley's Economic Regression Data/经济回归数据

69. lynx: Annual Canadian Lynx trappings 1821-1934/1821-1934 间一年一度的加拿大山猫服饰

70. mdeaths (UKLungDeaths): Monthly Deaths from Lung Diseases in the UK/英国每月死于肺部疾病的人数

71. morley: Michelson Speed of Light Data 莫雷·迈克尔逊光速数据

72. mtcars: Motor Trend Car Road Tests/汽车道路测试

73. nhtemp: Average Yearly Temperatures in New Haven/纽黑文年平均气温

74. nottem: Average Monthly Temperatures at Nottingham,1920-1939/1920–1939 年间诺丁汉月平均气温

75. npk: Classical N, P, K Factorial Experiment/经典 N, P, K 析因实验

76. occupationalStatus: Occupational Status of Fathers and their Sons/父亲和儿子的职业状况

77. precip: Annual Precipitation in US Cities/美国城市的年降水量

78. presidents: Quarterly Approval Ratings of US Presidents/美国总统季度支持率

79. pressure :Vapor Pressure of Mercury as a Function of Temperature/汞的蒸气压作为温度的函数

80. quakes: Locations of Earthquakes off Fiji/斐济附近地震位置

81. randu: Random Numbers from Congruential Generator RANDU/来自同余生成器 RANDU 的随机数

82. rivers: Lengths of Major North American Rivers/北美主要河流的长度

83. rock: Measurements on Petroleum Rock Samples/石油岩石样品的测量

84. sleep: Student's Sleep Data/学生的睡眠数据

85. stack.loss (stackloss): Brownlee's Stack Loss Plant Data/布朗利的植物存量流失数据

86. stack.x (stackloss): Brownlee's Stack Loss Plant Data/布朗利的植物存量流失数据 x

87. stackloss: Brownlee's Stack Loss Plant Data/布朗利的植物存量流失数据

88. state.abb (state): US State Facts and Figures/美国各州州情数据 (州名简称)

89. state.area (state): US State Facts and Figures/美国各州州情数据 (面积)

90. state.center (state): US State Facts and Figures/美国各州州情数据 (中心)

91. state.division (state): US State Facts and Figures/美国各州州情数据 (属地划分)

92. state.name (state): US State Facts and Figures/美国各州州情数据 (州名全称)

93. state.region (state): US State Facts and Figures/美国各州州情数据 (方位)

94. state.x77 (state): US State Facts and Figures/美国各州州情数据 (社会经济指标)

95. sunspot.month: Monthly Sunspot Data, from 1749 to "Present"/1749年至今每月太阳黑子数据

96. sunspot.year: Yearly Sunspot Data, 1700-1988/1700-1988 年度太阳黑子数据

97. sunspots: Monthly Sunspot Numbers, 1749-1983/1749-1983 月度太阳黑子数据

98. swiss: Swiss Fertility and Socioeconomic Indicators, 1888/1888 年瑞士生育率和社会经济指标数据

99. treering: Yearly Treering Data, -6000-1979/公元前 6000-1979 年度树木年轮的数据

100. trees: Diameter, Height and Volume for Black Cherry Trees 黑樱桃树直径, 高度和体积

101. uspop: Populations Recorded by the US Census/美国人口普查记录

102. volcano: Topographic Information on Auckland's Maunga Whau Volcano/奥克兰芒加火山地形资料

103. warpbreaks: The Number of Breaks in Yarn during Weaving 纱线在织造过程中的断裂数

104. women: Average Heights and Weights for American Women/美国女性的平均身高和体重